今日头条全攻略

后台操作 + 内容创作 + 指数提升 + 广告变现 + 营销运营

代豪◎编著

人民邮电出版社

北京

图书在版编目（CIP）数据

今日头条全攻略：后台操作+内容创作+指数提升+广
告变现+营销运营 / 代豪编著. -- 北京：人民邮电出版
社，2019.1（2020.7重印）
ISBN 978-7-115-49743-7

Ⅰ．①今… Ⅱ．①代… Ⅲ．①网络营销 Ⅳ.
①F713.365.2

中国版本图书馆CIP数据核字(2018)第238561号

内 容 提 要

本书主要针对今日头条号，分专题进行介绍，具体包括账号注册、账号设置、图文排版、"爆款"内容打造、广告设计、广告投放、平台变现和平台"涨粉"等，教你轻松理清烦琐的运营工作。一本书，帮助你从零开始精通今日头条号运营与营销。

全书涉及150多个实战知识点，包括注册的各种准备和流程、信息设置、原创维权、图文格式设置、视频内容、悟空问答、微头条内容、账号权重和信息流广告等，全面突破，精准把握要点。书中实操案例部分还提供了素材文件和效果文件，方便读者边学习边练习，提高学习效率。

本书适合今日头条号运营者，以及希望通过今日头条号进行营销的个体、企业和商家阅读。

◆ 编　著　代　豪
　　责任编辑　张丹阳
　　责任印制　陈　犇

◆ 人民邮电出版社出版发行　　北京市丰台区成寿寺路11号
　　邮编　100164　电子邮件　315@ptpress.com.cn
　　网址　http://www.ptpress.com.cn
　　固安县铭成印刷有限公司印刷

◆ 开本：700×1000　1/16
　　印张：13.5
　　字数：346千字　　　　　　　　2019年1月第1版
　　印数：6 201 – 6 500册　　　　2020年7月河北第7次印刷

定价：59.00元

读者服务热线：(010)81055410　印装质量热线：(010)81055316
反盗版热线：(010)81055315
广告经营许可证：京东市监广登字20170147号

写作驱动

在如今的新媒体平台上，今日头条称得上是一个发展强劲、收益可期和有着巨大前景的平台，具体表现如下。

（1）发展强劲。今日头条，作为近几年火爆的资讯类App，已成为日益增长的自媒体发布平台。截至本书写作完成，今日头条已经累计用户7亿+，文章、视频等日均阅读量总数超过了18亿次。

（2）收益可期。头条号提供了数倍于同类公众平台的收益，自媒体通过头条号平台获得的阅读收益，可多达其他平台的2~3倍，吸引了大量的创业者和新手涌入。

（3）巨大前景。2018年，今日头条投入10亿元到悟空问答，投入400亿流量到微头条，发展态势越来越猛。头条号已经成为高速成长的新兴创作平台，当其他公众平台已是红海之时，头条号才刚进入红利期，而且还在高速成长。

可见，关于头条号还是有话可说、有运营干货提供的，然而，目前市场上微信类的图书已达到了200多个品种，而有关头条号的书却很少，这是一个明显的市场空缺。

在这种情况下，笔者想写一本介绍头条号运营的书，希望能将自己几年来关于头条号运营和营销的实战经验进行总结整理，帮助有需要的读者全方位提升头条号运营技能。

为了将头条号运营与营销涉及的相关知识讲全，为读者提供实质性的帮助，笔者决定介绍、10大专题内容。于是，便有了《今日头条全攻略：后台操作+内容创作+指数提升+广告变现+营销运营》这本书。

特色亮点

本书做了以下3个方面的努力，这也正是本书的特色之处。

（1）内容全面。本书囊括了后台操作、内容创作指数提升、广告变现和营销运营4个方面的内容，兼具图文编辑排版、广告设计、Excel操作和"吸粉"引流等十余种功能。读者运营过程中遇到的各种问题、想学习的各种运营技巧，都能在书中找到直接的答案或可替代的方案。

（2）实战性强。本书是在笔者多年来持续不断的运营实战的基础上写成的，所有的内容都来源于实际操作，在撰写的过程中，又进行了系统的、总结性的完善，足可作为一个有想法、从零开始的头条号用户的运营范本。

（3）内容接地气。关于各种操作的描述，都是边操作边记录下来的，还配置了插图；在一个个完整的步骤里，采用了一个动作一个序号、一个动作一个图上标识的方式，力图让读者一眼就能看懂。即使以前没有接触过相关领域的读者，也能把各种功能和运营技巧学会、学懂、学透，不留遗憾。

本书内容

本书主要通过"能力提升线＋干货技巧线"两条线，帮助读者精通头条号运营与营销，打造优质并能获利的头条号。

第一条，能力提升线，本书着重运营和营销能力的培养，用了10章的篇幅来详细讲解如何进行能力提升，无论是实战操作，还是实用技巧，应有尽有，帮助读者精通头条号的运营与营销。

后台操作	1. 入驻与设置：从零开始，玩转头条号
	2. 功能模块管理：详细了解，灵活掌握
内容创作	1. 图文排版：迅速上手，提升阅读体验
	2. "爆款"内容：新手小白也能篇篇10万多阅读量
广告变现	1. 广告设计与投放：步骤详解，技巧呈现
	2. 获利形式：让值钱的头条号直接变现
营销运营	1. 内容推广：了解今日头条的内容规则
	2. 运营"涨粉"技巧：低成本，亲测有效
	3. 留存和促活：激励你的用户持续关注
	4. 数据分析：觉得难学？几招就够了

第二条，干货技巧线，150多个纯高手干货技巧，从后台入驻和设置、功能模块的管理、后台图文排版、"爆款"内容打造、PS广告设计和广告投放、获利变现途径、内容推广机制、用户"引流"、用户留存和促活及数据分析等方面，帮助读者轻松攻克头条号运营难题，成为头条号运营高手。

配书资源

本书附赠第5章涉及的案例素材及效果文件，扫描"资源下载"二维码即可获得下载方法，如需下载技术支持，请致函szys@ptpress.com.cn。

资源下载

作者售后

本书由代豪编著，参与编写的人员还有周玉姣等，在此表示感谢。由于作者知识水平有限，书中难免有疏漏之处，恳请广大读者批评、指正。

编者

2018年6月

目 录

目 录

第 8 章
运营"涨粉"技巧：低成本，亲测有效

第 9 章
留存和促活：激励你的用户持续关注

第 10 章
数据分析：觉得难学？几招就够了

第 **1** 章

入驻与设置：从零开始，玩转头条号

学习提示

"你关心的，才是头条"是今日头条平台的广告语，作为一款个性化推荐引擎软件，今日头条能够为平台的用户提供有价值的信息。本章便针对今日头条的注册与各方面的信息设置进行详细讲解，希望对运营者有所帮助。

本章重点导航

- 注册前：做好准备，才能进展顺利
- 注册中：不同终端，多种途径入驻
- 设置：基础信息，助于了解和"吸睛"
- 其他：3大方面，要格外注意的问题

1.1 注册前：做好准备，才能进展顺利

在注册今日头条账号之前，运营者首先要知道自己准备注册什么样的账号，以及平台注册的条件和需要准备的资料，只有了解清楚，准备齐全，才能保证后续注册工作进展顺利。

1.1.1 账号定位：确定发展方向

在进行头条号注册与运营之前，运营者还需要对账号的发展有一个清晰的定位，这样才能为后续的"吸粉"引流和商业变现打下良好的基础。

1. 读者定位

对于目标读者定位，主要做两件事：一是了解自己的目标读者是谁；二是了解这些目标群体的主要特征。如果企业能够摸透弄懂这两件事，那么对后续的内容定位和服务定位都会大有好处，而且最重要的是，对平台的"吸粉"引流能够起到很大的帮助。

通常，目标读者定位的流程分为3个步骤，具体内容如下。

收集信息：通过多种方式收集用户的信息，然后将这些信息制成表格，根据表格数据来分析用户的基本属性。

分类：根据用户的信息分析出用户的基本属性，将用户分成几大类，然后给这些分了类的用户贴上标签。

实现定位：在收集了用户信息并把用户分好类之后，就要对目标用户群体进行全方位的用户画像描述，实现定位。

2. 内容定位

营销要求内容为王，不管是以前的网络营销，还是现在的新媒体营销，这都是一个永恒不变的真理，如果说读者定位是用来明确粉丝目标、为引流打基础的，那么内容定位就是用来稳固粉丝、为后期的营销变现打基础的。因此，在实现营销变现之前，运营者要为平台进行内容定位。

今日头条作为一种新的信息传播媒介，对平台内容的定位要求是很严格的，内容不仅要包罗万象，还要通过多种信息载体和多种媒体形式来传达出去。在今日头条平台上，企业展示内容的方式包括文本、图片、视频和音频等。

但是，很多企业不知道如何给平台的内容进行定位，也不知道要放什么样的内容才能吸引人，下面笔者为大家介绍今日头条平台内容定位的方式。

企业要想做好平台内容的定位，就必须对内容的表现形式进行一个选择。目前，单用文本、图片和视频等方式展示内容是完全不够的，要想通过更独特的方式去展示完美的内容，就要对平台的内容表现拓展形式有一定的了解。

3. 服务定位

众所周知，在不同行业里，不同的产品其经营方式有很大的不同，达到的"吸粉"引流的效果也不同，因此，做好产品服务特色定位也是至关重要的一环。

要想投身到今日头条营销中，就必须深入地了解自己的产品特色、服务特色，有针对性地进行产品服务定位。比如，手机生产商，就应该根据手机的功能，锁定不同年龄层的用户，进行一

对一宣传，这样才能吸引到粉丝，为平台导入一定的粉丝量。

就拿小米手机来说，它和其他手机品牌的"广撒网"方针不同，它巧妙地避开了与同行的竞争劣势，精准地定位了自己的客户群——将目标瞄准到年轻一族的身上，把握好年轻人的心理特征，然后打造出了属于自己的产品服务特色，从而吸引了一大群忠实的粉丝。

如今，头条号已经成为非常火热的营销工具之一，要想抢占今日头条营销高地，最终脱颖而出，就必须打造出独具特色的平台。那么怎么打造特色化的平台呢？企业可以给自己的平台进行差异化的产品和服务定位，首先需要对竞争对手有一定的了解，然后分析自己与竞争对手之间的差异和优势，最终分析出属于自己企业的特色服务。

除了从竞争对手角度出发之外，还要从目标用户的角度提炼用户喜爱的差异化的服务，如果企业的差异化服务不是用户所需要的，那么即使提出来了，也不会存在任何意义。

1.1.2　注册条件：什么人才有资格

注册今日头条可以从两种情况来理解：一种是注册今日头条账号；另一种是注册头条号。对于这两种情况，其注册条件是不一样的，当然所拥有的权限也会不同。

1. 今日头条账号

运营者如果只是想要注册今日头条账号的话，那么条件很低，只要运营者拥有邮箱、新浪微博、腾讯微博、QQ空间、微信、人人网等社交平台中任意一个平台的账号，即可登录今日头条。

同时，今日头条账号的权限也是比较少，只能浏览各种资讯，参与各种资讯的讨论、留言、转发等，不可以在平台上发布各类资讯消息。

2. 头条号

注册头条号的条件相对严格。在注册机构类头条号时，根据规定，运营者必须要年满18周岁且能提供真实、可信的辅助材料。

头条号注册通过后，运营者不但能够阅读、评论、转载平台上的各类资讯文章，还能将自己写的文章发布到平台上，成为平台上的创作者，并以此获得一定的收益。

1.1.3　注册资料：不同类型

运营者在入驻今日头条平台前，要先弄清楚注册该平台所需要的资料，并将这些资料准备好。

今日头条平台共有两种类型头条号，即个人类头条号和机构类头条号，其中机构类头条号又可分为5类，即群媒体、新闻媒体、国家机构、企业和其他组织。

1. 个人类型头条号注册资料

根据今日头条平台要求，运营者如果要注册个人类型的头条号，需要准备以下几种资料，如图1-1所示。

名称与头像	要确保在后续注册过程中，不用匆忙地去想名称和头像
介绍词	要确保在后续注册过程中，不用匆忙地去想介绍词

图1-1 个人类型头条号注册要准备的资料

专家提醒

需要注意的是，如果运营者注册的是健康、财经等领域的个人头条号，还需要上传专业资质的证明材料。

2. 机构类型头条号注册资料

运营者注册机构类型的头条号时，除了同样需要准备上述个人类型的资料外，还需要准备其他几种资料，即组织名称、组织机构代码证/营业执照、确认书扫描件、所在地和联系邮箱。当然，运营者如果想要完善资料，还可以在注册时提供其他资质、辅助材料、网站和身份信息等材料。

1.2 注册中：不同终端，多种途径入驻

运营者在进行了上述的准备工作之后，接下来就要真正开始入驻今日头条平台了，本节笔者以头条号"手机摄影构图大全"为例，为大家分别介绍个人类型和企业类型头条号的入驻流程。

1.2.1　PC端注册1：个人号注册流程

如果运营者想要注册个人类型的头条号，其注册流程如下。

步骤01 运营者需要进入今日头条官网首页，然后❶单击首页右上角的"头条产品"按钮，在弹出的下拉列表中❷选择"头条号"选项，如图1-2所示。进入"头条号"页面，然后❸单击该页面上的"注册"按钮，如图1-3所示。

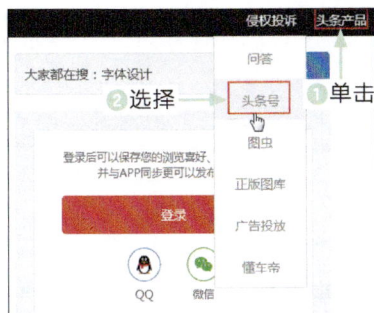

图1-2 进入今日头条官网

图1-3 单击"注册"按钮

步骤 02 进入"注册"页面，在该页面中，运营者需要选择注册方式，在此，笔者选择使用手机注册，❶填写注册的手机号和图片验证码，如图1-4所示；❷单击"获取验证码"按钮，把获取的验证码输入左侧的文本框中；❸单击"注册"按钮，如图1-5所示。

图1-4 填写注册手机号和验证码

图1-5 获取验证码并单击"注册"按钮

步骤 03 进入"选择类型"页面，运营者需要在该页面中单击个人类型头条号下方的"选择"按钮，如图1-6所示。

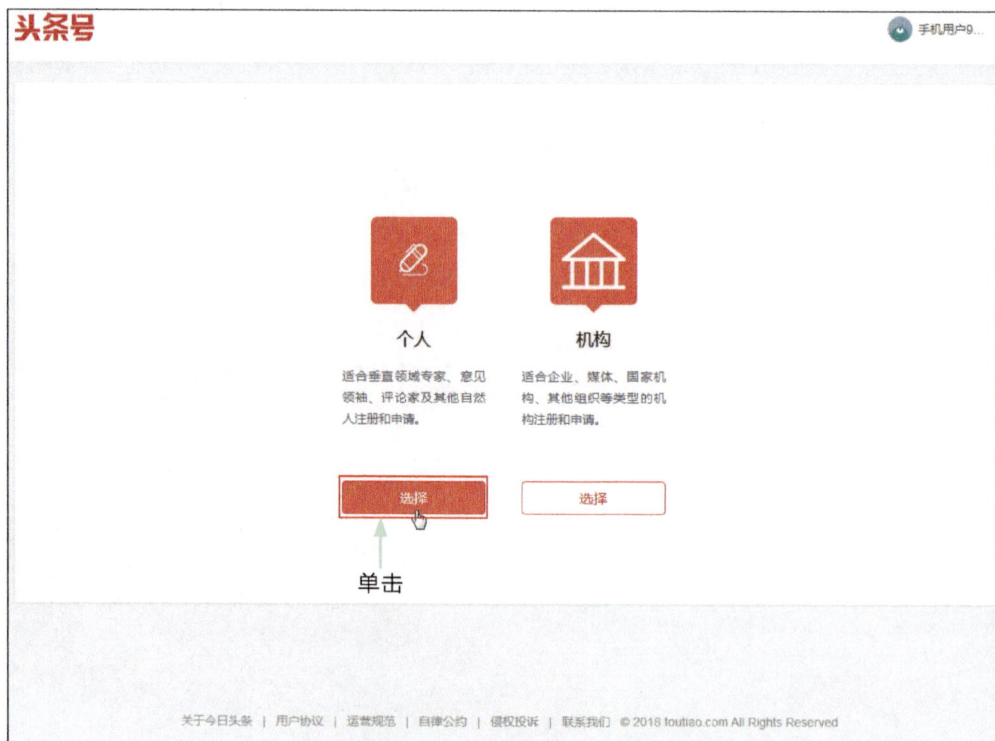

图1-6 单击个人类型头条号下方的"选择"按钮

步骤 04 进入"表单页"页面，❶运营者需要按照要求，将之前准备好的资料填写、上传到该页面上对应的地方，❷并且选中"请同意《头条号用户注册协议》"选项，❸然后单击"提交"按钮，如图1-7所示。

步骤 05 执行操作后，即可完成个人类型的头条号的注册，此时运营者即可在平台上发送文章了。

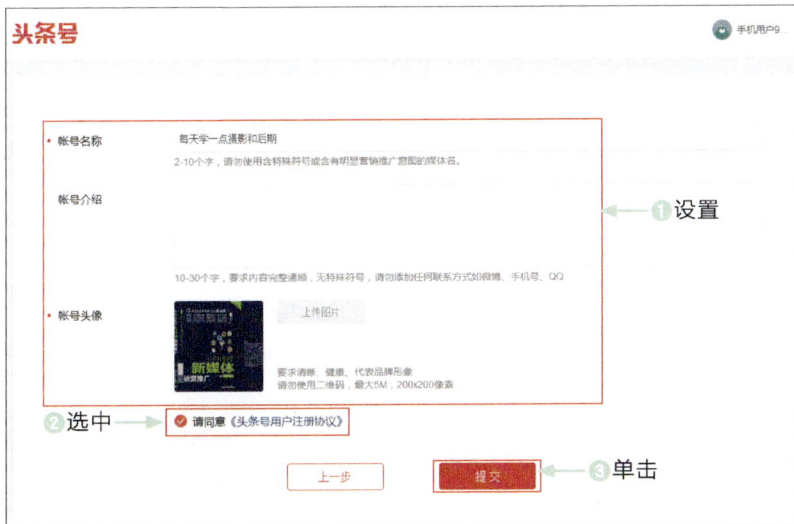

图1-7 单击"提交"按钮

1.2.2　PC端注册2：企业号注册流程

在介绍了如何注册个人类型的头条号之后，笔者为大家介绍入驻企业类型的头条号的具体注册流程。因为注册过程中前半部分的邮箱、手机认证过程一样，笔者在这里就不再赘述，直接从选择头条号类型这一步开始。

步骤 01 运营者在"选择类型"页面，❶需要单击机构类型头条号下方的"选择"按钮，如图1-8所示；执行操作后，进入机构类型头条号的各个分类页面，❷单击企业类型头条号下方的"选择"按钮，如图1-9所示。

图1-8 单击机构类型头条号下方的"选择"按钮

图1-9 单击企业类型头条号下方的"选择"按钮

步骤02 进入"入驻资料"页面，如图1-10所示；在该页面中，运营者需要将之前准备好的资料填写、上传到相应的地方；❶然后选中"请同意《头条号用户注册协议》"和"请同意《今日头条移动端数据推广服务协议》"两个选项；❷单击"提交"按钮，即可完成注册。

图1-10 企业类型头条号"入驻资料"页面

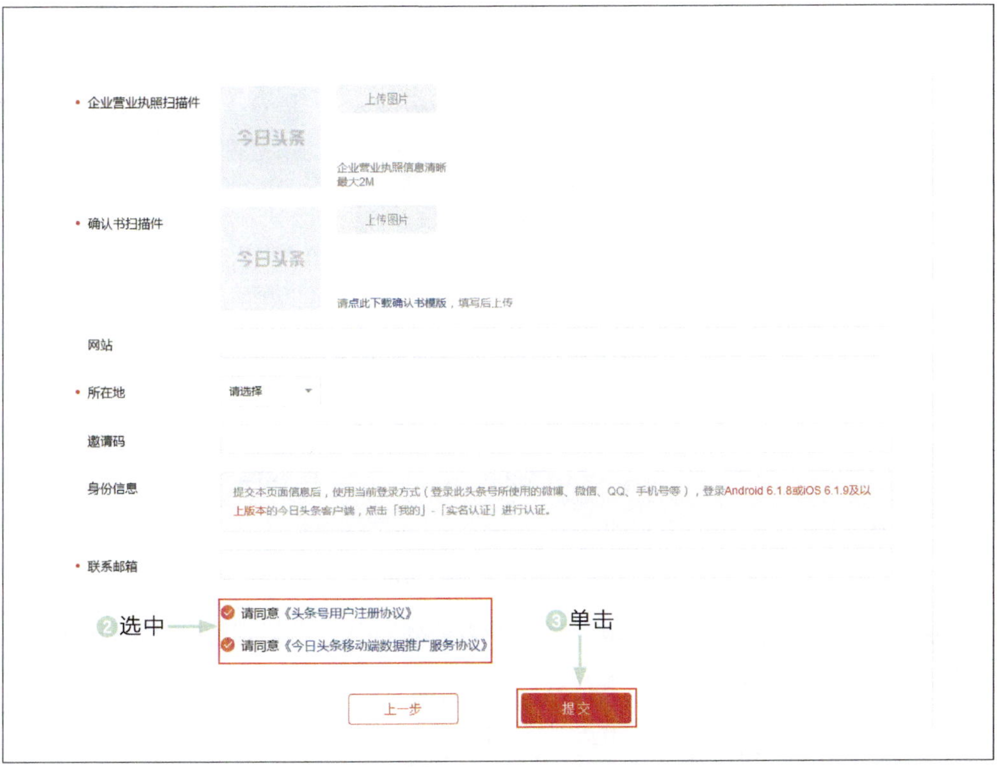

图1-10　企业类型头条号"入驻资料"页面（续）

1.2.3　手机端注册流程

大家除了可以在PC端注册头条号外，还可以在手机端注册，这是一种更方便的注册方式。特别是在手机端利用手机号码注册头条号，其操作更加简单。下面以通过手机号码注册为例，介绍具体操作步骤。

步骤 01　运营者下载"今日头条"App，下载完成后，进入该App首页；❶点击页面左上角的"头像"按钮，如图1-11所示；进入相应页面，❷点击"手机号码注册"按钮，如图1-12所示。

图1-11 点击"头像"按钮

图1-12 点击"手机号码注册"按钮

步骤 02 进入注册页面，如图1-13所示，①输入手机号码；②点击"发送验证码"按钮；如图1-14所示，③输入接收到的短信验证码；④勾选"我已阅读并同意'用户协议和隐私条款'"选项；⑤点击"进入头条"按钮。

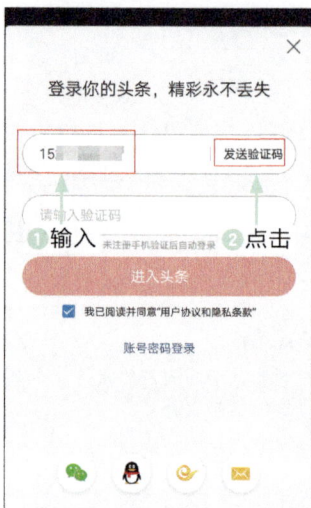

图1-13 输入手机号码并获取验证码

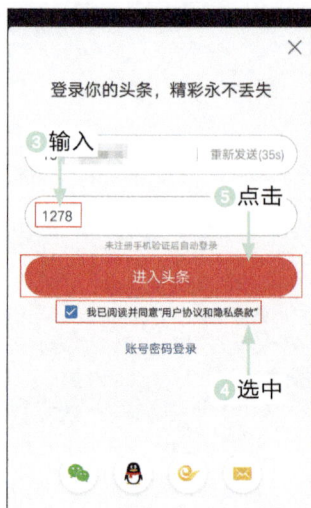

图1-14 输入验证码并点击相应按钮

步骤 03 执行操作后，即可完成通过手机号码注册头条号的操作，运营者注册完成之后，其资料是不完整的，可以在"编辑资料"页面进行设置。

专家提醒

在手机端，注册页面与登录页面是相同的，对于未注册的手机号码，可直接输入手机号码，待验证后自动登录。不同的是，若已经注册了头条号，可以点击图1-14所示页面的"账号密码登录"按钮进行登录，而不一定要获取验证码。

1.3 设置：基础信息，助于了解和"吸睛"

对头条号账号而言，有几个关键的和基础的信息设置是需要大家注意的，那就是名称、头像、介绍和作者二维码等。其中前面三者是需要创作者自己设置的，而后者是系统自动生成的，这个自动生成的二维码是可以用在多个地方来进行推广的。本节就针对这4个方面的基础信息设置进行介绍。

1.3.1 名称：便于用户搜索和找到

在今日头条平台上，打开其官网首页，大家会发现每篇推送的文章除了文章本身的信息，如封面、标题、内容类型和发布的时间外，就只有头条号名称是全部呈现的。可见，要想运营好头条号，实现最大范围的推广，头条号取名极为重要，它是用户认识你的最便捷的途径。

一个好的、"吸睛"的头条号名称，在笔者看来，首先就应该有一个关键词——或表示大的行业领域，或表示更专业的内容类别，这样才会让用户更容易搜索并精准地找到你。图1-15所示为关键词"新媒体"的头条号名称搜索结果。

图1-16所示为关键词"新媒体运营"的头条号名称搜索结果。

图1-15 关键词"新媒体"的头条号名称搜索结果　　　图1-16 关键词"新媒体运营"的头条号名称搜索结果

在上面两图中，前者的关键词"新媒体"清楚地展示了该头条号——"新媒体"这一大的、发展风头正劲的行业领域，而后者的关键词"新媒体运营"在前者的基础上加入了所包含的头条号的内容类别。在此情况下，用户如果想寻找这方面的头条号或内容进行关注，那么是完全绕不开这些关键词的。

因此，在设置头条号名称时，运营者首先应该从植入关键词出发，这样才能更容易被搜索到。

其次，在设置头条号名称时，还应该从价值呈现出发来完成设置。也就是说，你设置的头条号必须充分体现你所具有的独特的价值，这样才能吸引用户注意。图1-17所示为关键词"汽车"的头条号名称搜索结果。

图1-17 关键词"汽车"的头条号名称搜索结果

上图中的多个与汽车相关的头条号，其中"汽车之家""汽车大师"和"汽车常识"就达到了展示自身价值的要求。

另外，不知大家注意到没有，上图中的几个头条号都是在搜索结果中位于前列的，其中除了表现价值的头条号名称外，还有些是贴上了品牌标签的，如"优视汽车"和"美宴汽车"等，这正是笔者要说的设置头条号名称时的另一个提升搜索率的方法，这一方法的好处还表现在它更加有利于提升品牌的辨识度。

1.3.2　头像：设计好账号的第一张"脸"

从上一小节中所展示的图片来看，除了头条号名称外，其中最醒目的标志就是头像了——它们在名称和介绍的左侧以一个大的图标显示出来，且是以不同形式来展现自身的，具体来说，主要有以下3种不同的形式。

1."名称"式的头像设计

一般来说，设计头条号头像时，很多运营者倾向于在其中把名称展示出来，这里的名称展示也可以是多种形式的，或是用汉语（包括拼音），或是用外语，或是中文与外语的结合。图1-18所示为加入了头条号名称的头像设计案例。

图1-18 头条号"二更"头像中的名称显示

这样不仅可以在了解头条号的基础上进一步加深用户的印象，还能在广泛传播的过程中让读者一看到该头像就知道怎样去寻找与其相关的信息（有了名称，搜索就简单得多）。

当然，有时候头条号头像显示的并不是全称，而是其中的关键字，至于各种表示属性、内容等的后缀部分则省掉了，如头条号"虎嗅App""细嗅创意"等，如图1-19所示。

图1-19 显示名称关键信息的头条号头像设计举例

2. "标志图片"式的头像设计

在今日头条平台上，还有很多头条号头像采用的就是一种能代表头条号的图片，这样的图片可以是创作者头像、企业图片、产品图片和其他能表现头条号价值与内容的图片等。图1-20所示为单纯把图片作为头像的设计案例。

图1-20所示的头像设计，是在一个具体情境中，以古装人物传神的神态和姿势来呈现，再配合头条号名称，能瞬间吸引人注意。可见，在头像设计中，有时一张生动传神、有着独特意味或自身特色的图片，就可能成为用户关注的引导因素，胜过千言万语。

图1-20 有着标志性图片的头条号头像设计举例

3. "名称+内容"式的头像设计

前面已经介绍了"名称"式的头像设计，其实，有些头条号为了更好地说明其价值和展现其内容，有时还会在头像设计中加上足以点缀名称的内容说明。这样的头像，能让读者在看到头像的第一眼就明白它针对哪方面来说的，将为读者呈现哪些需要的内容。

图1-21所示为"名称+内容"式的头像设计案例。

图1-21 "名称+内容"式的头条号头像设计举例

在移动互联网广泛发展的背景下,"今日头条"App实现了PC端头条号信息展示的又一个升级——以图文内容为例,它会在打开文章页面时展示头像和名称:首先会在内容标题下方展示头像和名称;当读者向下滑动页面时,则会在手机界面上方展示该内容的创作者头条号名称和头像,如图1-22所示。

图1-22 "今日头条"App上的头像和名称呈现

1.3.3 介绍:让用户知道你能提供什么

前面已经提及,名称和头像能让用户大致了解该头条号的内容方向,而要想更深入地探索,想知道关注了之后究竟有着怎样的价值和意义、该头条号及其创作者又有着怎样的地位,这些不仅可以通过阅读内容总结出来,还可以在阅读内容的基础上浏览头条号介绍来进行判断,最终决定是否要关注该头条号。

在此,笔者就日常关注的一些头条号大号来解读一下其运营者是怎样设置介绍的,具体内容如下。

1. 展现内容

之所以要设置介绍,更多的是从帮助用户了解运营者的角度出发的,因此,在其中展现头条号推送的内容方向和领域是一种比较常见的方法。

而头条号介绍是有字数限制的,包括标点,须控制在10~30个字符内,因此,介绍内容一定要是简短、精练的语言,有时为了增强说服力和表达效果,还会采用数字、排比等方法。图1-23所示为在介绍中展现内容的头条号举例。

图1-23 展现内容的头条号介绍举例

当然，在展现内容的介绍中，有时头条号会在其中说明创作者的地位、专业能力或头条号的性质、地位等。有时又会着重于该头条号的特色，如一个名为"短秀视频"的头条号，其介绍内容就是通过简短的11个字（共14个字符）"短秀视频，短一点，秀得更好！"来说明其特色就在于"短"与"秀得更好"上。

2. 名人元素

在介绍中展现内容是一种比较大众的方法，有些头条号则另辟蹊径，在介绍内容中加入了名人元素，如图1-24所示。

这样的头条号介绍内容，能借助特定领域的名人来为头条号在该领域的内容推送提供强大的助力和支撑。当然，在利用名人元素的头条号介绍中，头条号内容的展现也是不可缺少的。

由于篇幅所限，笔者在此仅介绍两种头条号介绍的内容设置，至于其他的，用户可以通过时刻关注今日头条平台加以总结和借鉴。

图1-24 加入了名人元素的头条号介绍举例

1.3.4 　作者二维码：更多方式联系作者

作者二维码是"账号信息"页面中的一项重要内容，而关于作者二维码，笔者在此要说明的是，它是在注册头条号时自动生成的，而不是由创作者或运营者设置的，因此，关于作者二维码，这里所介绍的设置主要是怎样用它来进行运营推广。

1. 下载作者二维码

运营者登录头条号后台主页，进入"账号信息"页面，可以看到，在"作者二维码"这一栏中的图片的下方，有一行小字显示"点击图片即下载，尺寸290×290px"，如图1-25所示，可见运营者只要单击作者二维码图片，就可在弹出的"新建下载任务"对话框中设置名称和下载位置，然后单击"下载"按钮，如图1-26所示，即可成功完成下载操作。

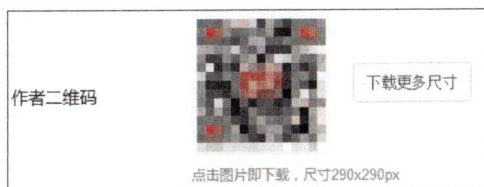

图1-25 作者二维码图片

图1-26 "新建下载任务"对话框

上面介绍的是尺寸为290×290px的图片下载,如果运营者想要获取更大、更清晰的图片来进行运营推广工作,那么就需要下载其他尺寸的作者二维码图片,具体操作步骤如下。

单击图1-25中的作者二维码图片右侧的"下载更多尺寸"按钮,弹出相应对话框,对话框中显示了4种不同尺寸的作者二维码图片,如图1-27所示,单击需要的图片尺寸右侧"下载链接"一栏下的"下载"按钮,就可下载相应尺寸的作者二维码图片。

尺寸(像素)	边长(厘米)	建议扫描距离(米)	下载链接
290 x 290	10	0.5	下载
370 x 370	13	0.9	下载
530 x 530	18	1.1	下载
690 x 690	24	1.3	下载
		取消	

图1-27 不同尺寸的作者二维码图片下载页面

2. 二维码运营推广

作者二维码图片下载完成后,如果运营者想要在今日头条平台或其他平台上进一步推广自身的头条号,可在各种内容中植入作者二维码图片,用户只要用手机微信"扫一扫"功能扫描二维码,即可进入"手机摄影构图大全的头条主页"页面,如图1-28所示。

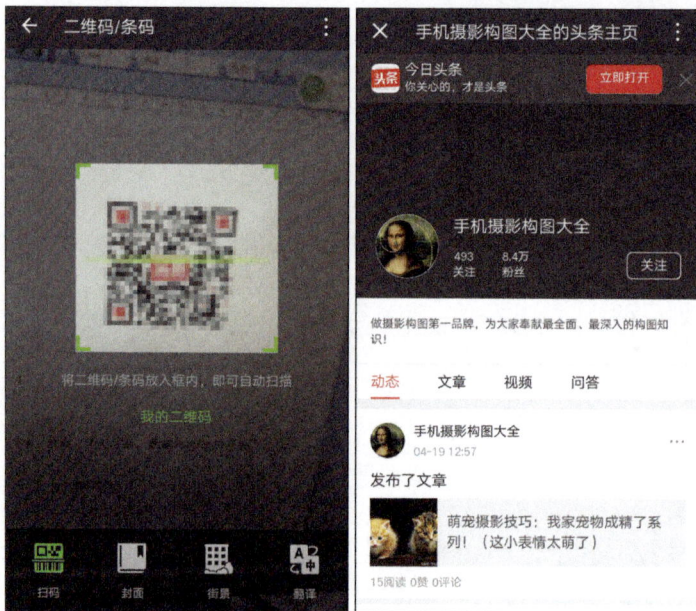

图1-28 作者二维码的扫码推广操作

1.4 其他：3大方面，要格外注意的问题

头条号注册和信息设置完成之后，还有一些问题需要大家注意，例如，如何进行实名认证，如何更改登录密码，如何登录等。另外，随着越来越多的普通用户加入运营头条号的队伍中来，今日头条平台也在逐渐完善各项设置，因而出现了运营方面的众多变化，对这些问题，运营者也有必要进行一定的了解。

因此，本节将针对上述问题一一进行讲解，帮助刚进入头条号运营的新手进一步了解头条号运营。

1.4.1 如何完成实名认证

前面介绍的是关于头条号注册和基础信息设置方面的内容，而除了这些之外，如果运营者想要在更多方面参与头条号的完善和发展，就有必要先完成实名认证，这是头条号开通提现、资质认证和部分功能权限的必要条件。下面对如何完成实名认证进行介绍。

运营者登录头条号后台主页，进入"账号权限"页面，可以看到该页面显示了4项权限，在"实名认证"一栏中，单击"前往认证"按钮，如图1-29所示。执行操作后，即可进入相应网页，该网页用视频展示了实名认证的过程。运营者只要按照相应操作即可完成实名认证。

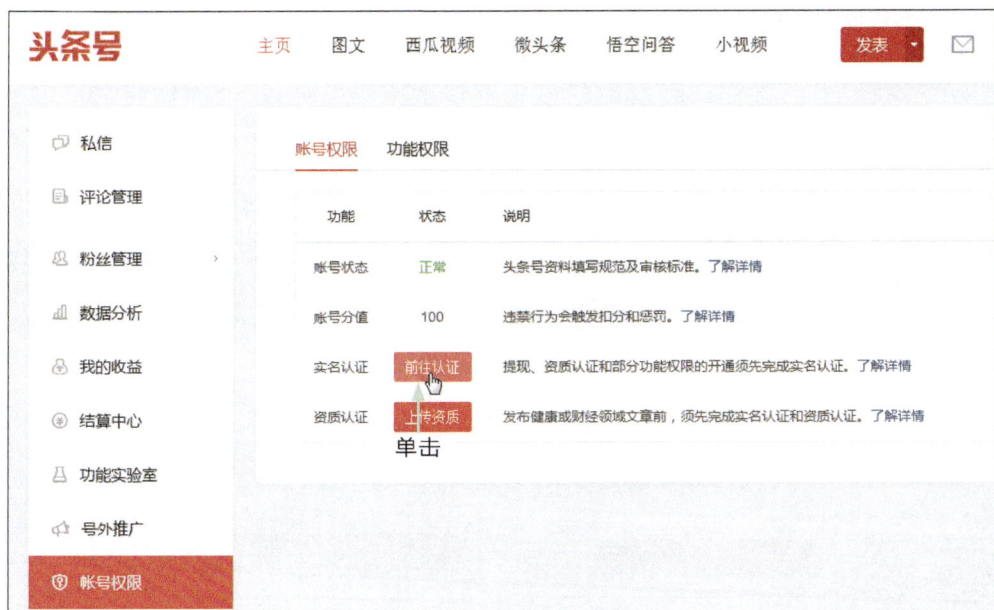

图1-29 单击"前往认证"按钮

步骤 01 进入今日头条客户端，进入头条号主页，❶点击"实名认证"按钮，如图1-30所示；❷进入"实名认证"页面，在"身份认证"操作页面，点击 + 按钮，按照提示拍摄有效二代身份证的正反面，如图1-31所示。

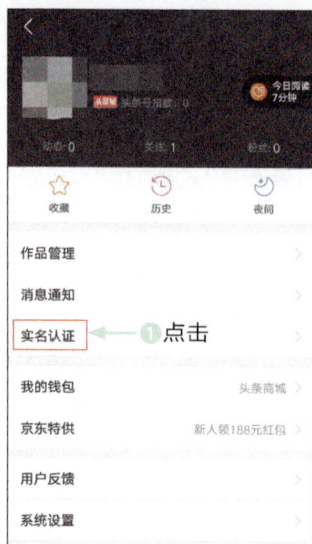

图1-30 点击"实名认证"按钮

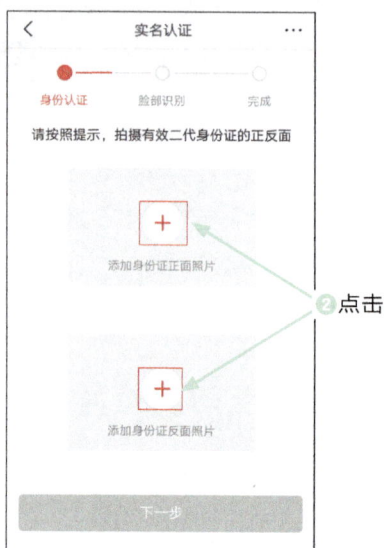

图1-31 拍摄身份证

步骤 02 全部拍摄完成后，❶点击"下一步"按钮，如图1-32所示；❷进入相应页面，该页面显示了所提交身份证的"姓名"与"证件号"信息，仔细确认无误后，点击"确认并提交"按钮，如图1-33所示。

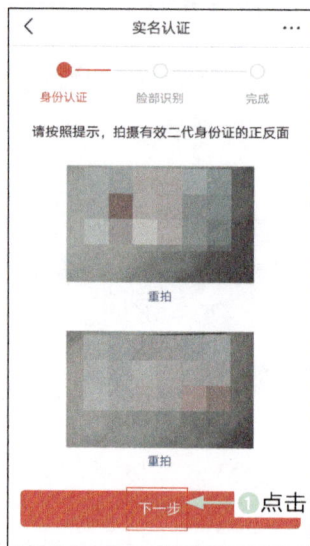

图1-32 点击"下一步"按钮

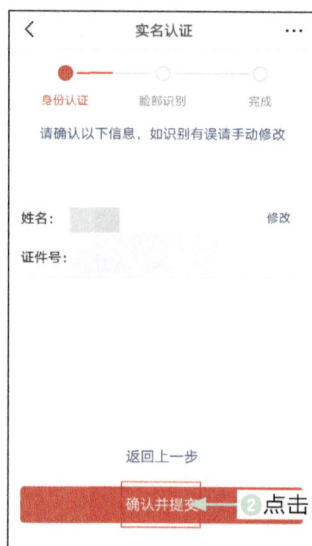

图1-33 点击"确认并提交"按钮

步骤 03 进入"脸部识别"操作页面，该页面显示了进行脸部识别操作的要求和注意事项，❶点击"确认本人，开始"按钮，如图1-34所示；❷弹出信息提示框，点击"开始拍摄"按钮，如图1-35所示。

图1-34 点击"确认本人，开始"按钮

图1-35 弹出信息提示框

步骤04 开始进行拍摄，视频拍摄完成并检测成功后，进入"完成"操作页面，该页面会显示实名认证已通过的信息，并有"头条号审核结果会在1天内通知"的信息提示，如图1-36所示。然后返回头条号主页，该页面会在"消息通知"一栏显示一条未阅读的通知，进入"消息"页面，该页面显示了一条系统通知，如图1-37所示。

图1-36 实名认证成功的信息显示

图1-37 "消息"页面的系统通知显示

图1-38 "头条认证"页面　　　　　图1-39 "加V认证"页面

1.4.2　如何登录和更改密码

　　头条号注册之后,在进行运营的过程中需要经常登录来完成头条号管理的操作。对于通过手机号注册的用户来说,通过PC端登录一般有两种方式:一是通过账号密码登录;二是通过验证码登录。下面以通过PC端用账号密码登录为例进行介绍,具体操作如下。

　　进入"头条号"页面,❶单击"登录"按钮,如图1-40所示;进入"登录"页面,❷输入手机号码、密码和验证码信息,❸单击"登录"按钮,即可完成登录,如图1-41所示。

图1-40 单击"登录"按钮

图1-41　填写登录信息

其实，除了用手机号码登录外，还有多种方式，例如，图1-41中"登录"页面下方显示用QQ和微信都可完成此操作。而在今日头条手机客户端，还有另一种登录方式——天翼账号登录，其操作如下。

进入"登录"页面，❶点击页面下方的 🟢 按钮，进入"天翼账号"的快速登录页面；❷点击"快速登录"按钮，即可完成登录，如图1-42所示。

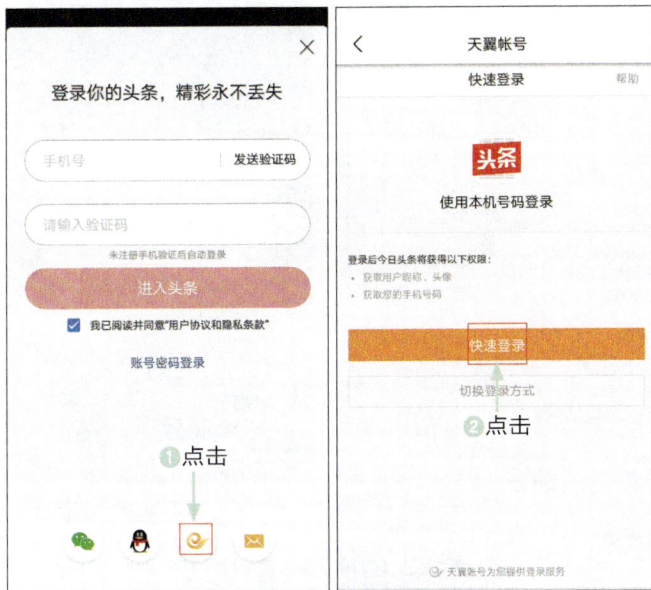

图1-42　通过"天翼账号"登录

说到密码修改，上面提及的"找回密码"设置，其本质就是一种修改密码的方式。其实，关于头条号密码的修改，在今日头条客户端可以非常容易地完成这一操作，且只要头条号绑定了手机号码，无论是通过哪种方式注册和登录的，用户都可通过手机验证码来实现密码修改，具体操作如下。

步骤01 进入头条号主页，❶点击"系统设置"按钮；进入"设置"页面，❷点击"账号和隐私设置"按钮，如图1-43所示。

步骤02 进入"账号和绑定设置"页面，❶点击"修改密码"按钮；弹出"修改登录密码"信息提示框，如果运营者确定修改，❷就可点击"确定"按钮；进入"修改密码"页面，❸输入系统向绑定手机发送的验证码和新设置的密码；❹点击"确定修改"按钮，如图1-44所示，就会提示密码修改成功，表示此时密码修改操作已完成。

图1-43 进入"修改密码"页面的操作

图1-44 完成修改密码的操作

1.4.3　头条号有哪些重要变动

今日头条从其创建到如今的发展壮大，已经有6个年头，自然，其发展过程中的各项设置的完善也就在所难免了。下面笔者将介绍两个非常重要的头条号变动，这两个方面的变动对头条号作者和运营者有着极其重要的意义。

1. 下线头条号指数

众所周知，头条号指数是一个账号的重要数据指标，作为评判头条号运营状况的重要依据而存在。它主要包括健康度、原创度、活跃度、垂直度和互动度，如图1-45所示。

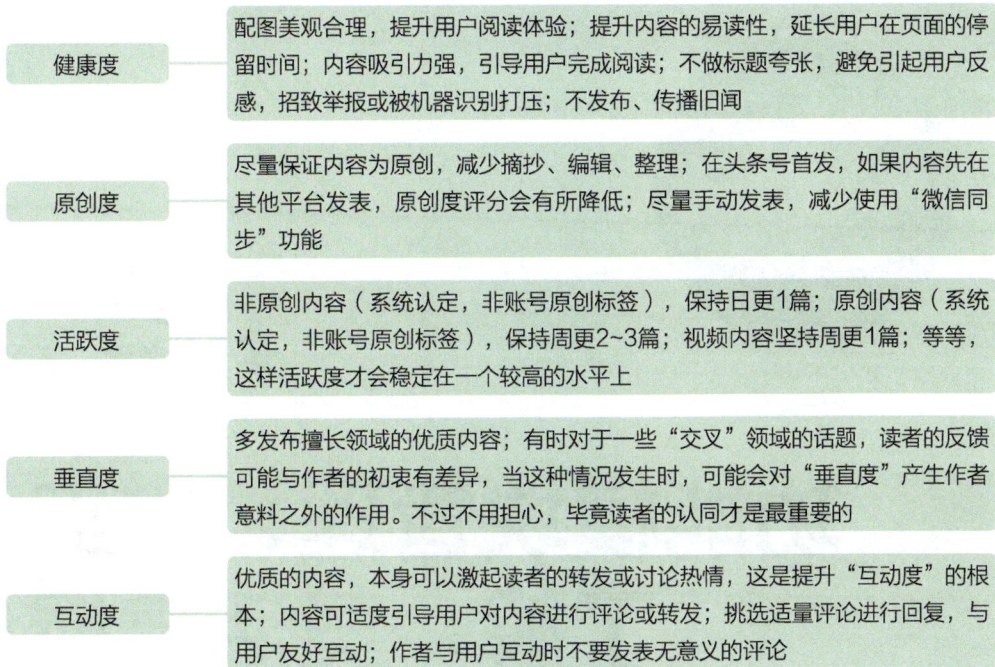

健康度	配图美观合理，提升用户阅读体验；提升内容的易读性，延长用户在页面的停留时间；内容吸引力强，引导用户完成阅读；不做标题夸张，避免引起用户反感，招致举报或被机器识别打压；不发布、传播旧闻
原创度	尽量保证内容为原创，减少摘抄、编辑、整理；在头条号首发，如果内容先在其他平台发表，原创度评分会有所降低；尽量手动发表，减少使用"微信同步"功能
活跃度	非原创内容（系统认定，非账号原创标签），保持日更1篇；原创内容（系统认定，非账号原创标签），保持周更2~3篇；视频内容坚持周更1篇；等等，这样活跃度才会稳定在一个较高的水平上
垂直度	多发布擅长领域的优质内容；有时对于一些"交叉"领域的话题，读者的反馈可能与作者的初衷有差异，当这种情况发生时，可能会对"垂直度"产生作者意料之外的作用。不过不用担心，毕竟读者的认同才是最重要的
互动度	优质的内容，本身可以激起读者的转发或讨论热情，这是提升"互动度"的根本；内容可适度引导用户对内容进行评论或转发；挑选适量评论进行回复，与用户友好互动；作者与用户互动时不要发表无意义的评论

图1-45 头条号指数的评判标准

因此，对于运营者来说，虽然头条号指数下线了，使头条号开始转向以粉丝数为重要的运营指标，但在笔者看来，上图中提及的5个维度的标准还是对头条号的内容运营有着巨大的指导作用的，是打造优质原创内容的基础。

2. 取消账号新手期

在今日头条平台上，系统于2018年3月发布通知，将简化注册流程和取消新手期。其中，与新手期有关的"新手号"是一个与"正常号"相对的概念，它需要通过审核才能成为"正常号"。而取消账号新手期的这一变动，将会让头条号作者一完成账号注册，即可直接开通头条广告权限。

但是运营者也需要注意，在注册后新出现了一个体验期，这在上文1.2.2小节中已经提及，这里不再赘述。

第 **2** 章

功能模块管理：详细了解，灵活掌握

学习提示

注册了头条号后，是需要付出一定的心血和努力才有可能实现其运营和营销目标的，而运营者可以利用后台的众多功能模块来完善平台设置，以便利于宣传和推广。本章从功能详情和操作出发，来介绍后台的功能模块管理。

本章重点导航

- 账号信息：5大版块，明白那些可操作功能
- 原创保护：4大要点，维权保护，安全无忧
- 账号权限：两大权限，17种功能有妙用
- 自定义菜单：巧妙设置，更好地引导用户
- 其他模块：更多设置熟练掌握，助运营

2.1 账号信息：5大版块，明白那些可操作功能

运营者登录头条号，进入后台首页的"账号信息"页面，就会发现该页面上包含5个选项，即"账号信息""账号设置""黑名单""手机换绑申诉"和"修改账号类型"，选择相应选项可以进入页面进行相关操作，本节分别对这些操作进行介绍。

2.1.1 哪些账号信息可修改

个人、企业或商家注册一个头条号后，基于一定的原因，需要对一些账号信息进行修改，这一要求还是可以满足和实现的。那么，具体哪些基本的账号信息是可以修改的呢？运营者可以选择"账号信息"选项进行查看并修改。图2-1所示为"账号信息"页面。

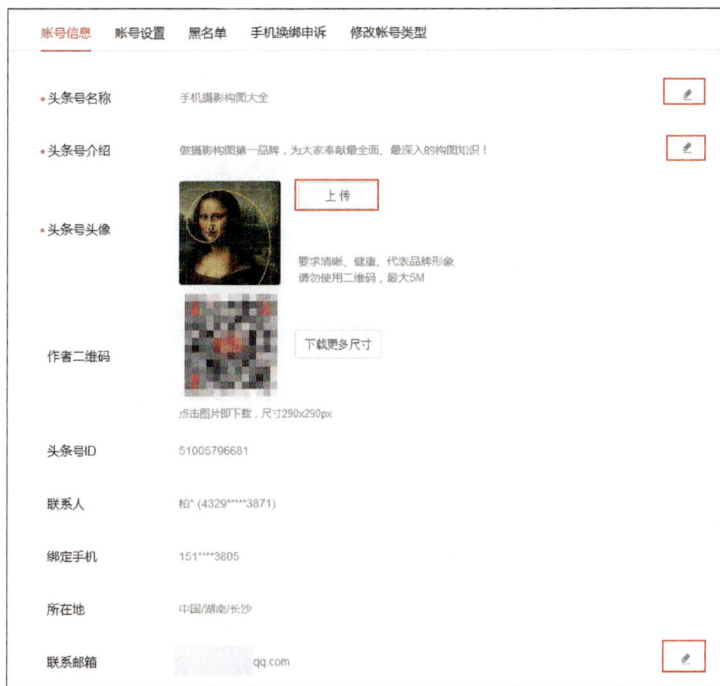

图2-1 "账号信息"页面

从图2-1中可以看出，有4处内容可修改，分别为"头条号名称""头条号介绍""头条号头像"和"联系邮箱"。这些信息的修改方式是存在差异的，具体如下。

（1）"单击+直接输入"方式：这一方式指的是单击"编辑"按钮 ✐，就会在原来的内容处显示可修改的文本框，运营者直接输入修改的内容以替换原来的内容即可完成修改。可利用这一方式完成修改的有"头条号名称""头条号介绍"和"联系邮箱"3项。

（2）"单击+选择"方式：这一方式指的是通过单击相应按钮，进入相应对话框，在其中选择相应的选项即可完成修改。可利用这一方式完成修改的内容有"头条号头像"。

"头条号头像"修改的方法：单击"上传"按钮后，即可连接到头条号平台以外的文件夹，然后在其中选取图片，如图2-2所示。

单击

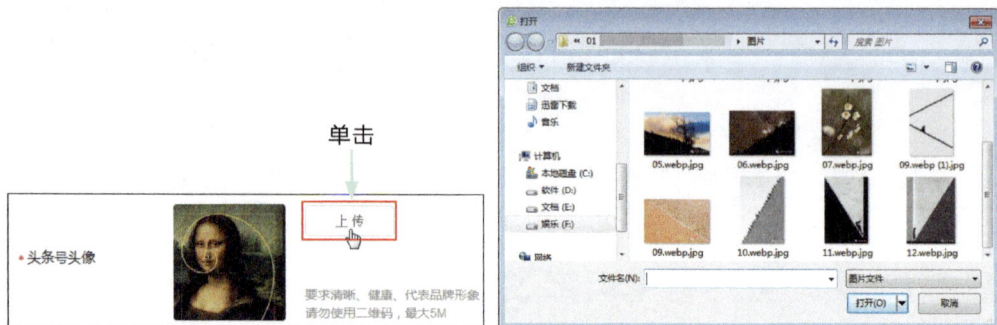

图2-2 头条号头像修改方式

　　运营者按照上述方法完成头条号修改后，单击"账号信息"页面下方的"提交"按钮即可提交修改。

2.1.2　绑定手机和图片水印

　　选择"账号信息"右侧的"账号设置"选项，进入相应页面，可以查看"绑定手机"和"图片水印"状态，如图2-3所示。

　　从图2-3中可以看出，该头条号是已经绑定手机和添加了图片水印的。如果运营者想改变这一状态，可按照下面的方法进行操作。

　　不添加水印： 如果用户想取消添加水印的操作，可以单击"不添加水印"按钮，然后单击"保存"按钮。

　　更改绑定的手机： 如果用户想了解如何更改绑定的手机，可以单击"如何更换绑定手机号？"文字链接，进入相应网页了解详细操作方法。

图2-3 "账号设置"页面

2.1.3　"手机换绑申诉"功能

前面已经两次提及了关于头条号的更改绑定手机的内容，只是没有对具体操作进行介绍，在此就针对这一问题，给有需要的读者以详细的答案，其具体操作将在图2-4所示的"手机换绑申诉"页面中完成。

从图中可以看出，运营者要想完成手机换绑，❶首先需要上传3张图片，即"运营者身份证正面""运营者身份证反面"和"手持身份证半身照"；❷然后输入新手机号，并获取和输入短信验证码；❸最后单击"提交"按钮，此时手机换绑申诉已经完成，接下来就是等待申诉成功并进行换绑了。

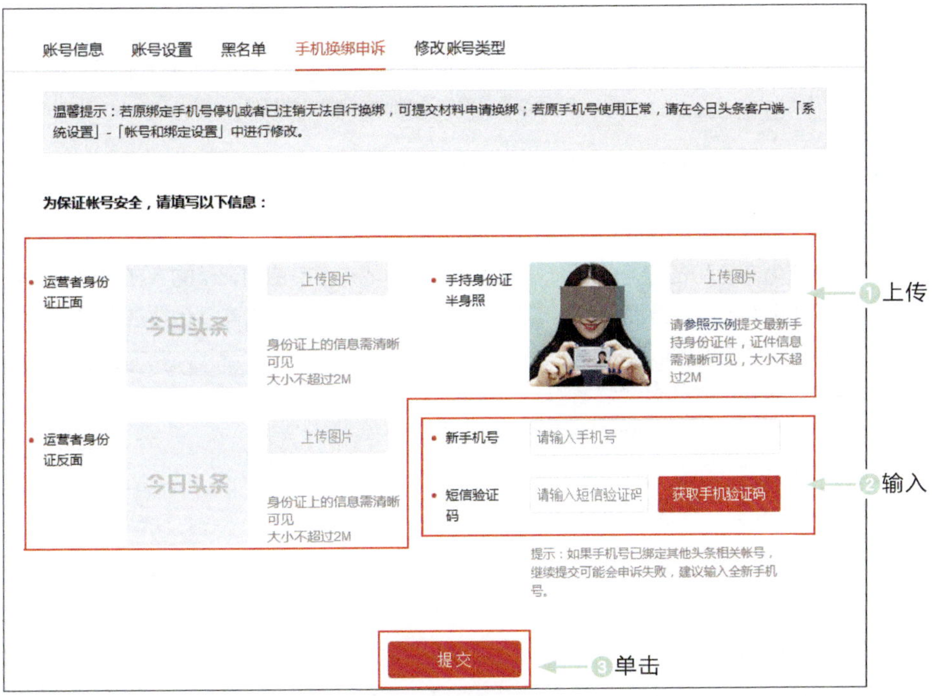

图2-4　"手机换绑申诉"页面

专家提醒

在此要提醒读者注意的是，图2-4所示的"手机换绑申诉"页面中有灰色字体提示——"温馨提示:若原绑定手机号停机或者已注销无法自行换绑，可提交材料申请换绑;若原手机号使用正常，请在今日头条客户端-「系统设置」-「账号和绑定设置」中进行修改。"

可见，要进行"手机换绑申诉"操作的是那些原来绑定的手机号已经停机或注销，无法通过今日头条客户端来完成换绑操作的头条号。而通过手机客户端修改绑定的手机号的操作如下。

进入头条号主页，❶点击"系统设置"按钮，进入"设置"页面;❷点击"账号和隐私设置"按钮，进入"账号和绑定设置"页面;❸点击手机号右侧的▶按钮，进入"更换手机号"页面后，按照页面提示进行操作，即可完成绑定手机号的修改，如图2-5所示。

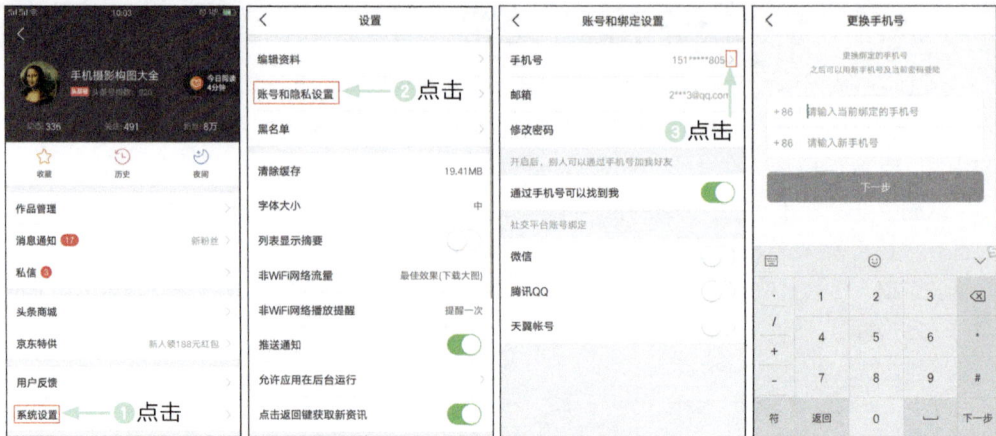

图2-5 通过手机客户端修改绑定手机号操作

2.1.4 慎重使用"黑名单"

　　黑名单，最初是英国剑桥大学在黑皮书上对有越轨行为的学生的姓名和行为进行列案记录，后来演变为商人和各行各业对那些不受他们欢迎或有不良信用记录的人在黑皮书上的记录。面对如今发展迅速的传统互联网和移动互联网环境，搜索引擎或诸多平台往往通过"黑名单"功能对那些网络信息垃圾制造者进行封杀或抵制。

　　很多平台和应用中都有"黑名单"的身影，如大家熟悉的微信公众号，而本书讲述的头条号同样设置了黑名单。运营者可以在"账号信息"页面选择"黑名单"选项进行查看，如图2-6所示。

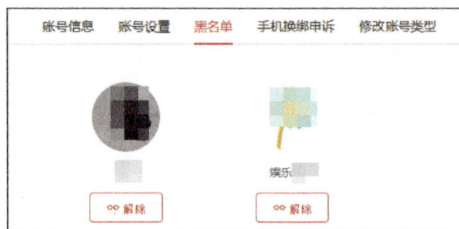

图2-6 "黑名单"页面

　　那么上图中出现在"黑名单"页面的那些名单是怎么添加的呢？下面将进行详细介绍。

1. 推送消息

　　运营者如果不喜欢某些头条号推送的信息或广告，想要把它们加入黑名单，具体步骤如下。

步骤01 打开推送的信息，❶点击头条号头像，如图2-7所示；进入头条号主页，❷点击右上角的 ••• 按钮，如图2-8所示。

图2-7 点击头条号头像

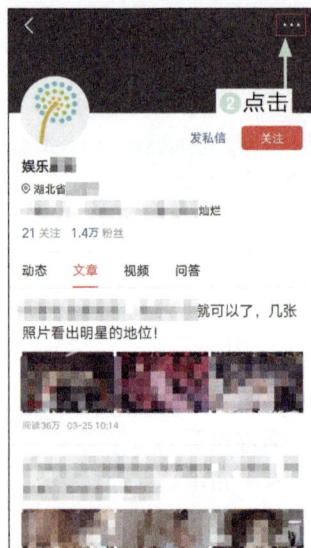

图2-8 点击 ••• 按钮

步骤 02　在主页下方弹出相应页面，❶点击该页面上的"拉黑"按钮，如图2-9所示；弹出"确定拉黑该用户？"对话框，❷点击"确定"按钮，如图2-10所示，当页面显示"拉黑成功"字样，就表示已经把该头条号加入了黑名单。

图2-9 点击"拉黑"按钮

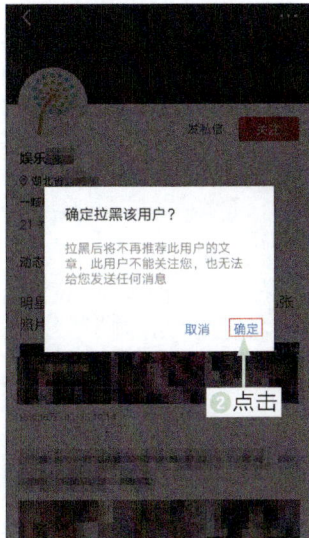

图2-10 "确定拉黑该用户？"对话框

2. 评论消息

如果用户觉得某一用户经常在自身推送信息中留下一些不合时宜的、不文明评论或无故贬低的评论，需要将其加入黑名单，具体步骤如下。

步骤 01　进入推送信息下方的用户评论区，❶点击用户头像，如图2-11所示；进入用户个人主页，此时可以通过两种方法拉黑该用户，既可以采用与前面同样的步骤来操作，还可以在手机上滑动屏幕，进入下方的"动态"页面的评论区，❷点击一条评论右侧的 ··· 按钮，如图2-12所示。

图2-11 点击用户头像

图2-12 点击 ··· 按钮

步骤 02　❶在弹出的页面中点击"拉黑"按钮，如图2-13所示；执行操作后，弹出"确定拉黑该用户？"对话框，❷点击"确定"按钮，如图2-14所示，即可将该用户加入黑名单。

图2-13 点击"拉黑"按钮

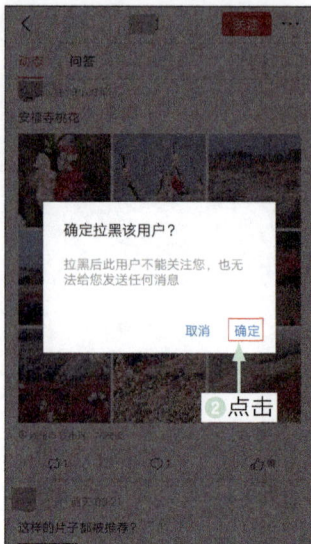

图2-14 "确定拉黑该用户？"对话框

专家提醒

前面介绍的方法不仅可以将推送消息和评论消息中的用户加入黑名单，还可以把头条号用户和个人用户分别加入黑名单。另外，从"确定拉黑该用户？"对话框中可以发现，两者的内容是存在差异的（见图2-10和图2-14）。而且，从对话框中的提示可以看出，执行拉黑操作后，被拉黑的用户不仅不能向头条号发送消息，也不能接受头条号推送的消息，这与头条号的广泛推广目标是背道而驰的，因此，在执行这一操作时要慎重。

按照上述两种方法拉黑用户后，就会返回头条号用户和个人用户主页，此时会出现"解除拉黑"按钮，点击该按钮，如图2-15所示，即可把该用户从黑名单中移除。

专家提醒

另外，单击图2-6所示的"黑名单"页面中的"解除"按钮，同样可以把用户从黑名单中移除。

图2-15 点击"解除拉黑"按钮

2.1.5 怎样修改账号类型

在头条号PC端后台的"修改账号类型"页面，如图2-16所示，❶在"为保证账号安全，请填写以下信息："区域完成资料的填写和手机验证；❷单击"提交"按钮即可完成修改申请的提交。

图2-16 "修改账号类型"页面

专家提醒

当然，在提交申请前要注意以下4个问题。

（1）应该了解不同类型账号的基本情况，然后再决定修改方向，这可以通过单击上图中右侧的"不同类型账号有何不同"文字链接，进入相应网页了解。

（2）应该知晓哪些账号是可以修改的，哪些账号是不可以修改的。如对那些注册人不是单位法人的企业或群媒体账号，就不能修改为个人账号。

（3）避开提现特殊时间：今日头条平台的提现，发生在每月的1~4日，因此在这段时间内，今日头条是不支持账号类型修改申请的。

（4）要确保所提交的资质是完全正确的，因为一旦提交申请成功，或是多次申请审核并未通过，那么此时是无法再次申请审核的。

2.2 原创保护：4大要点，维权保护，安全无忧

在传统互联网和移动互联网时代，信息传播的速度和广度达到了前所未有的高度，然而在这一背景下，基于各种原因，侵权、抄袭行为屡见不鲜，这对著作者的个人合法权益产生了威胁。因此，很多平台都开始重视起原创作者的维权问题，并采取相应措施来做好原创维权任务。

2.2.1 原创维权：3大功能提供，全面升级

在今日头条平台上，单击"原创保护"按钮即可进入"原创维权"页面，通过该页面的相

关操作可以保护自身原创作品的版权。关于今日头条平台的原创维权，其优势主要表现在3个方面，具体介绍如下。

1. "全网监测"功能

在头条号"原创保护"功能推出之前，所有平台进行的一系列原创保护措施都是在平台内部进行的，而不是基于传统互联网和移动互联网这一大环境，因此，只能实现自纠自查、局部维权。

而自从头条号"原创保护"功能推出之后，作者维权的方式和范围发生了巨大变化，具体如下。

从方式上来看， 从自纠自查转变为抄袭发生6小时内监测抓取。

从范围上来看， 从局部、个别平台维权转变为跨平台全网维权。

从此，在作者维权方面，对平台和原创作者而言，明显更省时省力，且是依靠先进的信息监测技术来完成的，版权维护在效果上也有了显著成效。

2. "快速删文"功能

在"全网监测"功能基础上，作者的权益将会怎样维护呢？一般说来，首先就应该让侵权的文章快速消失，以避免在更大范围内传播侵权文章，这在今日头条平台上可以利用"快速删文"功能来实现。

所谓"快速删文"，即头条号与专业第三方维权机构（如中国版权保护中心、维权骑士等）合作，在抄袭文章被抓取后，最快情况下，可在24小时内删除抄袭的文章，还原创作者一片晴朗的创作天地。

3. "维权赔付"功能

今日头条这一内容平台，通过版权维权可为原创作者赢得收益，这是通过其"维权赔付"功能来实现的。

所谓"维权赔付"，即原创文章作者在与平台授权签约的情况下，与今日头条合作的"快版权"这一第三方维权机构会追溯侵权的文章，并与侵权方沟通赔付事宜，在沟通失败的情况下，甚至提起诉讼。在这一过程中，尤其受原创作者关注的是，"侵权赔付"行为是免费的，不需要原创作者负担费用。

那么，在"维权赔付"中，原创作者究竟可获得多少赔付款呢？这可以分两个部分来说明，具体如图2-17所示。

今日头条"维权赔付"的具体赔付金额	在侵权主体可定位并立案的前提下，快版权会联合头条号先行垫资赔付50元/篇
	维权诉讼成功后，原创作者可再获得由侵权方支付的100元/篇赔付金

图2-17 今日头条"维权赔付"的具体赔付金额

2.2.2 授权签约：完成基本流程，专业人士维权

前面已经介绍了今日头条"原创保护"提供的众多功能，但是这些功能能否发挥真正的作用，还是需要运营者进行设置的，只有与平台授权签约，才能把这一功能用到实处。接下来将介

绍授权签约的基本操作。

步骤01　在头条号后台首页，❶单击"原创保护"按钮，进入"原创维权"页面；❷单击"马上签约"按钮，如图2-18所示。

步骤02　弹出"作者授权须知"对话框，运营者阅读完材料后，❶按要求填写相关资料和上传图片；❷然后单击"提交"按钮，如图2-19所示。

图2-18　"原创维权"页面

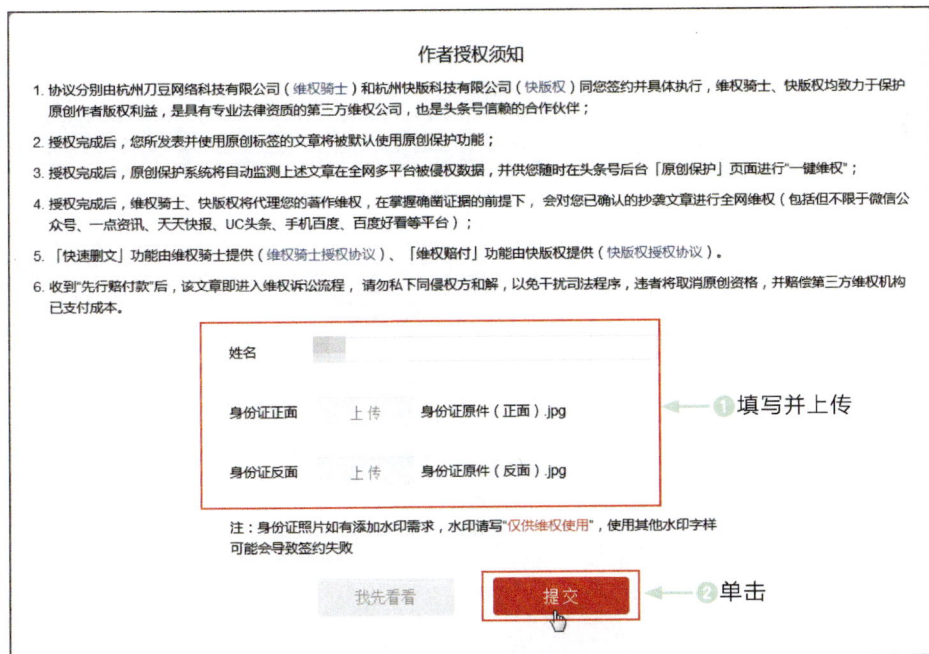

图2-19　"作者授权须知"对话框

　　执行操作后，平台会马上审核提交的资料，如果符合要求就说明已经提交成功，显示签约会在24小时内完成，然后返回"原创维权"页面，如图2-20所示。签约成功后，会在"维权页面"显示"快速删文"和"维权赔付"两项功能的信息，如图2-21所示。

图2-20　显示签约进行中

图2-21　签约成功后的"原创维权"页面

　　当然，也可能出现提交资料不符合要求的情况，此时会在"作者授权须知"对话框下方显示"请再次确认提交信息无误并点击「提交」按钮，需等待2秒避免网络延迟，如再次点击「提交」后依然无反应，请添加头条号维权官方微信号toutiaohao-weiquan联系我们。"字样，如图2-22所示，运营者此时可以按照提示操作解决问题，然后再次单击"提交"按钮。

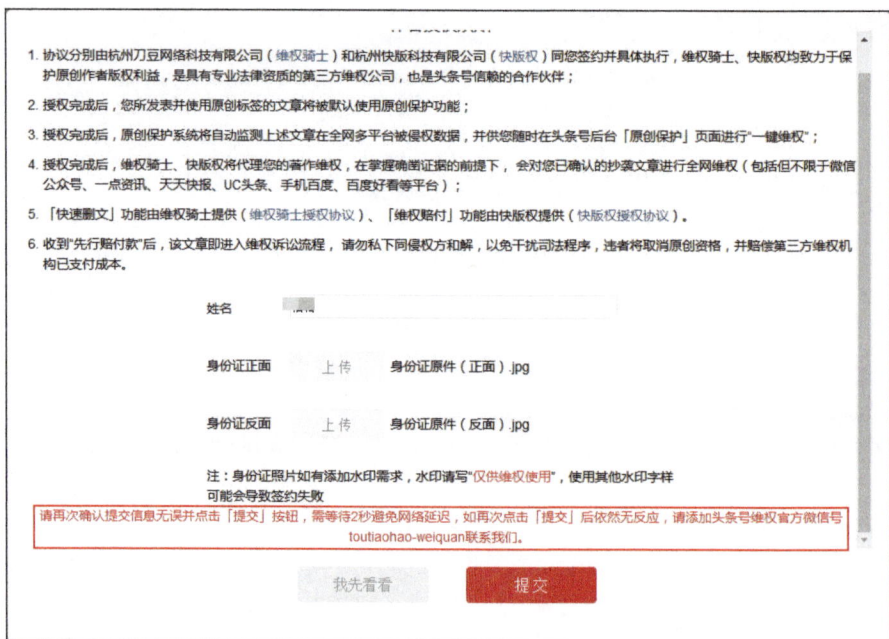

图2-22　提交不成功后的提示信息

在阅读"作者授权须知"内容时，会发现有两处链接文字，对此，运营者不能能忽略。从中可知，上面提及的"快速删文"功能是由维权骑士这一专业的第三方维权机构提供的，并提供了"维权骑士授权协议"链接文件《"维权骑士"维权代理协议》；而"维权赔付"功能是由快版权提供的，也同时提供了"快版权授权协议"链接文件《信息网络传播权维权授权协议》，如图2-23所示。

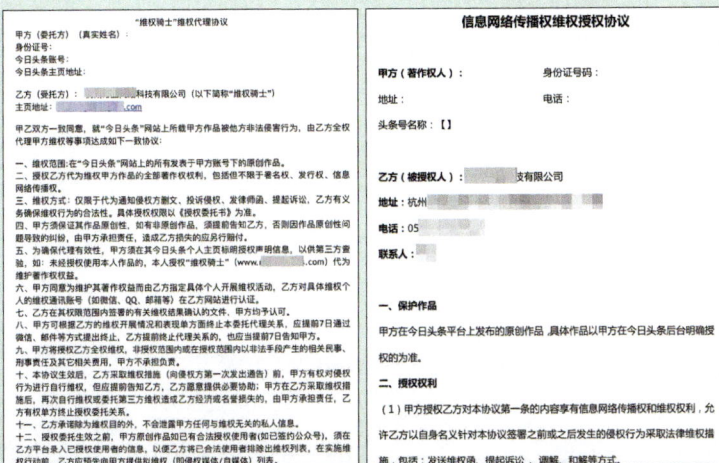

图2-23　《"维权骑士"维权代理协议》和《信息网络传播权维权授权协议》部分
内容展示

　　另外，在进行"维权签约"操作的过程中，有时提交不成功并不是因为提交的资料出现了问题，有可能是某一时间网络出现了抖动。此时，运营者可隔一段时间再尝试进行提交，也可以加"作者授权须知"对话框提供的微信号联系，查找具体原因。

2.2.3　维权方法：疑似抄袭文章，怎样实现维权

　　"维权签约"完成后，今日头条平台就会针对抄袭文章进行维权，假如存在疑似抄袭的文章的话，就会在"文章列表"中显示出来，如图2-24所示。

图2-24　"文章列表"页面的疑似抄袭文章显示

　　此时，在授权签约的情况下，应该如何维权呢？下面笔者将介绍在头条号后台进行维权的具体操作步骤。

　　单击上图中"查看"栏下方的"详情"按钮，进入相应页面，如果头条号创作者或运营者确

41

认了该篇文章在站内或站外存在抄袭的情况，就可单击"操作"栏下方的"举报删除"按钮删除相应平台上相应账号抄袭的文章，如图2-25所示。

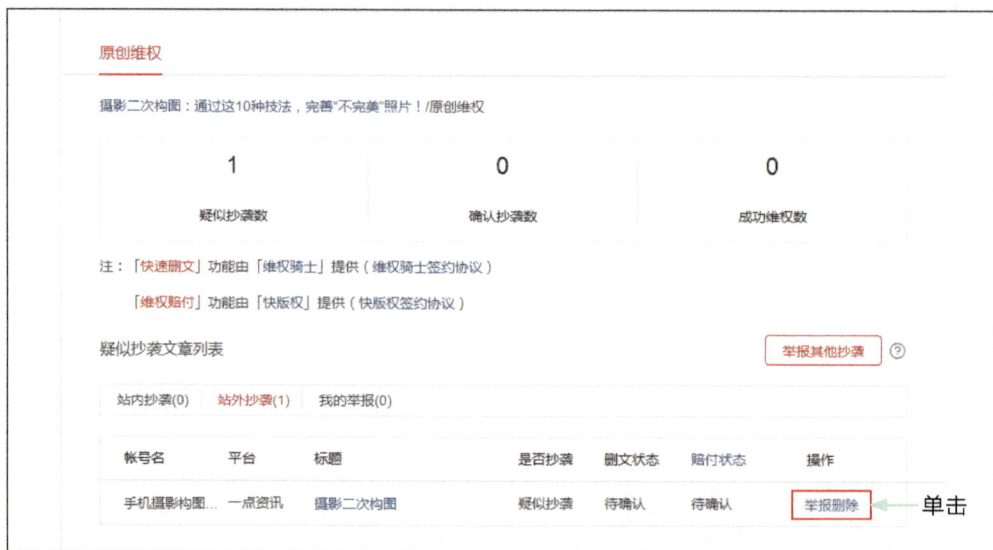

图2-25 单击"举报删除"按钮删除文章

当然，在维权过程中，除了删除抄袭的文章外，还有一个环节，那就是赔付。这一过程相对来说就比较复杂，有多种情况存在，读者如果想了解具体的流程，可单击上图中的"赔付状态"按钮，进入"今日头条全网维权流程"页面查看，如图2-26所示。

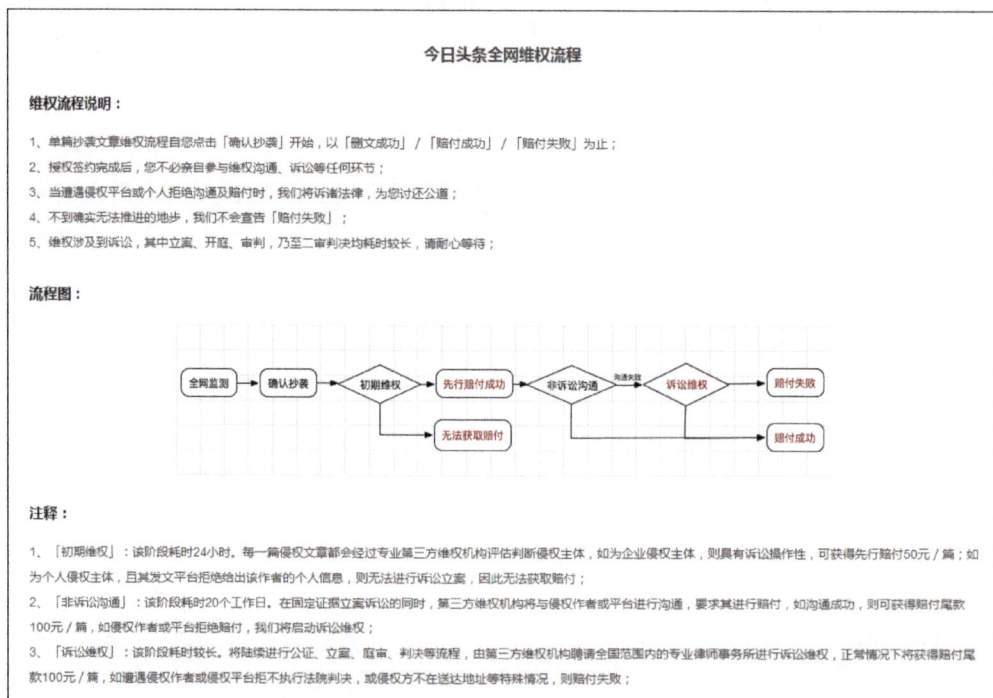

图2-26 "今日头条全网维权流程"页面

2.2.4 添加白名单：多平台发文，才能不被误判

在新媒体平台众多的情况下，大多数头条号创作者会选择多个平台进行内容的宣传推广。此种情况下，与今日头条平台授权签约的创作者就需要进行添加白名单的操作，才不会让创作者在其他平台推送的与头条号相同的内容，被系统监测到并判断为"疑似抄袭文章"，从而纳入维权的范围。添加白名单的操作方法如下。

步骤01 在头条号后台首页单击"原创保护"按钮，进入"原创维权"页面；❶在该页面上选择"白名单"选项，进入相应页面；❷单击"新增白名单账号"按钮，如图2-27所示。

图2-27 "白名单"页面

步骤02 弹出"添加白名单"对话框，❶在该对话框中填写相应信息；❷单击"确认"按钮，如图2-28所示，即可完成添加白名单的操作。

此时，返回"白名单"页面，刚刚添加到白名单里的账号会在该页面上显示出来，如图2-29所示。

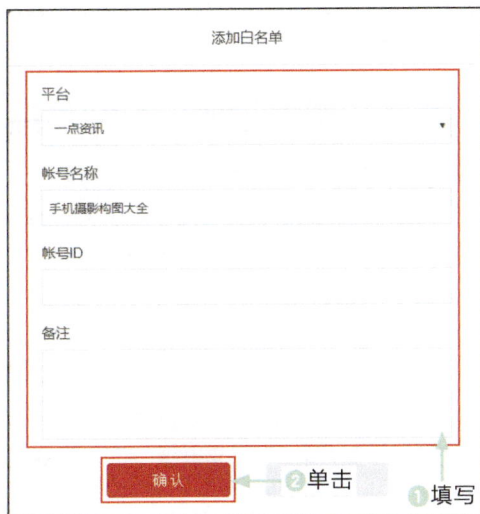

图2-28 "添加白名单"对话框

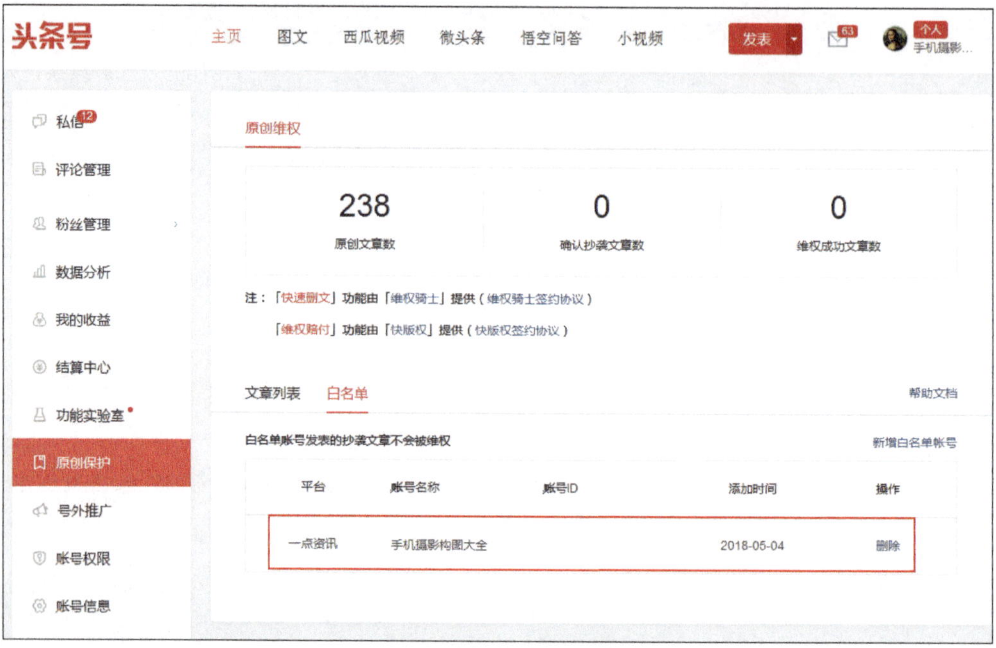

图2-29　显示添加到白名单中的账号信息

专家提醒

添加到白名单的各平台账号既可以是创作者另建的账号，也可以是创作者许可的转载账号，对于那些转载内容的账号，如果因为某方面原因不再提供转载权限，即可单击“删除”按钮将其从白名单中剔除。

2.3 账号权限：两大权限，17种功能有妙用

进入头条号后台的“账号权限”页面，可以看到该页面上呈现了两大权限，即“账号权限”和“功能权限”，它们为创作者和运营者提供了多种宣传推广和变现的实用功能，本节将进行具体介绍。

2.3.1 账号权限：5种功能，提升账号等级

图2-30所示为头条号后台的“账号权限”页面。

从图中可以看出，该页面上提供了5大账号权限功能，即“账号状态”“账号分值”“实名认证”“资质认证”和“图文商品分佣比例”。这些功能，无一不与头条号账号等级相关。

其中“账号状态”和“账号分值”两项，只要完成了账号注册，就会分别显示为“正常”和“100”。当然，如果在运营过程中出现了某些违禁行为，“状态”一栏会发生改变。

关于其他账号权限功能的具体内容，将在后面的章节中陆续加以介绍。

另外，从图2-30中可以看到，在每一项功能的末尾，都有蓝色字样“了解详情”；单击相应功能的“了解详情”文字链接，即可进入相应页面查看其具体内容。

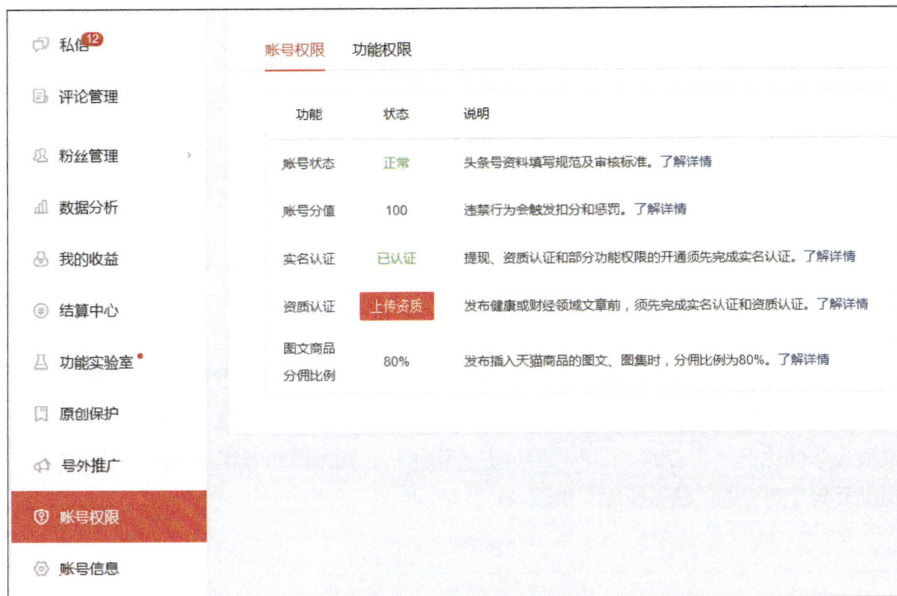

图2-30 "账号权限"页面

2.3.2 功能权限：12种功能，扩展运营渠道

图2-31所示为头条号后台的"功能权限"页面。

图2-31 "功能权限"页面

从图中可以看出，该页面上提供了12大功能权限，即"头条广告""自营广告""原创标签""双标题/双封面""千人万元""优化助手""加V认证""商品""扩展链接""外图封面""创作实验室"和"评论保护"。这些功能权限是头条号扩展运营渠道的重要条件，因此，运营者要时刻关注并针对每一项功能权限开通的条件，有目的地加速开通步骤。

由于篇幅所限，且在后文中会有所介绍，因此笔者在这里就不一一进行介绍，只对与"账号权限"关联的两个方面进行介绍。

一是"功能权限"页面相较于"账号权限"页面来说，在栏目设置上是不同的，除了"功能"和"状态"两项外，"账号权限"页面的"说明"一栏和"了解详情"文字链接在"功能权限"页面是没有的，取而代之的是"申请条件"和"功能介绍"两栏内容。

二是"功能权限"页面的"商品"功能与"账号权限"页面的"图文商品分佣比例"功能息息相关。如果"功能权限"页面的"商品"功能没有开通的话，那么在"账号权限"页面是没有"图文商品分佣比例"功能的。图2-32和图2-33所示分别为没有开通"商品"功能的"功能权限"页面及与之对应的"账号权限"页面。

帐号权限 功能权限			
功能	状态	申请条件	功能说明
头条广告	已开通	符合条件的头条号可以开通头条广告。	功能介绍
自营广告	申请	符合条件的头条号可以申请开通自营广告。	功能介绍
原创标签	申请	优质原创头条号可申请开通原创标签。	功能介绍
双标题/双封面	申请	累计粉丝数5000以上；已开通原创权限。	功能介绍
千人万元	申请	开通原创标签的个人账号可申请。	功能介绍
优化助手	申请	拥有双标题/双封面权限，或已授权了自动同步内容，满足任一条件可申请开通。	功能介绍
商品	申请	累计粉丝数2000以上；已实名认证；近1个月发文大于10篇；无违规记录。	功能介绍
扩展链接	申请	累计粉丝数20000以上；已开通原创权限。	功能介绍
外图封面	申请	累计粉丝数2000以上。	功能介绍
创作实验室	申请	累计粉丝数2000以上；已开通原创权限。	功能介绍
评论保护	申请	累计粉丝数10000以上；已开通原创权限。	功能介绍

图2-32 没有开通"商品"功能的"功能权限"页面

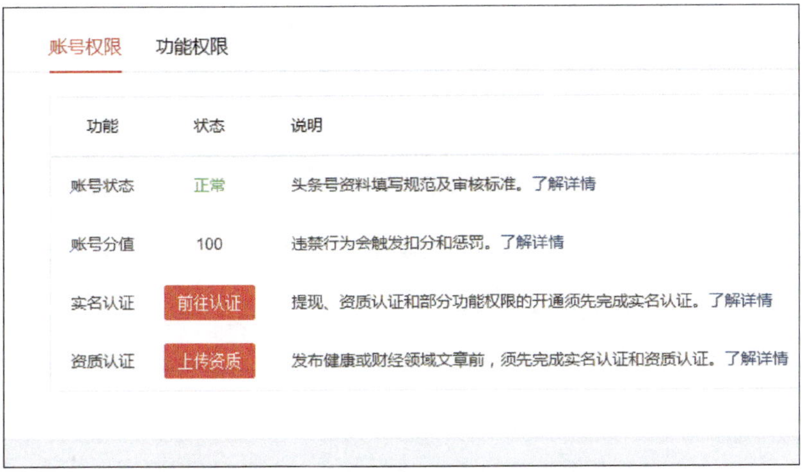

图2-33 与没有开通"商品"功能相对应的"账号权限"页面

2.4 自定义菜单：巧妙设置，更好地引导用户

在微信公众号中，大多是设置了自定义菜单的。而头条号中设置自定义菜单的却比较少见，其实，在头条号后台同样可以设置自定义菜单。

2.4.1 菜单设置规范

在设置头条号自定义菜单时，是不可以胡乱进行的，而应该遵循一定的规范。具体来说，主要包括4个方面，内容如下。

1. 菜单数量方面

与公众号一样，头条号的自定义菜单在数量上也做出了规定：一定菜单最多只能设置3个，每个一级菜单下的二级菜单最多只能设置5个。因此，运营者在设置时要注意分类和内容的取舍。

2. 菜单名称长短方面

基于客户端页面的内容显示，头条号对每一级菜单名称的长短也做出了规定，即不能超过4个汉字（8个字符）。因此，运营者在为菜单设置名称时要注意信息内容的概括，务必做到简短精练。

3. 菜单链接方面

由于头条号设置的自定义菜单的内容都是链接的可跳转的网页，因此，在链接方面尤其要加以注意。图2-34所示为头条号菜单链接的规范。

头条号自定义菜单设置的菜单链接规范	违法、虚假欺诈、低俗、敏感、色情类等信息不能出现在菜单及其链接中
	菜单链接的网址不能是PC端网址，同时，也不支持链接的二次及以上跳转
	在链接的网站方面有两个要求，即必须有ICP备案和不能含有恶意代码
	在网址域名方面，头条号的自定义菜单并不能支持所有域名的跳转
	在内容方面，有些内容是不能出现在跳转网页中的，如股票操作、健康、医疗、财经、金融、私人联系方式、彩票、微商和二类电商等

图2-34 头条号菜单链接的规范

4. 菜单操作方面

在设置菜单时，其操作也要规范，只有符合规范的操作才能通过审核。规范操作的具体表现为：不能恶意操作，也不能多次提交违规内容，否则就有可能被关闭菜单权限、处罚、封号等。

2.4.2　菜单设置方法

前面介绍了自定义菜单设置的规范，接下来具体介绍如何设置自定义菜单。而一级菜单和二级菜单的设置大同小异，在此，笔者就以设置一级菜单为例来介绍其具体的操作方法。

步骤 01　进入头条号后台首页，❶单击"自定义菜单"按钮，进入"自定义菜单"页面；❷单击"菜单管理"右侧的"增加新菜单"按钮＋，如图2-35所示。

图2-35 单击"增加新菜单"按钮

步骤02　弹出"请输入菜单名称"对话框，❶在文本框中输入菜单名称；❷单击"确认"按钮，如图2-36所示。

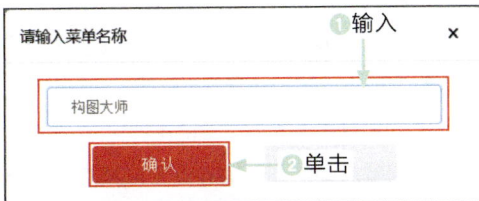

图2-36　"请输入菜单名称"对话框

步骤03　返回"自定义菜单"页面，在新增的自定义菜单右侧的"设置动作(请选择菜单动作)"一栏下方，单击"添加网页"按钮，如图2-37所示。

图2-37　单击"添加网页"按钮

步骤04　❶在"页面网址"右侧的文本框中输入要跳转的网址；❷单击"保存"按钮，如图2-38所示。执行操作后，添加的网址会在页面上显示出来，表示添加一个一级菜单的操作完成。

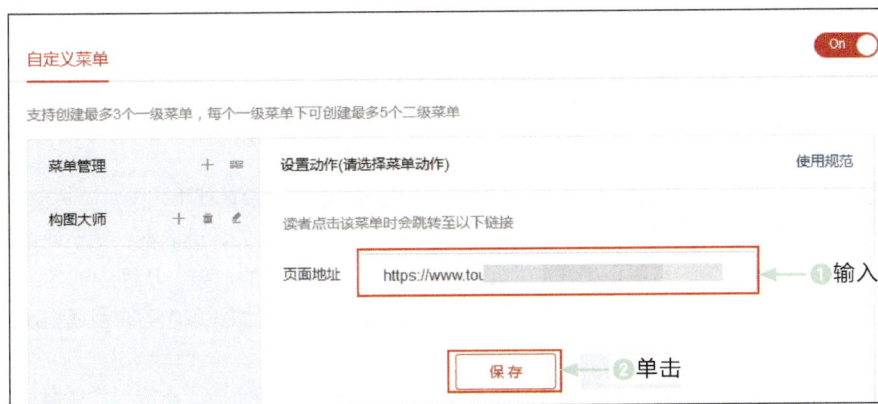

图2-38　添加和保存跳转的网址操作

　　运营者可以按照上述方法设置其他一级菜单。当所有的一级菜单设置完成后，单击页面下方的"发布"按钮，当审核通过后，添加的一级菜单会在客户端显示出来。

> **专家提醒**
>
> 运营者要注意的是，如果想在某一个一级菜单下设置二级菜单，那么这个一级菜单就不能设置动作，也就是不能添加跳转的网址，否则就无法进行二级菜单的设置。

2.5 其他模块：熟练掌握更多设置，助运营

在头条号后台，除了前面已经介绍的一些模块外还有更多的模块，这些模块对运营工作同样有着重要意义。下面笔者就选择其中的6个模块进行简单介绍。

2.5.1 评论管理：提升关注度的有效途径

在头条号后台的"评论管理"页面，共有4个选项可以查看评论，即"最新评论""图文评论""视频评论"和"微头条评论"。其中，在"最新评论"中可以按照时间的由近及远查看所有评论，其余3个选项则是不同内容形式的评论集合。

图2-39所示为"最新评论"页面的部分评论展示。

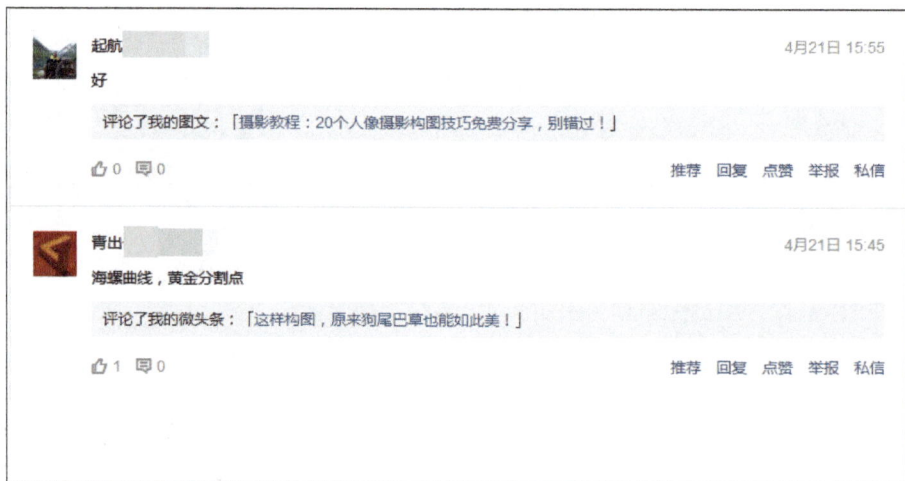

图2-39 "最新评论"页面的部分评论展示

从图中可以看出，运营者关于评论的管理可以从两方面着手，具体如下。

一是查看评论详情。关于每一条评论，运营者都可以知道具体的评论内容、留下评论的人的头像与昵称，以及评论的对象。前面的几项都好理解，至于评论的对象，从图中的两则评论来看，它们分别是针对不同的内容形式的，前者是图文内容，后者是微头条内容，且还显示了评论的内容标题。

二是回应用户评论。在每一条评论的右下角，有"推荐""回复""点赞""举报"和"私信"5个按钮，运营者可以利用相应的按钮来对用户的评论做出回应。

至于"图文评论""视频评论"和"微头条评论"，运营者在"评论管理"页面选择相应的选项，就可跳转至相应内容形式下的"评论管理"页面进行查看。

图2-40所示为选择"视频评论"选项后进入"西瓜视频"内容产品下的"评论管理"页面效果展示。

图2-40 "西瓜视频"内容产品下的"评论管理"页面

　　运营者可以单击上图中"操作"一栏中的"查看"按钮，进入相应页面查看具体评论内容，如图2-41所示。

图2-41 某一个视频内容的具体评论内容

　　由上图可知，运营者不仅可以通过"全部评论"查看所有评论，还可以通过"粉丝评论"查看关注了头条号的粉丝的评论。而在回应用户评论方面，该页面与"最新评论"页面相比，缺少了"私信"一项。

　　另外，图文内容和微头条内容下的"评论管理"页面，与西瓜视频内容下的"评论管理"页面大致相同，不同的是，前者在"操作"一栏下方除了"查看"一项外，还有"关闭评论"一项，如图2-42所示。运营者如果不想让用户评论某一篇内容，可以通过单击"关闭评论"按钮来达到目的。

图2-42 图文内容的"评论管理"页面的"操作"栏显示

2.5.2 粉丝管理：3大内容，了解用户

头条号的"粉丝管理"页面，主要包括3大内容，即"粉丝概况""粉丝画像"和"粉丝列表"，它们是了解平台分数情况和对粉丝进行各方面管理的入口。其中前面两项主要是关于头条号的粉丝数据方面的内容，这在第10章中会有具体介绍。这里主要介绍"粉丝列表"中的内容。

图2-43所示为"粉丝列表"页面的部分内容展示。

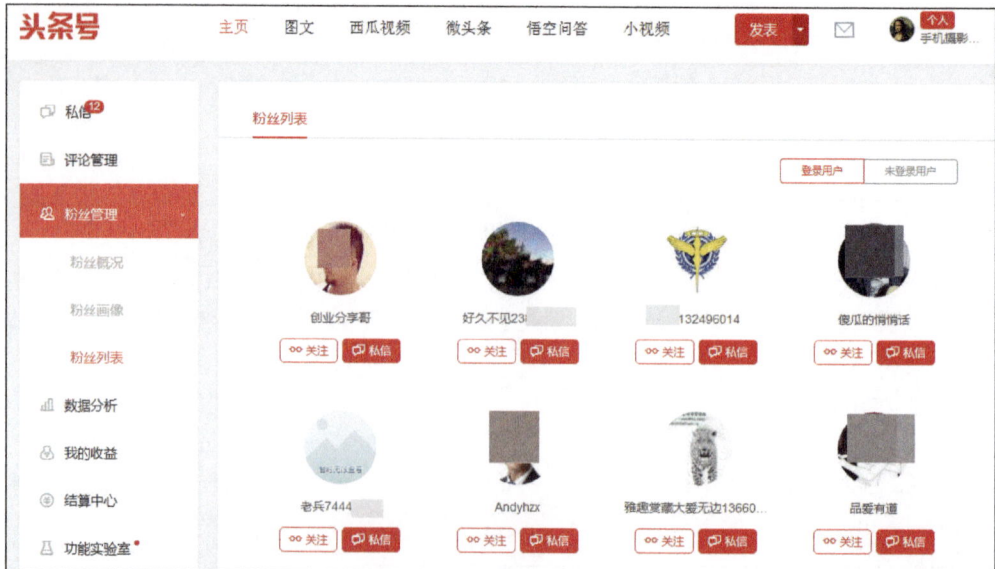

图2-43 "粉丝列表"页面

由上图可知，运营者可以在该页面上查看所有关注了头条号的粉丝——了解其头像和昵称，同时可以单击"关注"按钮 ⬚关注 实现互相关注，以便更加详细地了解该用户，还可以单击"私信"按钮向对方发送私信，以便加强双方之间的沟通和交流。

不知道大家注意到没有，在图2-43的右上方，有"登录用户"和"未登录用户"两项，其实，这两项是对粉丝进行的分类。其中，登录用户指的是有头条号账号并登录之后再关注该头条号的用户；未登录用户指的是该用户在手机上通过"今日头条"App关注了该头条号但是却没有登录的用户。图2-44所示为未登录用户的粉丝列表显示。

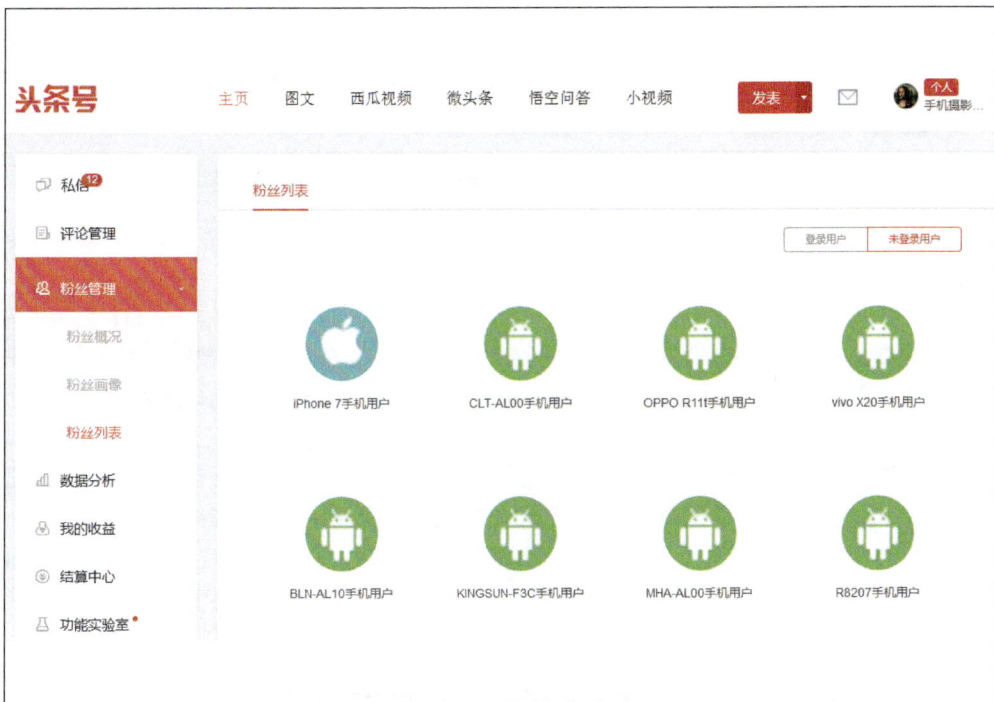

图2-44　未登录用户的粉丝列表页面

在未登录用户的粉丝列表页面上，运营者对粉丝的了解仅限于其所使用的终端类型和粉丝数量，其他的关于粉丝的具体情况和交流途径都是没有的。且这样的关注用户，一般变动比较大，如果用户更换了手机，那么这一粉丝虽然在"粉丝列表"页面显示了，但是实际上却是随之消失了的。如果该用户对头条号有着足够的忠诚度，才有可能在更换后的手机上重新关注头条号。因此，运营者要想发展忠诚粉丝，最好还是从登录用户中寻找。

2.5.3　收益设置：两大内容，运营好收益

在头条号后台的"我的收益"页面，选择"收益设置"选项即可进入相应页面，如图2-45所示。

图2-45 "收益设置"页面

由上图可知，"收益设置"页面包括"收益推送"和"广告投放"两大内容，具体介绍如下。

"收益推送"： 运营者可以选择"推送"或"关闭推送"，当选择"推送"时，就表示开通了收益推送功能，系统就会每天在"今日头条"App上推送最新的收益数据。同时，关于推送功能，运营者还可以设置推送的条件，默认为"大于10元"，运营者还可以选择"大于0元"或"50元"。

"广告投放"： 运营者可以在"不投广告""投放头条广告"和"投放自营广告"这3个选项中选择。另外，还可以通过单击"设置自营广告"按钮跳转到相应页面进行设置。

对运营者来说，设置好上面的两项，可以更好地管理收益和获得收益，特别是"广告推送"，它是头条号获利的主要形式之一。当然，投放广告和不投放广告对内容推送来说，效果还是不同的，因此在选择时要慎重。

2.5.4 结算设置：完善设置，收益连接个人

在头条号后台的"结算中心"页面，运营者可以选择"结算设置"来进一步构建好头条号收益与创作者之间的联系。图2-46所示为头条号的"结算设置"页面。

图2-46 "结算设置"页面

运营者可以通过单击页面右上方的"修改"按钮，进入结算设置的编辑页面，如图2-47所示，❶在该页面上按照右侧的示例填写信息；❷然后单击"保存"按钮即可完成结算设置。

图2-47 "结算设置"信息填写

2.5.5 功能实验室：全网优质资源的入口

在运营头条号的过程中，很多运营者会有缺少素材、资源等方面的困扰，基于此，头条号后台的"功能实验室"恰好能帮助大家解决这一问题。图2-48所示为头条号后台的"功能实验室"页面。

图2-48 "功能实验室"页面

由上图可知，"功能实验室"页面包括了4个版块的内容：有提供汽车领域的创作素材和数据的"懂车帝",也有提供优质正版图片素材的"正版图库",还有可以在用户提供主题和素材的基础上为其创作内容产品的"创作实验室",对于想要抓住热点的运营者,可以在"热词分析"中找到他们需要的答案。

其中,"懂车帝""创作实验室"和"热词分析"是今日头条平台提供的特有功能,运营者可以通过单击"了解详情"文字链接来进一步了解其具体内容。

当然,运营者如果想要获得某些方面的功能支持,可以通过单击"前往"按钮进入相应页面来获取。图2-49和图2-50所示分别为"懂车帝"功能提供的相关素材和数据页面。

图2-49 "懂车帝"的"热门车系"素材页面部分内容展示

图2-50 "懂车帝数据库"页面部分内容展示

有关汽车领域的头条号运营者可以在上面两图所示的页面中，通过相应操作找到自己需要的多样的素材和数据资源。

2.5.6　号外推广：文章投放，有计划、有数据

"号外推广"功能是一项付费的内容推广功能，当头条号用户觉得自身的某一篇已获得推荐的内容的推荐量不理想时，可以通过号外推广功能来增加额外的推荐量。更重要的是，号外推广的目标受众是可以在人群属性和数量范围方面进行选择的。因此，选择号外推广功能，可以让头条号内容获得更多的曝光机会和更好的推广效果。

运营者可以单击头条号后台的"号外推广"按钮，跳转到相应网页来设置号外推广功能。如在"概览"页面，运营者可以查看号外推广的相关数据，如图2-51所示。

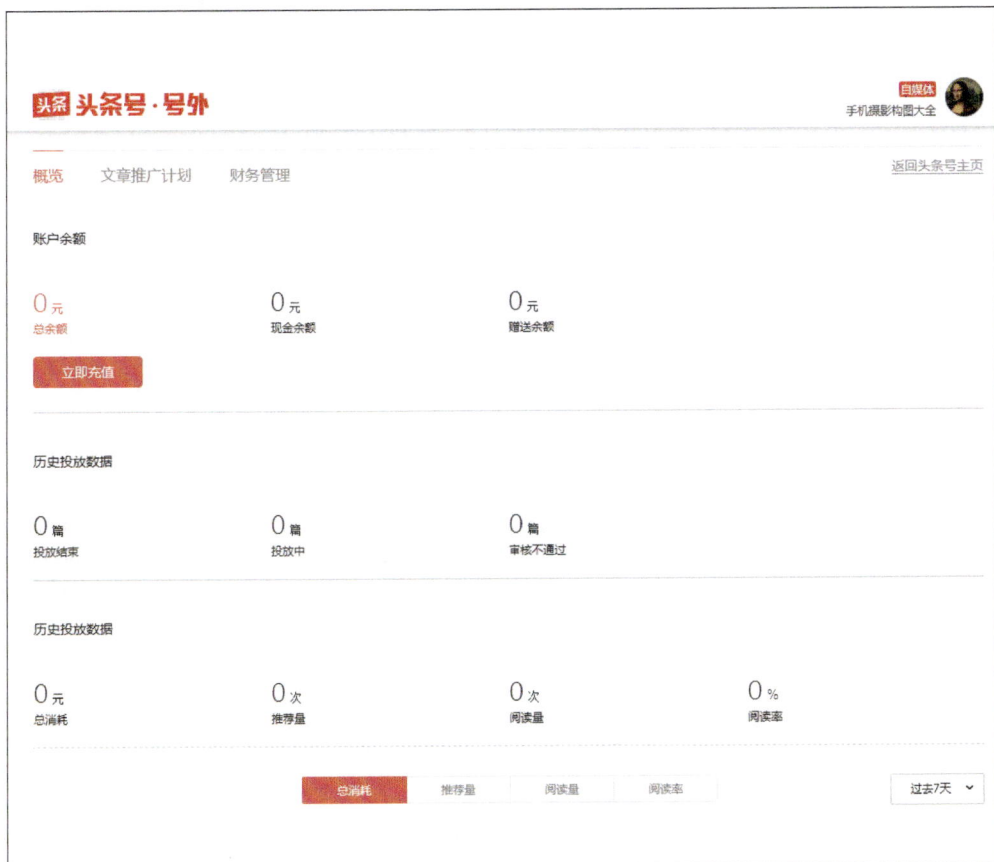

图2-51　"号外推广"功能的"概览"页面部分内容展示

而在图2-52所示的"文章推广计划"页面，运营者可以设置具体的推广内容——单击"立即投放"按钮，弹出"投放我的文章"对话框，进一步选择和设置要投放的文章。

图2-52 "文章推广计划"页面

而在图2-53所示的"财务管理"页面，运营者可以单击"立即充值"按钮进行充值，以便支撑文章推广，同时，在充值和推广之后还可以要求申请退款和开具发票。

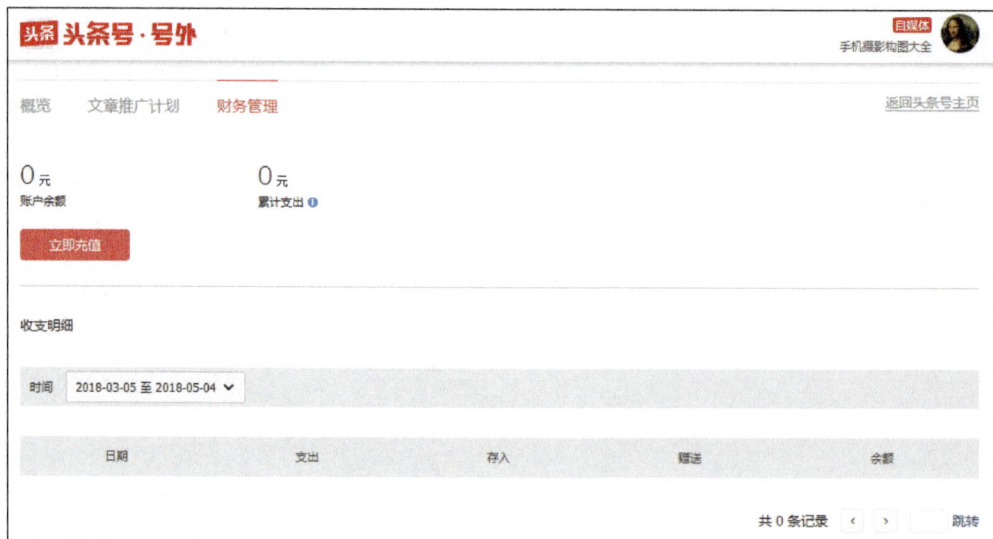

图2-53 "财务管理"页面

第 3 章

图文排版：迅速上手，提升阅读体验

学习提示

随着今日头条平台的发展和壮大，越来越多的人开始进入头条号进行内容创作和编辑，其中图文类内容是应用最广的，因些人们对图文排版实战操作的需求也在不断提升。本章将对图文类内容编辑页面的按钮的功能进行全面而详细的讲解，以期帮助读者解决排版过程中的问题。

本章重点导航

- 多项规范：提升账号内容质量
- 新建、发表文章：开始着手内容
- 格式设置：层次分明，最佳体验
- 插入文件：6大类，让内容更丰富
- 其他：细节把握好，效果更上层楼

多项规范：提升账号内容质量

俗话说："不以规矩，不能成方圆"，其实，今日头条的内容推送也是如此，它是有着一定的规范的，不能任由账号管理者和运营者随意操作。且只有符合平台制定规范的内容，其质量才有保证，才能更好地推广开来，而不符合规范的推送内容，是不能通过审核或被推荐的，甚至还可能因为严重违规而被封禁。

基于此，运营者在今日头条平台上发文时，会发现图文编辑页面右上角有一个"发文规范"按钮，单击进入相应页面，列出了在平台上发文的格式和内容方面的规范，如图3-1所示，告诉运营者应该怎样发文。

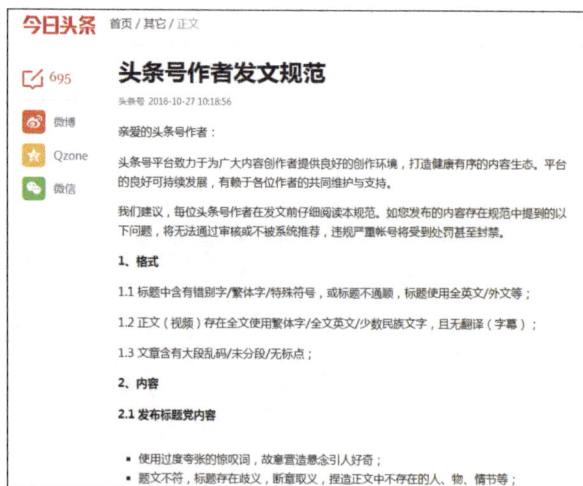

图3-1 头条号作者发文规范部分内容展示

除此之外，在今日头条上发文还应遵守其他方面的规范，如扩展链接的使用规范就是其中之一。而要让内容符合规范并获得好的推广效果，我们首先应该了解这些规范，并在发文过程中时刻加以注意。

3.1.1 发文格式方面的规范

运营者在今日头条平台上发文，注意格式的正确性尤其重要，特别是在移动互联网时代，平台后台排版的效果与显示在手机终端屏幕上的效果是完全不同的，因此，如果在格式不正确的情况下推送出去，如段落划分不明确、缺少标点等，就有可能完全改变了文章布局。

那么，运营者到底应该注意哪些方面呢？图3-1所示页面的内容已经做了大体方向上的说明，而笔者要做的是对其中的内容进行更加具体的说明。

1. 标题格式

人们常说，"眼睛是心灵的窗户"，标题就有如文章的眼睛。通过标题，读者可以清楚地感知文章的内涵和作者所要表达的意思，因此，在撰写标题时要格外注意。当然，这里说的是基本格式上的问题，而不是说标题应该如何出彩。

从格式上来说，在今日头条平台上推送的标题应该注意以下5个问题。

（1）不能出现错别字。所谓"错别字"，即"错字"和"别字"的合称。"错字"，指的是在笔画、笔形或结构上写错了的字。在如今通过输入法操作的情况下，这种错误基本见不到了。"别字"，指的是把字写成了与之同音的或字形相近的其他字。

（2）不能出现繁体字。《中华人民共和国国家通用语言文字法》明确规定了使用繁体字的6种情形（中国港澳台地区除外），除此之外，是不可以使用繁体字的，今日头条平台也同样如此。

（3）不能出现特殊符号。这里的特殊符号不仅仅是指各种类型的图片、线条等符号，还包括部分标点符号。由于各类符号实在太多，无法一一列举，这里仅介绍今日头条标题中可以使用的标点符号，具体包括：逗号（，）、冒号（：）、双引号（""）、破折号（——）、书名号（《》）、问号（？）和感叹号（！）等，另外，如竖线（｜）和波浪线（～）也可出现在今日头条标题中。

（4）要保持语句通顺。语句不通顺的标题不仅不符合发文规范，影响发文推荐，也影响读者对文章的理解和阅读体验，因此，文章标题一定要是通顺的，没有语法错误的。

（5）不能使用全英文/外文等。作为把规范汉字作为国家通用语言文字的国家，大多数情况下都应该使用汉字，而不能为了标新立异或其他原因而全都使用英文或其他外国文字，当然，在标题中含有个别外文词语、词组或字母缩写还是可以的。

2. 正文文字格式

在正文文字格式的使用方面，部分内容与对标题格式的要求相似，如不允许全部内容使用繁体字、外文文字（如英语）和少数民族文字等。这里指的内容也包括视频内容，且在视频内容中，除了上述情况外，还不能出现没有翻译成汉字的字幕。

3. 正文段落格式

在这里主要介绍3种不能出现的情况，具体如图3-2所示。

不能出现大段乱码	出现乱码的原因有很多，运营者能做的就是从源头上减少这种情况的发生，基于此，可以在Word文档中清除格式、使用常见的字体等，这些都是简便易行的办法
不能全文未分段	假如全文未分段，在文字较多的情况下，显示出来的效果不仅影响阅读，还不美观，特别是在手机端阅读，效果会更差。因此，在今日头条上发文，最好合理划分段落，且一段不能太长
不能全文无标点	合理添加标点，不仅有助于读者阅读和理解，而且由于各种终端屏幕显示的不同，如果终端系统认为有空格或已经分段却没加标点，那么，显示效果很可能会出问题

图3-2　在今日头条平台发文应注意的段落格式的问题

3.1.2 发文内容方面的规范

相较于格式而言，内容方面要注意的明显更多，为了帮助运营者熟悉规范，进而在运营中得心应手，下面将头条号运营者在发文内容方面的规范归纳为8个方面，加以阐述，如图3-3所示。

一忌标题党内容	标题党内容包括两种形式，一是题文不符，二是过度夸张，这些不当行为都是为了吸引读者点击
二忌色情低俗内容	以任何形式对性部位和性行为的表述、展示，或是低俗下流的视频和声乐作品，都应该避免在内容中出现、涉及
三忌广告信息内容	在今日头条平台上，广告信息要与正文内容分开，特别是与个人相关的各种关联账号信息、商品信息等
四忌旧闻、重复内容	如果运营者发布的内容具有时效性，应注意这些内容是否已经过时或废止；即使那些还有一定意义的已经发生的消息内容，其发布方式也不能随意选择，最主要的是不能把它当作新近发生的来写；然而无论是哪一种，都应该避免重复发布
五忌不真实内容	不单单是指那些与现实生活的事实不符的，还包括那些不符合生活常识和科学常理的、随意捏造的内容，这也是头条号作者要注意避开的
六忌低质量内容	这里指的低质涉及文章、视频和图片等，一是在数量上，有所侧重的内容乏味或是篇幅太短（文字内容）、图片太少（图片或图集内容）；二是内容本身表达效果不佳，如视频内容的声画方面（不清晰、不同步等）、图集内容的主题方面（不清晰）
七忌违背现行政策与法律法规内容	运营者必须保证发文的内容是在现行政策、法律法规允许范围之内的
八忌超范围内容	今日头条平台上可以发布的内容并不是囊括所有领域的，如社会评论性文章、时政类文章，以及其他一些与国家政府机关事务相关的内容是被禁止的

图3-3 头条号运营者在发文内容方面的规范介绍

专家提醒

上图中提到内容中不能含有广告信息，那么具体包括哪些呢？举例如下。

- 发布或联合推广QQ号、微信号等信息或变种文字；
- 推广的信息与该篇正文、该头条号账号类型无关；
- 内容中嵌入了各种商品购物链接、资源下载链接；
- 文章完全是在对商品、品牌和营销等进行推广的；
- 在文末推广公众号时加入了含有营销意图的话语。

3.1.3 扩展链接的使用规范

“扩展链接”功能是今日头条2017年推出的一项新功能，这一功能的推出不仅有利于头条号运营者推广产品，还有利于读者在阅读时遇到感兴趣的内容可以深入阅读和查看，很大程度上提升了他们的阅读体验。

这样一个有着巨大作用的功能，运营者在使用时应遵守哪些规范呢？一般来说，在后台进行图文编辑时，并没有特定的规范，关于这一功能的规范是针对要链接的对象制定的。图3-4所示为今日头条“扩展链接”功能的使用规范。

今日头条“扩展链接”功能的使用规范
插入内容中的扩展链接的网站需要具备完整的ICP备案信息
各种形式的链接内容是符合现行的相关政策和法律法规的

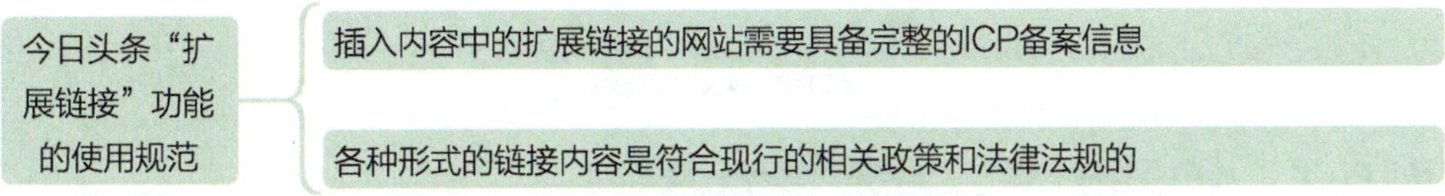

图3-4 今日头条“扩展链接”功能的使用规范

专家提醒

ICP是英文Internet Content Provider的缩写，中文含义是网络内容服务商，它是经国家主管部门批准的正式运营企业或部门。

那么“ICP备案”又具体指什么呢？其实，就是需要头条号运营者链接的网站是为非经营性互联网信息服务，是履行了备案手续的，否则是不允许从事互联网信息服务的。

关于“扩展链接”功能的使用规范，在头条号后台的“发表文章”页面是有具体说明的，用户只要单击“链接使用规范”文字链接即可跳转到“头条号「扩展链接」功能使用规范”网页了解详细内容，如图3-5所示。

H B
扩展链接
使用（链接使用规范）

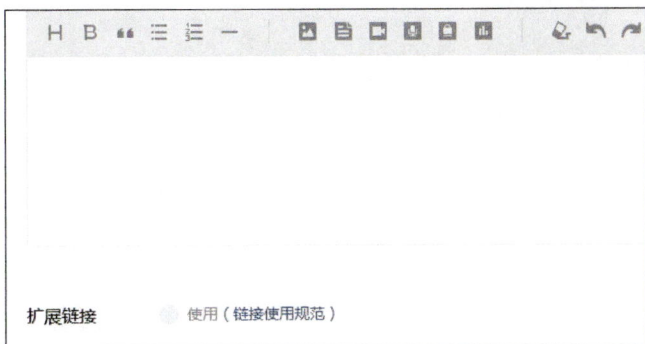

图3-5 单击“链接使用规范”文字链接

其实，在"头条号「扩展链接」功能使用规范"网页不仅说明了扩展链接的使用规范，还对具体怎样使用进行了讲解。下面介绍其操作方法。

❶单击"使用"按钮，会出现 ✅ 图标，表示已经勾选该功能；此时 ❷ 在该按钮下方会出现一个显示"请输入链接地址"字样的输入框，按照提示输入需要链接的网址，如图3-6所示，当图文内容全部编辑完并发表后，即可完成操作。

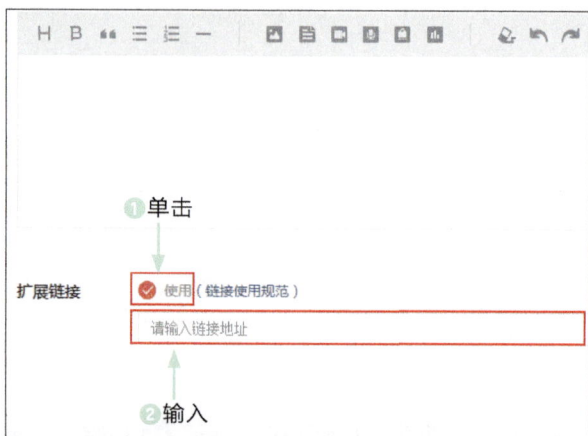

图3-6 输入链接网址

3.1.4 10种情况，推荐量为零

在今日头条平台上，运营者有时会很疑惑："文章显示'已发表'，但是推荐量一直为'0'或是极少，这是为什么呢？"如图3-7所示。

图3-7 今日头条推荐量为"0"的文章展示

关于这一问题，可能很多运营者会遇到。其实，归根结底，还是推送的内容与上面讲述的众多规范可能存在相抵触的地方。下面就为大家展示其中10种比较常见的原因，如图3-8所示。

标题方面	可能使用了明显夸张的、太绝对化的词汇，如"惊现""100%"等
抄袭问题	有些文章可能不是原创，而是直接复制粘贴的，这样的文章没有推荐量是很常见的
图片数量问题	图片的数量太多也是影响推荐量的，特别是一些与摄影相关的头条号，因此要控制在一定数量范围内
文章字数方面	以文字为主体的文章，当字数少于200时（诗歌、短新闻除外），考虑到提供的有价值的内容可能太少，推荐量也可能为"0"
错别字问题	读者如果看到一篇错别字连篇的文章，那么一定是没有什么好感的，同样，错别字太多也影响机器判断，因而也可能导致推荐量为"0"
敏感词汇问题	今日头条中的敏感词汇是指有关政治、军事和色情等方面的词汇，一旦出现，推荐量也会为"0"
广告问题	头条号文章要求不能出现明显的广告推广信息，因此一旦植入这样的信息，推荐量同样会为"0"
图片水印问题	水印一般是运营者为推广自身账号或产品而打上的标签，若图片上的水印与头条号无关的话，也是会影响推荐量的
图片重复问题	如果插入的图片是从网络上下载的，那么所选择的图片有可能已经被重复使用了多次，难以规避机器的检测，使得推荐量结果为"0"
图片成片问题	有些文章可能是由纯图片组成的，这样的话，在没设置好间距的情形下，展示出来的效果就是连成一片的"长图"，考虑到读者的阅读体验，因而被检测后确定推荐量为"0"

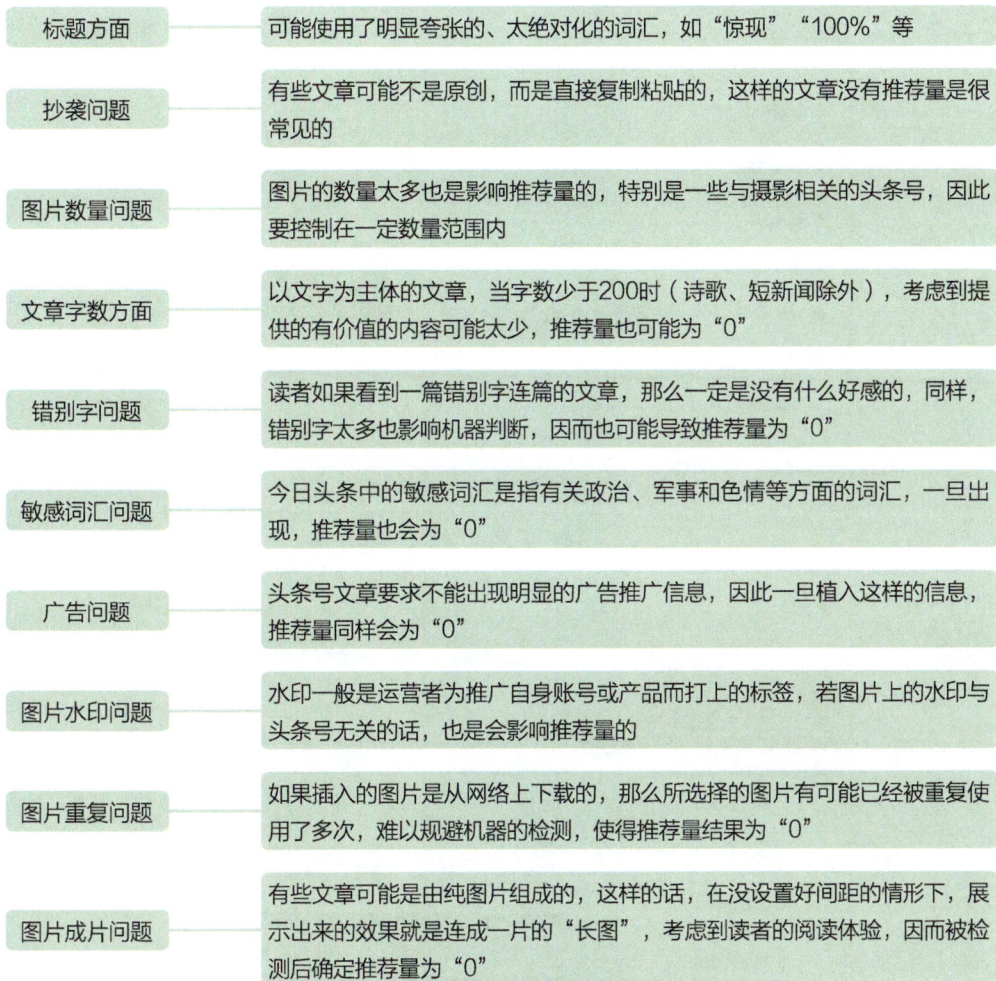

图3-8　今日头条推荐量为"0"的10种情况介绍

3.2　新建、发表文章：开始着手内容

本节以图文内容为例，介绍在头条号新建内容的操作方法。

步骤01　登录头条号并进入后台主页，❶单击上方的"图文"按钮，如图3-9所示；切换到"图文主页"页面，❷单击"发表文章"按钮，如图3-10所示。

步骤02　进入"发表文章"页面，如图3-11所示，此时表示已经完成了发表文章的创建，接下来运营者就可以在该页面编辑文章内容了。

图3-9 单击"图文"按钮

图3-10 单击"发表文章"按钮

图3-11 "发表文章"页面

图3-12　选择"文章"选项

3.3　格式设置：层次分明，最佳体验

前面已经介绍了怎样新建发表文章，接下来就以"发表文章"页面为例，介绍在该页面上怎样利用好平台提供的各种格式设置功能，让编辑的文章更加美观、有序，为读者提供更好的阅读体验。

3.3.1　正文H1标题：区别于其他正文段落

在头条号"发表文章"页面，将鼠标指针移至标题栏下方的工具栏最左侧的 H 上，会显示为"H1标题"，它究竟具有怎样的功能呢？下面通过具体设置来展示一下最终效果。

运营者在正文中选择要设置为这一格式的文字，单击该按钮，即可将文字设置为"H1标题"格式。图3-13所示为设置前后的效果对比。

由图可知，设置了"H1标题"格式的文字，呈现了与设置前不同的3种效果，即字体加粗、字号加大和段前显示标题标记"┃"。添加了这一格式的段落文字，明显更显眼，很容易就能让读者觉察到这是一个标题。

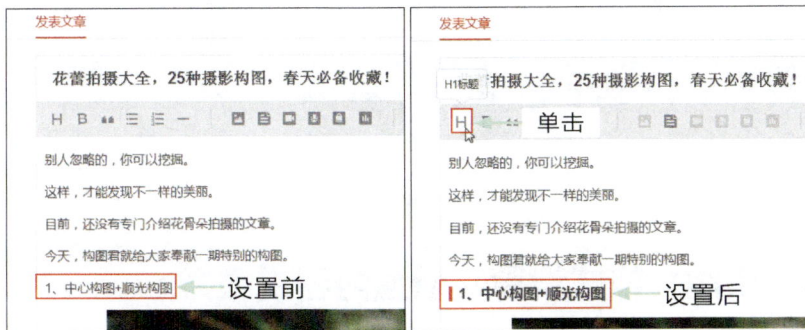

图3-13　设置"H1标题"格式前后的效果对比图

3.3.2　字体加粗：让要点和重点得以凸显

在"H1标题"格式按钮 H 右侧，有一个设置"加粗"格式的按钮 B，利用该按钮可以对选中的文字进行加粗设置。笔者将以上一例中的部分文字为例，为大家介绍将字体加粗的具体操作方法。

运营者首先❶选择需要的文字；❷单击"加粗"按钮，如图3-14所示。执行操作后，选择的文字将会显示为加粗状态，最终效果如图3-15所示。

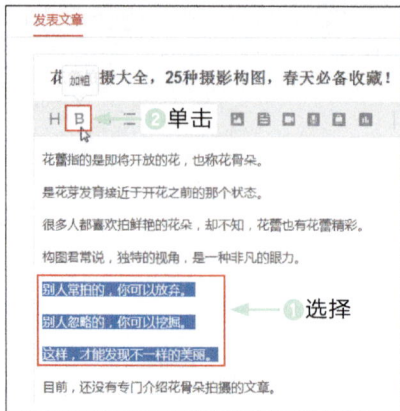

图3-14 选择文字并单击"加粗"按钮

图3-15 设置加粗格式后的文字效果

图3-16 设置"H1标题"格式和"加粗"格式的效果对比图

前面已经介绍过"H1标题"格式呈现出来的具体效果是表现在3个方面的，因此，可以很容易地看出，二者的区别主要就在于"H1标题"格式比"加粗"格式多了字号加大和段前显示标题标记"▮"两种效果。

另外，在文字对象的选择上也是有区别的，设置"H1标题"格式的一定是段落文字，且一般字数不多，段后一般不加标点符号，前面可能存在序号标记；而设置"加粗"格式的文字既可以是一个段落或多个段落，也可以是一个段落里的若干需重点显示的文字，因此，其选择范围明显更大。

3.3.3 引用：格式设置，增强内容说服力

在写作过程中需要引用某一段文字时，我们一般选择用"双引号（""）"和"单引号（''）"来表示。而在头条号后台的"发表文章"页面，有一个"引用"按钮 ❞，它用一个形象的左双引号来表示，并为此设置了独特的效果。接下来笔者就为大家展示一下设置"引用"格式的操作方法和具体效果。

运营者需要❶选择引用的段落文字；❷单击"引用"按钮，如图3-17所示。执行操作后，选择的文字段落将会显示为引用格式，最终效果如图3-18所示。

图3-17 选择文字并单击"引用"按钮

图3-18 设置引用格式后的文字效果

从上面两图中可以看出，设置了"引用"格式后的文字，最明显的变化就是行间距、字符间距明显紧缩，以及添加了浅色底纹，从而让引用部分区别于其他正文内容，便于读者辨别。

专家提醒

如果设置了"引用"格式的段落文字字数较多，需要分段排列时，就会发现段间距与行间距、字符间距一样，也会紧缩。

3.3.4　无序列表：创建"项目符号"效果

在头条号后台"发表文章"页面，有"无序列表" ☰ 和"有序列表" ☰ 两种格式设置，其中，设置"无序列表"格式后所显示出来的效果与在Word文档中添加"项目符号"的效果类似。下面就为大家介绍设置"无序列表"格式的操作方法。

运营者❶选择需要的文字，❷单击"无序列表"按钮，如图3-19所示。执行操作后，选择的文字段落将会添加无序列表格式，最终效果如图3-20所示。

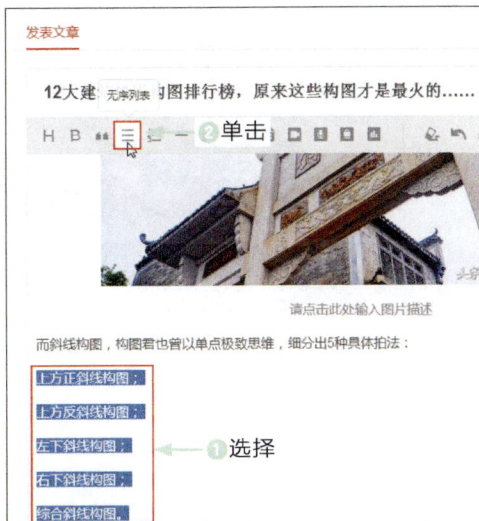

图3-19 选择文字并单击"无序列表"按钮

图3-20 设置无序列表格式后的文字效果

3.3.5 有序列表:增加"项目编号"效果

前面已经介绍了设置"无序列表"格式的操作方法,作为与之有着很大相似性的"有序列表"格式又将是怎样的呢?"有序列表"按钮为≣,在其左侧从上至下标有数字1、2、3,可见,其效果将是与"项目编号"类似的。下面笔者就以上一小节中的文字为例,为大家介绍设置"有序列表"格式的操作方法。

运营者❶选择需要的文字;❷单击"有序列表"按钮,如图3-21所示。执行操作后,选择的文字段落将会添加有序列表格式,最终效果如图3-22所示。

图3-21 选择文字并单击"有序列表"按钮

图3-22 设置有序列表格式后的文字效果

3.3.6 分割线：增加区隔，让图文更美观

在头条号后台的"发表文章"页面，运营者如果觉得有必要对文章的不同部分或是其他不一样的内容加以区分，那么可以使用"分割线"功能来设置，这样不仅可以让层次更分明，还能适当增加图文的美观度。接下来笔者将介绍设置"分割线"格式的具体操作方法。

运营者❶定位鼠标至需要设置分割线的位置；❷单击"分割线"按钮，如图3-23所示。执行操作后，即可在鼠标指针所在行插入一条分割线，如图3-24所示。

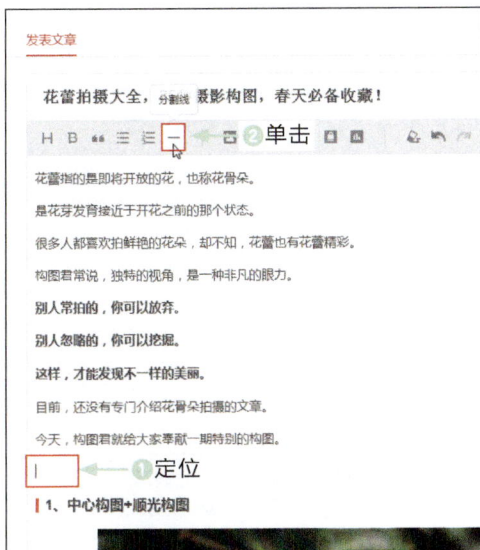

图3-23 定位鼠标并单击"分割线"按钮

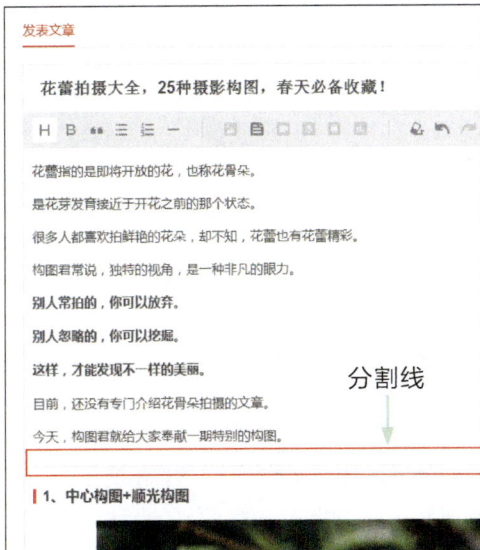

图3-24 设置分割线格式的效果

专家提醒

运营者需要注意的是，在图3-25中可看到，插入的分割线是一条浅灰色的细长横线，而发表的文章中显示的却是一条红色、居中的粗短横线，如图3-25所示。

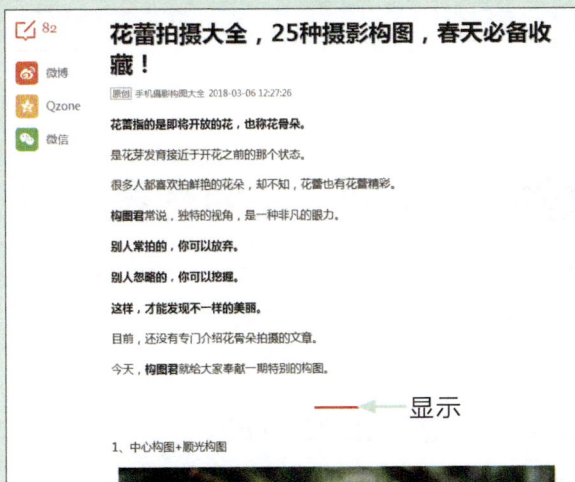

图3-25 文章发表后的分割线显示效果

3.3.7　清除格式：排除意外，更易排版

在今日头条平台上，还有一个"清除格式"功能。利用该功能可以很方便地清除正在编辑的文章的一些格式，使之变为普通的正文格式。下面介绍对文章进行清除格式操作的具体步骤。

运营者❶选择要清除格式的内容；❷单击"清除格式"按钮，如图3-26所示。执行操作后，即可清除所选内容的格式，如图3-27所示。

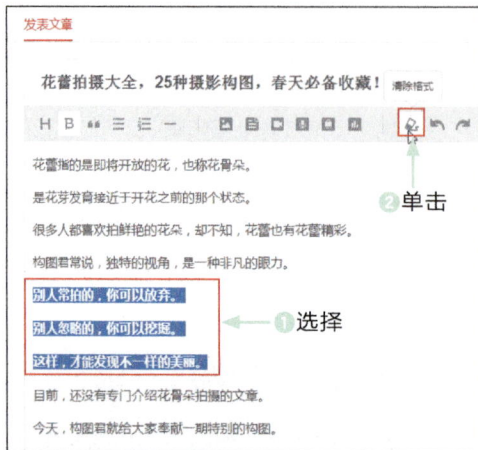

图3-26 选择内容并单击"清除格式"按钮　　　图3-27 清除格式后的效果

专家提醒

一般来说，"清除格式"功能一般用在需要对全文进行清除格式的操作中，因为此时文章的内容可能包含多种格式，而按【Ctrl+A】组合键全选后可以一键清除。

"清除格式"功能只对正文文字部分起作用，在此有两层含义。

一是添加了"H1标题"格式的正文就不包括在这一功能的作用范围内。

二是设置的格式中包含其他的额外的效果，如设置"引用"格式时添加的底纹、设置"无序列表"和"有序列表"格式时添加的列表标记、列表序号也不包括在这一功能的作用范围内。

可见，该功能在保留了必要的设置的情况下清除格式，有利于运营者更好地分辨各种类型的内容，然后可以根据需要进一步设置。

3.4　插入文件：6大类，让内容更丰富

今日头条平台上的文章内容中除了文字外，还有图片、视频、音频等，那么这些内容是如何插入图文内容中的呢？本节就介绍在今日头条号后台的"发表文章"页面插入其他形式的内容的方法。

3.4.1　插入图片：增加图文可读性

运营者在头条号后台的"发表文章"页面进行编辑时，插入图片的方式有很多种，如上传图片、使用平台上的免费正版图片等。接下来介绍通过上传图片的方式来插入图片的方法。

步骤01 将鼠标指针移至需要插入图片的位置，❶单击"插入图片"按钮，如图3-28所示；在弹出的对话框的"上传图片"页面中，❷单击"点击选择图片"按钮，如图3-29所示。

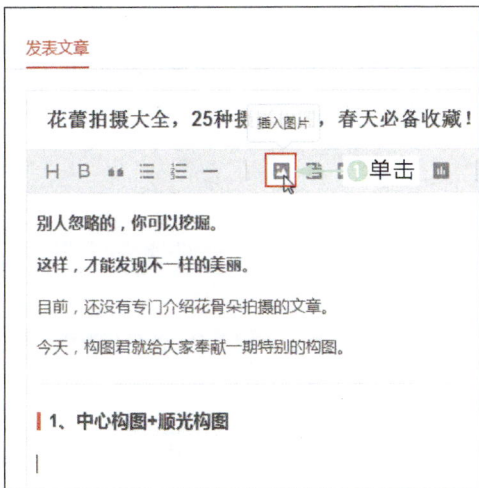

图3-28 单击"插入图片"按钮

图3-29 单击"点击选择图片"按钮

步骤02 弹出"打开"对话框，❶在其中选择需要的图片；❷单击"打开"按钮，如图3-30所示。

图3-30 "打开"对话框

步骤03 返回"上传图片"页面，会显示上传进度，❶上传成功后会在图片的右下角显示"√"符号；❷单击"确定"按钮，如图3-31所示，即可插入选择的图片。返回"发表文章"页面，在每张图片的下方有"请点击此处输入图片描述"字样，❸运营者可以在文本框中输入要添加的文字信息，效果如图3-32所示。

图3-31 单击"确定"按钮

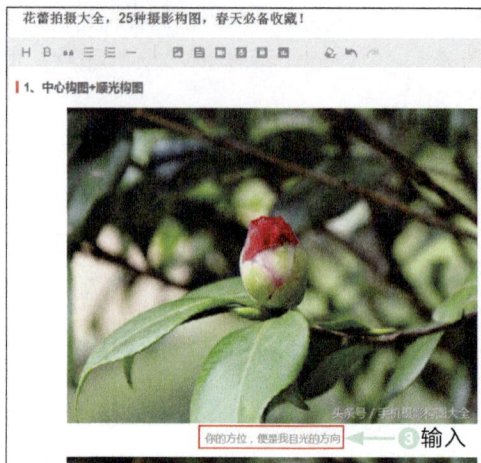

图3-32 插入图片后的效果

3.4.2 文章链接:让读者了解更多

当运营者在编辑文章时,有时会涉及一些关键信息,而这些关键信息在其他文章中有着详细的讲述,这时就可以通过插入文章链接的方式来引导读者阅读。下面就介绍设置文章链接的具体操作方法。

步骤01 选择插入文章链接的文字,❶单击"文章链接"按钮,如图3-33所示;执行操作后,弹出相应对话框,对话框中有"内部链接"和"选择文章"两个选项,在此选择"选择文章"选项;❷在文本框中输入已发表文章的标题关键词;❸单击"搜索"按钮🔍,如图3-34所示。

步骤02 切换到相应页面,❶在其中勾选要链接的文章;❷单击"确定"按钮,如图3-35所示。返回到"发表文章"页面,发现插入"文章链接"的文字变成了暗红色,如图3-36所示,表示文章链接设置成功。

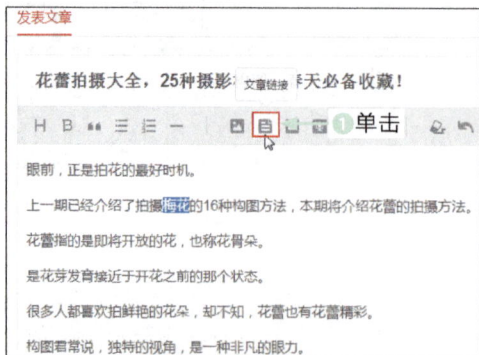

图3-33 单击"文章链接"按钮

图3-34 搜索文章设置

图3-35 勾选要链接的文章

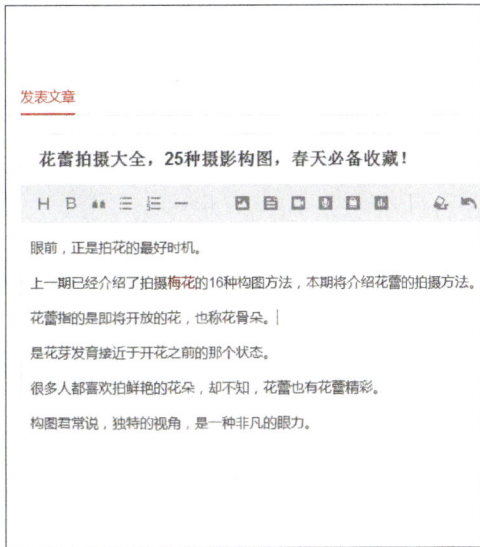

图3-36 文章链接设置成功效果

3.4.3　插入视频：让图文更生动

在今日头条平台上，除了可以发表单一的视频内容外，还可以通过在"发表文章"页面中插入视频来进行视频的发布。下面笔者将介绍插入视频的具体操作方法。

步骤01 将鼠标指针移至需要插入视频的位置，❶单击"插入视频"按钮，如图3-37所示；❷在弹出的对话框中单击"选择视频"按钮，如图3-38所示；然后在"打开"对话框中选择视频并上传。

步骤02 返回"发表文章"页面，在该页面的"扩展链接"上方显示了上传的视频，如图3-39所示。❶单击"设置视频封面"按钮；在弹出的对话框中提供了两种形式的视频封面设置，即"上传封面"和"系统封面"，在此选择"上传封面"选项；❷单击"选择图片"按钮，如图3-40所示。

图3-37 单击"插入视频"按钮

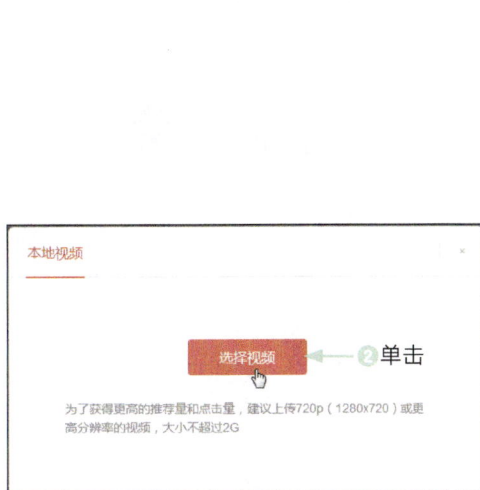

图3-38 单击"选择视频"按钮

图3-39 单击"设置视频封面"按钮

图3-40 单击"选择图片"按钮

步骤03 选择封面并上传；❶返回到"上传封面"页面，在左侧选择一种封面形式；❷单击"保存"按钮，如图3-41所示。图片保存成功后，返回"发表文章"页面，在视频封面位置显示了设置的封面图片；❸单击"添加到正文"按钮，如图3-42所示。

图3-41 选择视频封面形式

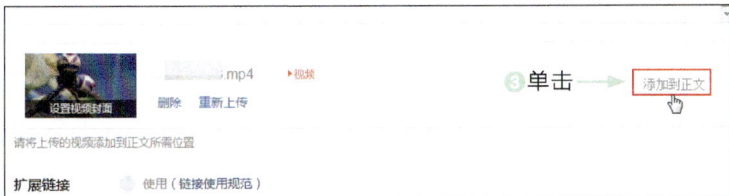

图3-42　单击"添加到正文"按钮

步骤 04 在"步骤01"定位的位置插入视频，如图3-43所示。

图3-43　在文章插入视频的效果

专家提醒

设置视频封面时，除了可以通过上传图片的方式外，还可以通过系统封面的方式设置。采用这种方法设置的封面来自截取的视频内容。

3.4.4　插入音频：更好地渲染气氛

无论是图片还是视频，其目的都是为了丰富文章的表达效果，其实除了这两种内容形式外，还可以通过插入音频内容，从声音的角度把文章内容推上一个新的台阶。下面就来介绍插入音频的操作方法。

步骤 01 ❶将鼠标指针移至需要插入音频的位置，单击"音频"按钮，如图3-44所示；❷在弹出的对话框中单击"选择音频"按钮，如图3-45所示；然后在"打开"对话框中选择音频文件并上传。

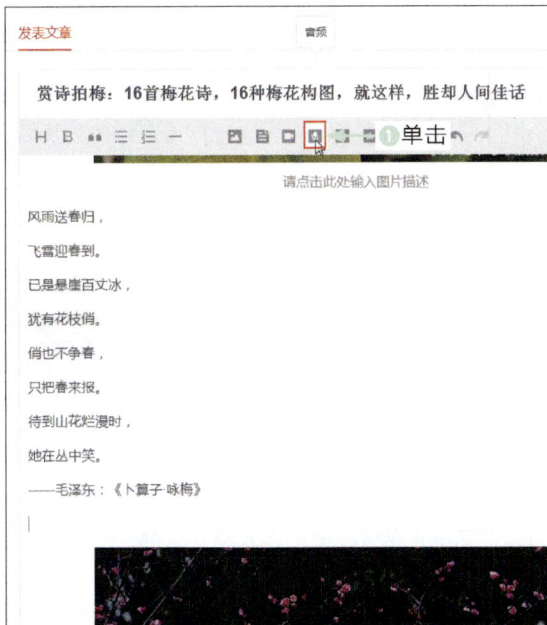

图3-44　单击"音频"按钮

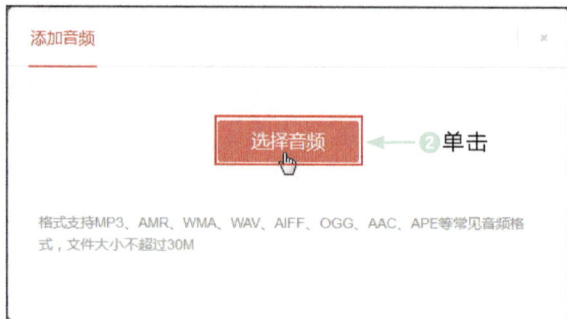

图3-45 单击"选择音频"按钮

步骤 02 返回"发表文章"页面，在该页面的"扩展链接"上方显示了上传的音频文件，如图3-46所示。单击"添加到正文"按钮，即可在"步骤01"定位的位置插入音频，如图3-47所示。

图3-46 单击"添加到正文"按钮

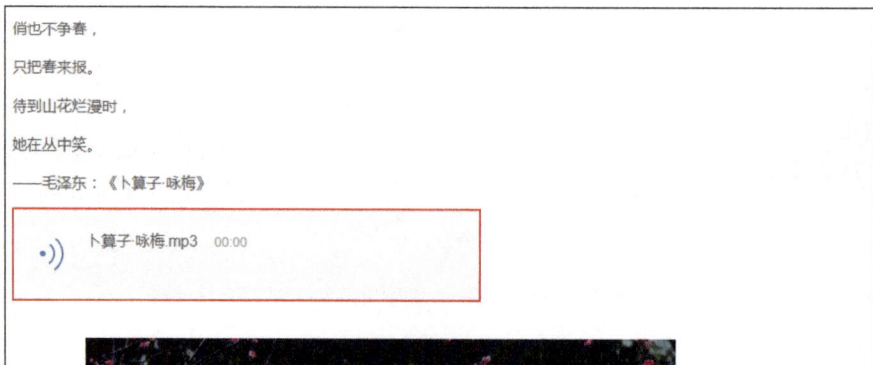

图3-47 插入音频后的效果

3.4.5 商品：让读者快速下单

在头条号后台的"发表文章"页面，除了可以插入图片、视频和音频等多媒体文件外，还可以把第三方平台的商品插入到文章中，设置成功后，用户即可单击文章中的商品图片实现快速购买了。下面笔者将介绍插入商品的操作方法。

步骤 01 ❶将鼠标指针移至需要插入商品信息的位置，单击"商品"按钮，如图3-48

所示；❷在弹出的对话框中的"商品链接"页面显示了可以选择的商品链接平台，在此单击"放心购"文字链接，如图3-49所示。

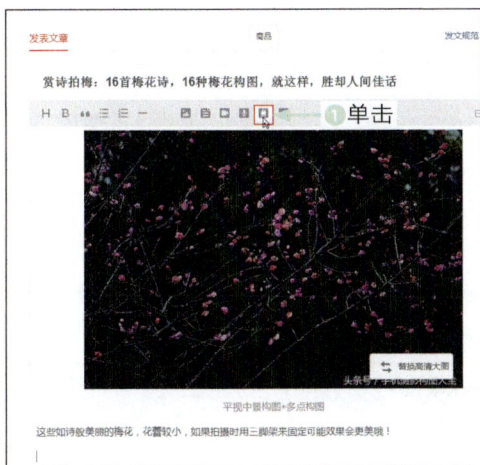

<table>
<tr><td>图3-48 单击"商品"按钮</td><td>图3-49 单击"放心购"文字链接</td></tr>
</table>

步骤 02 打开一个新的网页，❶单击"商品搜索"按钮；❷在搜索框中输入要插入的商品名称并进行搜索；❸将鼠标指针移至商品上方，弹出"复制商品链接"标签，单击该标签，如图3-50所示，网页会提示商品链接复制成功。

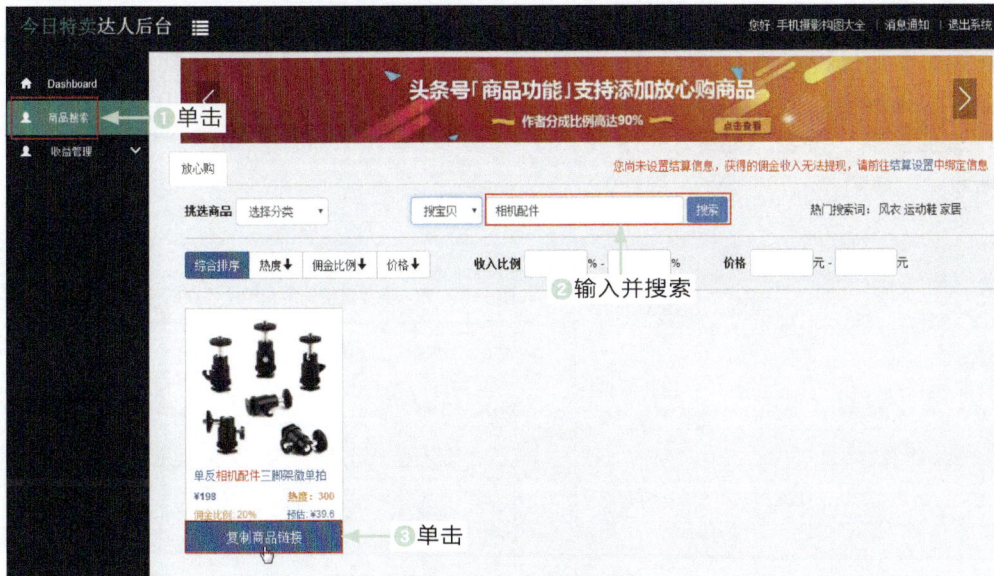

图3-50 复制商品链接操作

专家提醒

如果头条号创作者在进行插入商品操作时还没有填写结算信息且没有绑定头条账号，可在出现的网页中进行填写，如图3-51所示。

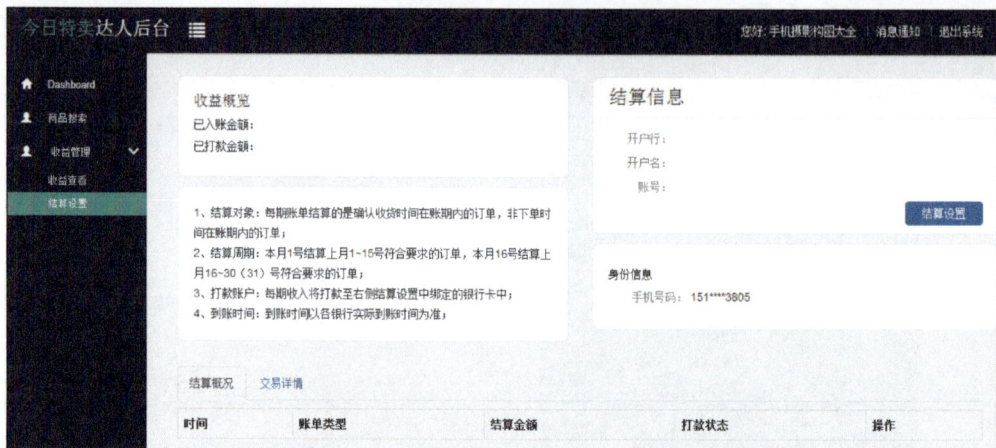

图3-51 结算信息设置

步骤03 返回"商品链接"页面；❶在"商品链接"右侧的文本框中输入复制的商品链接网址；❷单击"获取信息"按钮，如图3-52所示。进入相应页面，❸在该页面上显示了添加的商品的标题、售价和图片等信息，这些信息是可修改和设置的，当然，也可以保持默认设置；❹然后单击"添加商品"按钮，如图3-53所示。

图3-52 输入商品链接网址和单击"获取信息"按钮

图3-53 设置添加的商品信息

步骤 04 返回"发表文章"页面，在该页面显示了添加的商品，如图3-54所示。

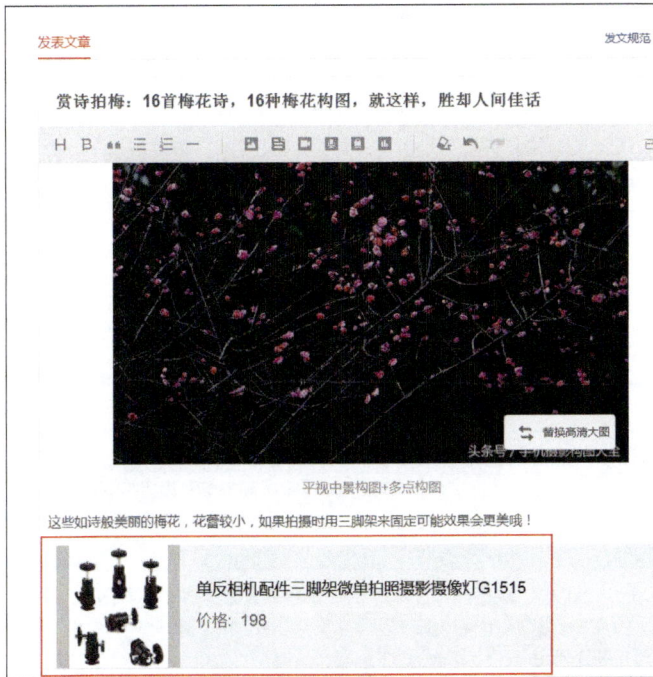

图3-54 显示插入的商品

3.4.6　插入投票：让用户积极参与

在微信公众号里是可以插入投票功能的，其实，在头条号里同样是可以把这一功能用在图文内容中的。这样就可以更清楚地判断出用户的偏好，能为接下来的内容安排提供借鉴。本小节就介绍在"发表文章"页面插入投票功能的操作方法。

步骤 01 ❶将鼠标指针移至需要插入投票的位置，单击"添加投票"按钮，如图3-55所示；弹出"添加投票"对话框；❷在该对话框中设置"标题""类型""截止时间"和"选项"；❸单击"添加投票"按钮，如图3-56所示。

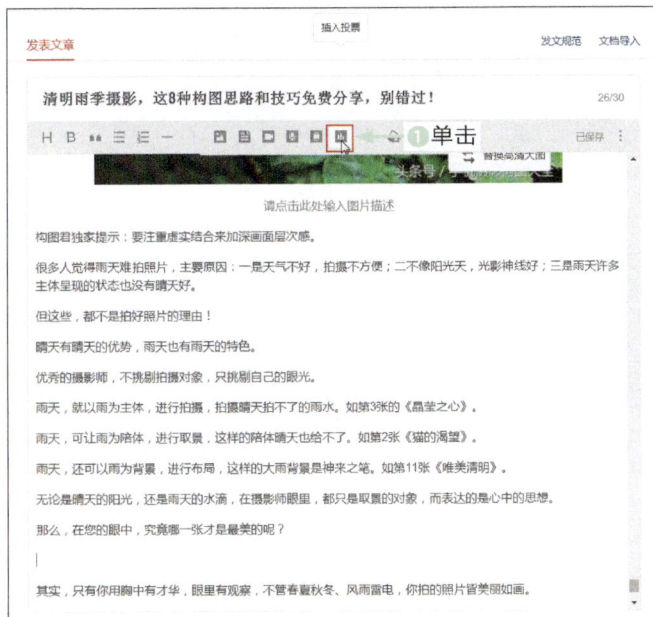

图3-55 单击"添加投票"按钮

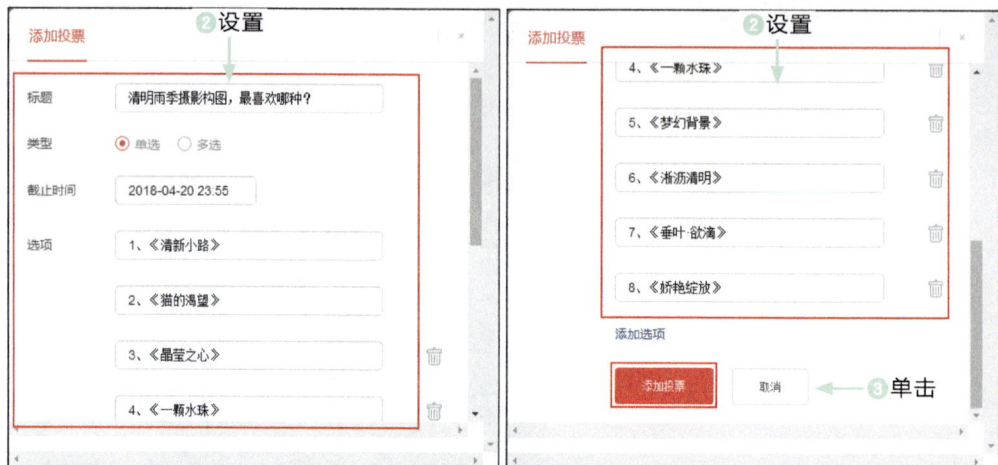

图3-56 设置投票信息

在"添加投票"对话框中，有几个细节需要运营者注意，具体如下。

（1）在"标题"一栏中，其右侧的文本框中可输入的字数是有限制的——最多只能输入15个字符，如果多了，就不能输入了，当然更不会显示出来。"选项"右侧的文本框字数限制也是如此。

（2）在"截止时间"一栏中，其具体的设置步骤有3个，即首先设置"日"；设置完后跳转到相应页面设置"小时"；最后设置"分钟"，如图3-57所示。在这一过程中，每设置完一项，就会在该页面上方显示出来，按"年月日时分"的顺序从右向左一项项显示。

图3-57 设置"截止时间"的操作

（3）在"选项"一栏中，默认的选项只有两个；❶如果运营者添加的投票中的选项多于2，那么就需要单击"添加选项"按钮来完成设置；❷对于这些添加的选项，运营者可以根据需要单击各选项输入框右侧的"删除"图标来删除，如图3-58所示。

图3-58 设置"截止时间"的操作

步骤02 返回"发表文章"页面，在该页面显示了添加的投票，如图3-59所示。

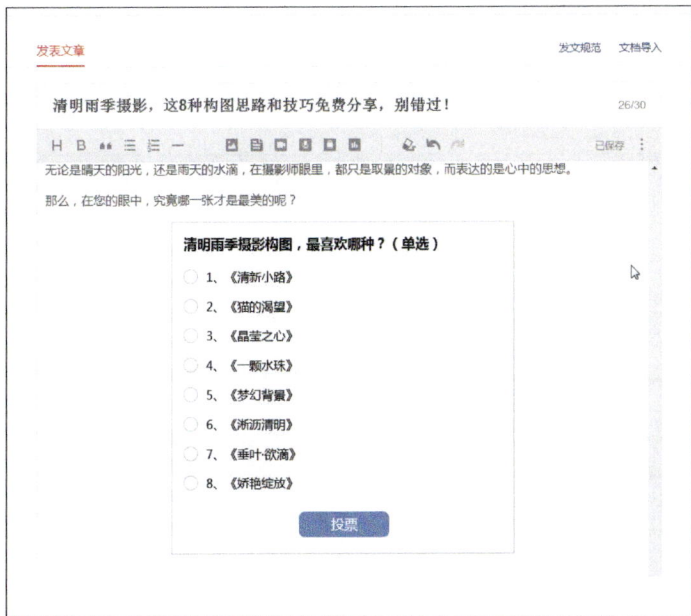

图3-59 显示添加的投票

3.5 其他：细节把握好，效果更上层楼

在头条号后台进行图文编辑时，会出现两个可滑动鼠标来翻动的页面，其中一个处于图文编辑区域，一个处于整个网页区域，这样便于内容创作者对不同区域内的内容进行查看。

在前面所介绍的内容中，大家可能已经发现，格式设置和插入文件时所要用到的按钮不是位于可滑动的图文编辑区域中的，不会随着图文编辑区域的上下滑动而滑动，而是在操作过程中一直显示出来。

其实，在"发表文章"页面，不会随着图文编辑区域的上下滑动而滑动的按钮除了设置格式和插入文件时用到这些按钮外，还有一些按钮可供创作者和运营者使用，如声明原创、选择封面、投放广告、双标题等，这些都是需要创作者和运营者加以注意并把握好细节的地方，本节就针对这些方面进行介绍。

3.5.1 声明原创：给图文设置保护标签

今日头条平台的很多内容都是作者原创的，为了维护自身利益和版权，有必要打上原创保护标签。在此，笔者将介绍设置"声明原创"的具体操作方法。

步骤01 进入"发表文章"页面，❶在图文编辑区域下方的"原创"一栏中单击"声明原创"按钮，如图3-60所示；执行操作后，弹出相应对话框，在"原创声明须知"页面，仔细阅读完具体内容；❷然后单击"下一步"按钮，如图3-61所示。

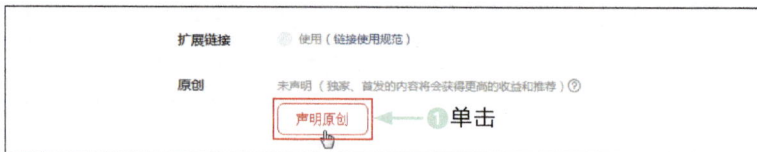

图3-60 单击"声明原创"按钮

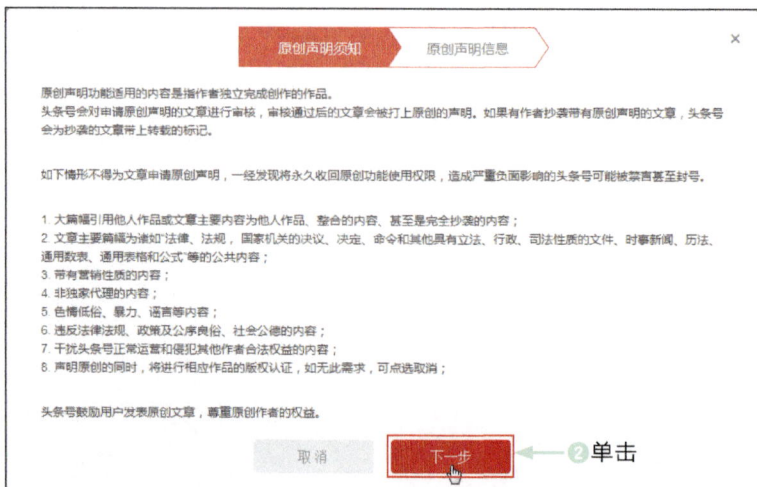

图3-61 "原创声明须知"页面

步骤 02 进入"原创声明信息"页面，❶在相应区域设置原创声明信息；❷单击"确定"按钮，如图3-62所示。如果不是第一次声明原创，那么在"原创声明信息"页面，只需要核对信息即可。

步骤 03 返回"发表文章"页面，可以看到"原创"一栏的"已声明"字样前显示了 ✅ 图标，表示该篇文章已进行了"声明原创"的设置，如图3-63所示。

图3-62 "原创声明信息"页面

图3-63 "声明原创"设置后的效果显示

> **专家提醒**
>
> 在"发表文章"页面的"声明原创"效果显示中，注意到，在勾选的"已声明"字样右侧，有一个蓝色字体显示的"修改"按钮，单击该按钮可重新进行"声明原创"的设置。
>
> 另外，不知大家有没有注意到，随着"声明原创"设置的完成，在该栏区域下方随之还出现了保持勾选状态的"使用赞赏功能"这一设置。如果头条号创作者和运营者不想使用赞赏功能，单击即可完成取消操作。

　　"声明原创"虽然是保护创作者版权和获得相关利益的重要设置，然而这一功能的运用不是随意的，它需要头条号创作者在具备一定条件后才能申请开通（开通条件如图3-64所示），且开通后也是不可滥用的，其内容必须在"原创声明须知"页面的适用范围内、不包含在该页面上所列举的8项不得为文章申请原创的情形内。否则，视为恶意声明原创，一经发现，将会受到平台的严厉惩罚——永久收回原创功能使用权限，甚至有可能被禁言和封号。

凡符合以下条件的头条号，可以在后台自助提交开通申请：

1.已实名认证；

2.累计粉丝数达到5000；

3.最近30天，已发文>10篇；

4.在发布内容中，原创比例超过70%；

5.最近30天内没有原创标签的审核记录；

6.无抄袭、发布不雅内容、违反国家有关政策法规等违规记录。

图3-64　开通"声明原创"功能的头条号创作者应具备的条件

3.5.2　选择封面：美图，吸引读者点击

　　无论是在移动端还是PC端，一个头条号的主页所显示的各篇图文内容的信息是有限的，其中比较醒目的就是标题和封面了。关于设置头条号内容的标题的方法将在第4章进行具体介绍，下面先介绍选择封面的具体操作方法。

步骤01　进入"发表文章"页面，在图文编辑区域下方的"封面"一栏，如图3-65所示，❶勾选"三图"选项；❷单击第一张封面图的浅灰色可编辑区域的任意位置。

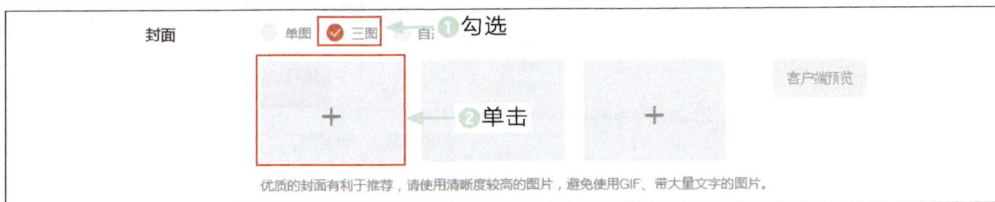

图3-65　选择封面形式并开始设置第一张封面图片

步骤02　弹出"正文图片"对话框，如图3-66所示，❶在其中选择一张图片作为封面；❷单击"确认"按钮。

图3-66　"正文图片"对话框

步骤03　返回"发表文章"页面，在该页面显示了已经设置好的第一张封面图片。可以看到，该图显示效果明显不理想，此时就需要对图片进行裁剪，如图3-67所示。❶单击第一张封面区域右下角的"裁剪图片"按钮▣；弹出"裁剪图片"对话框，❷选择

裁剪区域，在页面右上角显示了裁剪图片后的效果；❸单击"确认"按钮，即可完成封面图片裁剪操作，如图3-68所示。

图3-67 选择第一张封面后的效果

图3-68 "裁剪图片"对话框

步骤04 按照上述方法进行选择和裁剪，设置第二张、第三张封面图片，最终效果如图3-69所示。

图3-69 封面最终效果

专家提醒

在上图中，单击封面右侧的"客户端预览"按钮即可预览设置好的封面效果，如图3-70所示。如果设置的是"三图"形式的封面，最好进入客户端进行预览，因为在PC端显示的是单图效果，而不是三图效果。另外，基于这一点，第一张封面的选择很重要，因此要格外加以注意。

图3-70 封面的"客户端预览"效果

3.5.3　慎重选择，是否设置投放广告

在"发表文章"页面的"设置"一栏提供了3个方面的设置，即"广告投放""定时发表"和"自动诊断"。

其中，"定时发表"即运营者编辑好文章后不立即发表，而是准备在未来的2~24小时范围内的某一时间发表，这时就可以通过该按钮进行设置，其设置页面如图3-71所示。

图3-71　"定时发表"对话框

"自动诊断"则只是一个"选"或"不选"的设置选项。勾选该选项，表示当这篇文章推荐量不高时，系统会通知运营者进行修改；否则，将不予通知。

而该栏目处"投放广告"的设置提供了3个选项，如图3-72所示。是否投放广告，如果投放又应该投放哪一类，这些都需要创作者和运营者慎重思考后再决定。

图3-72　"投放广告"设置页面

结合笔者自身的运营经验，投放广告还是会在一定程度上影响推荐量的。因此，假如你的重心更多的在于"吸粉"引流，获得更多关注，那么最好勾选"不投放广告"单选。如果你的重心是需要在运营中不断获得发展并获得实际收益，那么可选择投放广告，至于选择哪一种，则需要根据自身情况来决定：若是自身寻找到了好的广告源，那么就可在进行了"添加自营广告"设置后勾选"投放自营广告"按钮；若是没有找到广告源，那么可在此勾选"投放头条广告"。

3.5.4　双标题：不做"标题党"也能进步

当运营者设置完"原创声明"后，会发现在"封面"一栏的下方出现了"双标题/双封面"一栏，如图3-73所示。

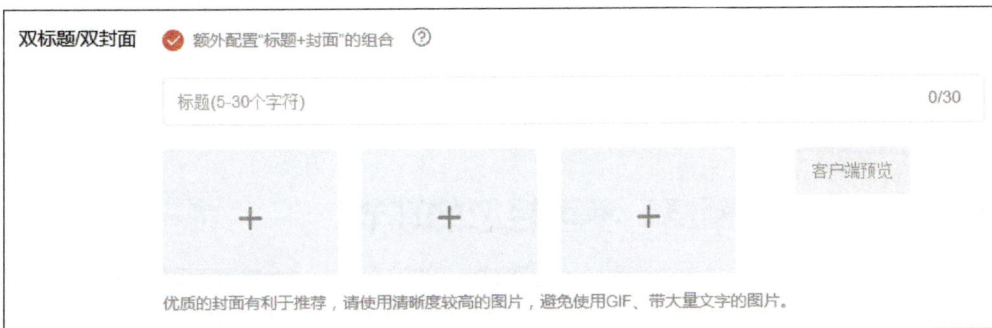

图3-73　"双标题/双封面"设置页面

在上图中，只要不取消"额外配置'标题+封面'的组合"的勾选，系统就会在设置好这一栏后，以一组标题和封面额外发表一篇文章，这一篇文章是不占用运营者每天的发文篇数的。至于其操作方面，该处封面与"封面"一栏操作步骤相同，而标题只需在封面上方的输入标题的文本框中输入即可。

图3-74所示为设置了"双标题/双封面"的文章在内容管理页面的显示结果。

图3-74 设置了"双标题/双封面"的内容管理页面的显示结果

从图上可以看出，设置了"双标题/双封面"的一篇文章的两组标题和封面会相邻显示，与其他不同内容的文章以一条细横线和 ⌃ 图标分隔开来。另外，关于设置"双标题/双封面"的文章，还有两点需要大家注意。

一是同一篇文章的两组标题和封面，其标题一定是不同的，而封面可以相同也可以不同，上图中的两篇文章就是明显的例子。

二是这两组标题和封面是有主次之分的，通过"双标题/双封面"这一栏设置的明显为次，显示在下方，而不是说上图中显示了"双标题"字样 双标题 的是通过"双标题/双封面"设置的。另外，通过"双标题/双封面"设置标题和封面的文章是不能进行置顶设置的。

专家提醒

通过笔者的运营实战得出，设置了"双标题/双封面"的文章，其推荐量也可以说是两者的叠加，这样的话，运营结果明显会更好。

当运营者在两个标题中难以取舍，不知选哪一个推荐量才能更高时，就可采用这一方法。当运营经验积累得多了，对好标题的判断也会越来越精准。

当然，如果运营者对两个标题都没有信心，也没有关系，上面已经说过，其推荐量是两者的叠加，那么其运营效果也会明显比只有一组标题和封面的文章更好，而且无须反复修改标题来提高推荐量。

3.5.5　保存和预览：不可轻忽的环节

无论运营什么平台，在内容编辑过程中都要注意保存和预览，这些都是不可轻忽的环节，下面将分别进行介绍。

1. 通过存草稿保存

在头条号后台编辑"发表文章"时，虽然平台有自动保存的功能，但是运营者也不要忘记这一关键环节，而是要时刻注意保存，这样可以避免因为系统出现问题而导致文件丢失的情况发生。对在头条号后台编辑的文章进行保存，可以单击"存草稿"按钮来完成。

2. 通过客户端预览文章

与其他平台不同，在头条号后台进行图文编辑时，其"预览"功能可运用在多个地方，如前文中封面效果设置好后的预览。另外，在全部信息编辑和设置好后，要进行图文信息发表之前，还可以通过"客户端预览"按钮来预览文章。具体的操作步骤如下。

步骤 01 单击"客户端预览"按钮，弹出相应对话框，如图3-75所示；该对话框向运营者提示了客户端预览的途径，通过它，就可以知道在哪预览了，单击"我知道了"按钮返回"发表文章"页面。

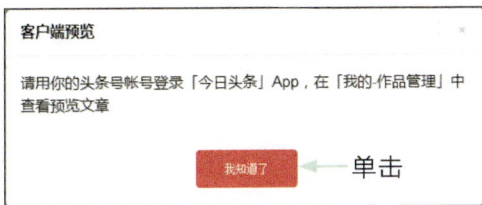

图3-75 "客户端预览"对话框

专家提醒

单击"客户端预览"按钮时，其实也在该过程中对文章进行了保存，因为每一次单击该按钮，首先都会在该按钮处显示"保存中"字样，然后才会弹出相应对话框。

步骤 02 运营者登录"今日头条"App，进入头条号主页，❶点击"作品管理"按钮，进入头条号"作品"页面；❷点击要预览的文章，就可进入相应页面预览图文内容了，如图3-76所示。

图3-76 "客户端预览"预览文章操作

3.5.6 "更多·错别字检查"：提高质量

通过键盘输入内容，总会存在一些同音的或字形相近的字混杂在文章中的错误，这就需要人工校对才能看出来，而在今日头条平台上，则可以通过平台固有的功能来完成这一步骤，那就是"更多·错别字检查"功能。

步骤 01 单击页面右上角的"更多"按钮 ⋮，弹出"错别字检查"勾选框，默认为勾选状态，如图3-77所示。

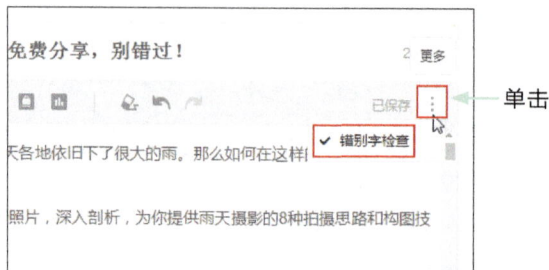

图3-77 "错别字检查"设置

步骤 02 "错别字检查"功能开启后，会对运营者所编辑的内容进行实时检查，如果发现有错别字，会用红色下画线标示出来；❶单击标示出来的疑似错别字，弹出"词组纠错"列表框；❷单击平台提供的正确的词组，如图3-78所示，就会更正内容中的错别字。如果运营者认为标示出来的词组是正确的，那么就选择"忽略"选项，则会继续保持原来的内容。

图3-78 标示出错别字并纠错的操作

专家提醒

当然，在实际的内容输入和编辑中，运营者不能认为有了该功能就不用再进行校对了。其实，该功能还是存在一定的缺陷和有待进一步发展的，有些错别字是不能区分出来的，因此，为了确保内容的无误，运营者还是有必要进行人工校对的。

自媒体
发文技巧

免费公开课

第 **4** 章

"爆款"内容：新手小白也能篇篇10万以上阅读量

学习提示

在今日头条平台上，运营者可以发布多种类型、多个频道的内容，如图文、西瓜视频、微头条、悟空问答和小视频等，这些都是头条号打造"爆款"和树立品牌形象的内容基础。本章将对如何打造各种"爆款"内容进行介绍，以期帮助运营新手收获篇篇10万以上的阅读量。

本章重点导航

- "爆款"图文内容：5大技巧，让文章更"吸睛"
- "爆款"视频内容：8大方面，轻松引爆流量
- "爆款"问答内容：6大要点，教你如何问答
- "爆款"微头条内容：4大内容，打造强影响力

图文内容仍然是头条号的主要内容形式之一，如果想要发展自己的头条号并脱颖而出，就必须打造"爆款"图文内容，用高价值的内容吸引用户、提高阅读量，才能在头条号运营大潮中抢占先机，获得成功。

4.1.1 从心理出发，打动读者

运营者在进行头条号内容运营时，一个打通与用户联系的关键点就是必须能够满足读者的需求，只有满足了用户的需求才能吸引用户关注。在此笔者总结了用户的8种心理，也就是用户的8种需求，来告诉大家该如何进行内容运营，如图4-1所示。

学习心理	有一部分人在浏览网页和手机上的各种新闻、文章时，抱有从中学到一些有价值的东西，扩充自己的知识面和增加自己的技能等目的。因此，在编辑文章时可以将这一因素考虑进去，给读者一种能够满足价值需求的感觉
猎奇心理	人总是充满好奇心的，对于未知的、刺激的东西总会有一种想要去探索、了解的欲望。运营者可以抓住读者的这一特点，通过充满神秘感的标题来满足读者的猎奇心理
消遣心理	有些人会阅读头条号里的各种文章，这主要是出于消磨闲暇时光、给自己找点娱乐的目的。那些传播搞笑、幽默内容的文章会比较容易满足读者的娱乐需求，如冷笑话、幽默与笑话集锦等类型的账号，其文章内容给读者带来的感觉就是比较开心、愉快的
窥探心理	人们有时候很矛盾，不想让自己的秘密、隐私被人知晓，但是又有窥探他人或者其他事物的秘密的欲望。因此，在编写文章标题时可以适当地利用人们的这种欲望，写出能够满足读者窥探需求的内容，从而吸引读者阅读
感性心理	大部分人都是感性的，易被情感所左右，也很容易感动，这种感性不仅仅体现在真实的生活中，还体现在阅读倾注了感情的文章的过程中。一篇成功的文章应能满足读者的情感需求，打动读者，引起读者的共鸣
追忆心理	很多人都有怀旧情结，会时常追忆以往的岁月，对于那些追忆过往的文章也会禁不住想要点开看一看，所以头条号运营者就可以写一些能引起人们追忆往昔情怀的内容，满足读者的怀旧需求
求抚慰心理	很多人养成了从文字中寻求关注与安慰的习惯，当他们看见那些传递温暖、含有关怀意蕴的文章时，都会忍不住去阅读。因此，在写标题时便可多用一些能够温暖人心、给人关注与关怀的词语，满足读者的求抚慰的心理需求
私心心理	人们总是会对与自己有关的事情多上点儿心，对关系到自己利益的消息给予更多的注意。文章内容满足读者私心需求其实就是满足读者的关注与自己相关事情的行为

图4-1 用户的8种心理介绍

能够满足读者被关注需求的文章标题，应是真正发自肺腑的情感传递。最好文章内容也充满关怀，这样才不会让读者感觉被欺骗。

4.1.2　从黏性入手，把握要点

很多企业在头条号运营过程中都会碰到一个棘手的问题，那就是头条号内容。究竟什么样的内容比较容易吸引用户呢？当然是那些在把握了用户心理的情况下创作出的文章更加吸引人。除此之外，运营者还应该通过内容积极建立起用户对头条号的黏性。下面笔者将介绍通过内容来提升粉丝黏性的几个要点。

1. 内容：3大方面吸引关注

想让头条号的正文吸引用户的眼球，就需要有一定的内容要点，如何让一则文章从众多的推送内容中脱颖而出？站在用户的立场，对方第一要关注的就是运营者推送的消息和自己切身利益是否相关。也就是说，运营者抓住了受众的需求，也就是抓住了受众的眼球，接下来笔者将从以下几个方面阐述抓住受众眼球的内容要求。

（1）具有实用价值。

从实用性的角度提供价值指的是运营者为用户提供对他们日常生活有帮助的内容。例如，途牛旅游网为用户推出的机票、火车票、汽车票、酒店预订等服务功能，就是非常实用的。

（2）具有趣味性。

有趣的信息总是能吸引人的，头条号如果能做到这一点，对增强宣传效果必定大有裨益。而对于运营者而言，将内容娱乐化是抓住用户的百试不爽的方法，具体的做法就是将内容的表现形式转化为用户喜欢的带有趣味性的形式，让用户在感受趣味性的同时，接受了企业的宣传信息。

（3）具有震撼性。

运营者在编写内容时若能做到意外性和稀缺性，便能够提升内容的震撼性，什么是意外性和稀缺性？就是内容让人感到意外，同时题材也十分稀缺。越是少见的内容，用户越是感兴趣，它的传播价值也就越大，所谓的独家新闻也就是这个道理。

2. 预告：提前进行内容披露

对于优质内容，运营者一定要进行预告，这就像电影上映前的宣传片或海报一样，通过提前预告的方式让用户对内容有一定的期待，而且在今日头条平台上进行预告无须成本，是非常有效的一种推广运营方式。下面笔者为大家介绍一下对内容进行预告的几个注意事项，如图4-2所示。

提前3天	头条号的内容预告最好提前3天发布
说到做到	发布头条号文章要守时，就像"周一见"这样的形式一样，说到做到，说什么时候发布就什么时候发布
尽量少用	不要动不动就来一次下期内容预告，因为预告是对于那种内容极其优秀、话题极其重磅的内容而言的，而且运用这种方式进行下期内容的推广，带有一种神秘感，一旦用的次数多了，也就没有神秘感和新鲜感了

图4-2　对内容进行预告的注意事项

3. 排版：是否有兴趣看下去

如果说文章内容是作者与读者之间的思想碰撞或共鸣，那么作者对文章的格式布局与排版就是给读者的一种视觉上的享受。排版的好坏对一篇文章很重要，它决定了读者是否能够舒适地看完整篇文章，这种重要性对头条号文章这种以电子文档形式传播的文章来说更甚。

因此，运营者在给读者提供好的内容的同时也要注意文章的排版，让读者得到精神与视觉的双重体验。图4-3所示为头条号文章排版中应该注意的问题。

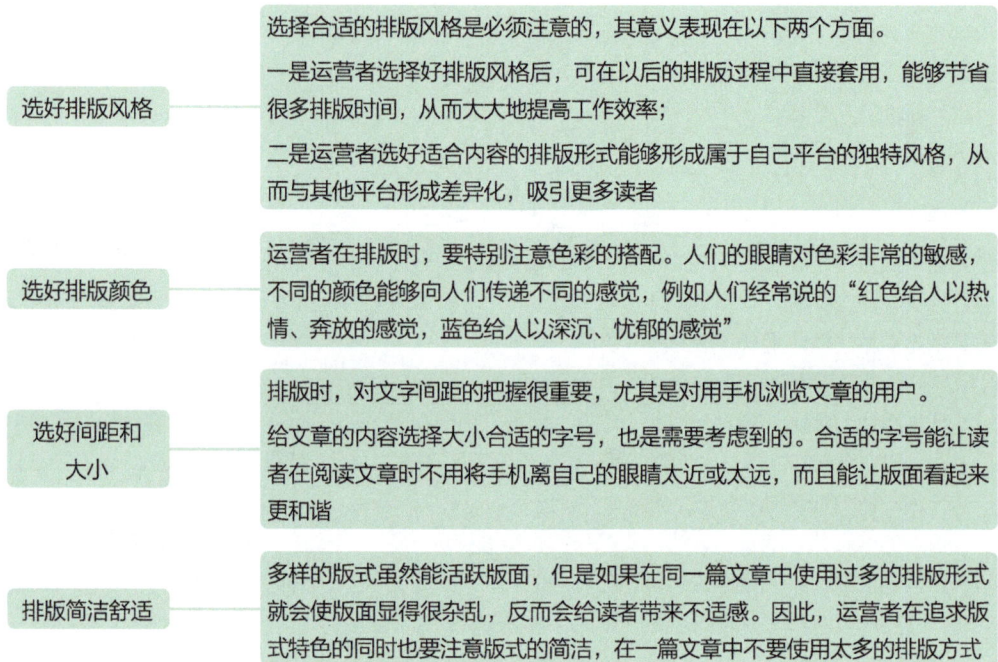

选好排版风格	选择合适的排版风格是必须注意的，其意义表现在以下两个方面。一是运营者选择好排版风格后，可在以后的排版过程中直接套用，能够节省很多排版时间，从而大大地提高工作效率；二是运营者选好适合内容的排版形式能够形成属于自己平台的独特风格，从而与其他平台形成差异化，吸引更多读者
选好排版颜色	运营者在排版时，要特别注意色彩的搭配。人们的眼睛对色彩非常的敏感，不同的颜色能够向人们传递不同的感觉，例如人们经常说的"红色给人以热情、奔放的感觉，蓝色给人以深沉、忧郁的感觉"
选好间距和大小	排版时，对文字间距的把握很重要，尤其是对用手机浏览文章的用户。给文章的内容选择大小合适的字号，也是需要考虑到的。合适的字号能让读者在阅读文章时不用将手机离自己的眼睛太近或太远，而且能让版面看起来更和谐
排版简洁舒适	多样的版式虽然能活跃版面，但是如果在同一篇文章中使用过多的排版形式就会使版面显得很杂乱，反而会给读者带来不适感。因此，运营者在追求版式特色的同时也要注意版式的简洁，在一篇文章中不要使用太多的排版方式

图4-3 头条号文章排版中应注意的问题

4.1.3 关注思路，创意是关键

在日常运营策略中，运营者要发挥创意，例如，利用连载的形式勾起读者的观看欲望，或将热门事件插入到故事中等，本小节将为大家介绍内容运营的几点思路。

1. 善于利用连载

这里的连载并不是像小说那样，写很长的连载故事，而是指运营者可以围绕同一类话题进行写作，形成一系列专题故事。

例如广东人的生活，可以从衣食住行、天气、风俗、交通、工作等方面进行介绍，每一期介绍其中一个方面，然后由此形成一系列专门讲述广东人生活的专题故事，这便是一种吸引读者点击阅读的创新手法。

2. 直白说出福利

很多时候，将福利直白地说出来，效果会更好。运营者在头条号上做活动时，可以在标题上将福利展示出来，也可以在图片上将福利展示，让读者一眼就能知道福利是什么，如"免费送××""买一送一""转发就送××"等，一旦激发了读者的好奇心了，文章的阅读量自然就会上去了。

3. 热门头条事件

一个有价值、有传播度的热门事件，在今日头条平台的阅读量可能上百万。有时候，运营者在标题中嵌入热门词汇，便能明显增加点击率，一条有热门词和一条没有热门词的、普通的标题，对文章的影响可能是几万、十几万甚至几十万点击量的差距，由此可见，热门事件对于内容运营者来说多么重要。

4. 与节日相关的话题

节日时，运营者发布与节日相关的话题是很有必要的，一方面可烘托节日的气氛；另一方面可以让读者感受到节日的祝福。因此，在节日期间发布与节日相关的内容往往要比其他的普通内容效果更好。

4.1.4 重视标题，提升打开率

要想运营好头条号，学会拟写文章标题是非常必要的，有吸引力的文章标题才会给头条号带来更多的读者和点击量。经典头条号标题有以下几种类型，现在笔者就为大家详细介绍一下，如图4-4所示。

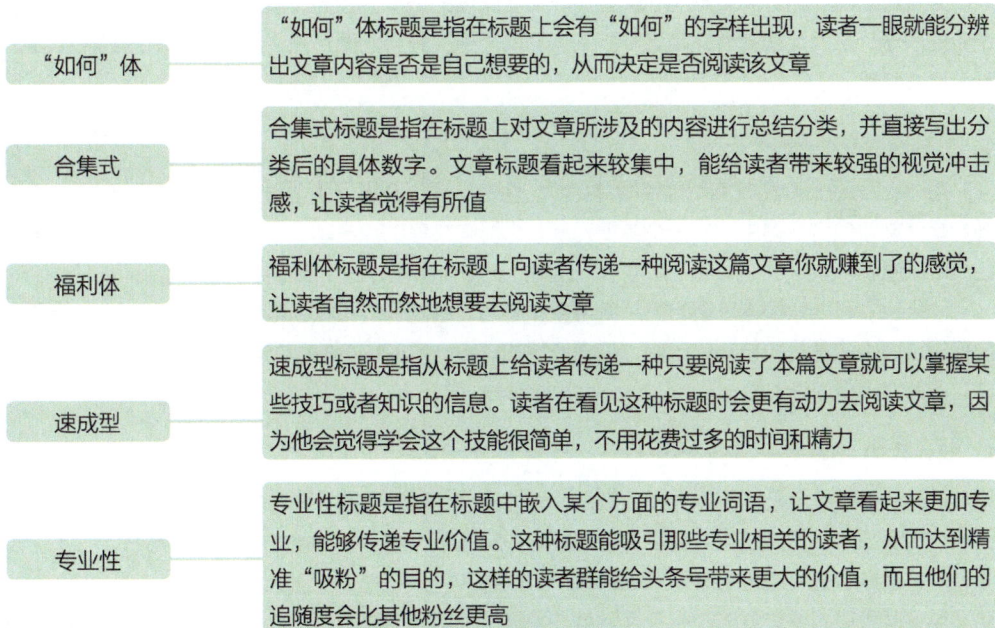

"如何"体	"如何"体标题是指在标题上会有"如何"的字样出现，读者一眼就能分辨出文章内容是否是自己想要的，从而决定是否阅读该文章
合集式	合集式标题是指在标题上对文章所涉及的内容进行总结分类，并直接写出分类后的具体数字。文章标题看起来较集中，能给读者带来较强的视觉冲击感，让读者觉得有所值
福利体	福利体标题是指在标题上向读者传递一种阅读这篇文章你就赚到了的感觉，让读者自然而然地想要去阅读文章
速成型	速成型标题是指从标题上给读者传递一种只要阅读了本篇文章就可以掌握某些技巧或者知识的信息。读者在看见这种标题时会更有动力去阅读文章，因为他会觉得学会这个技能很简单，不用花费过多的时间和精力
专业性	专业性标题是指在标题中嵌入某个方面的专业词语，让文章看起来更加专业，能够传递专业价值。这种标题能吸引那些专业相关的读者，从而达到精准"吸粉"的目的，这样的读者群能给头条号带来更大的价值，而且他们的追随度会比其他粉丝更高

图4-4 头条号文章标题举例介绍

借势型	借势型标题是指在标题上借助一些与时事热点有关的词汇来造势，增加点击量。时事热点拥有一大批关注者，而且传播的范围也会非常广，读者可以轻易地搜索到加入相关词汇的文章，从而提升了文章被阅读的可能性
趣味型	趣味型标题是指在标题中使用一些有趣、可爱的词语，让整个标题给人的感觉是轻松、欢快的，给读者营造一个愉悦的阅读氛围，因此就算文章的内容是产品宣传类的，也不会让读者很反感
本地化	本地化标题是指在标题上，带入地名或者一些具有地域标志性的词汇，这样就能吸引更多的读者去浏览
揭露式	揭露式标题是指为读者揭露某件事物或人隐藏的不为人知的秘密的一种标题。大部分人都有好奇心或八卦心理，而这种标题则恰好可以满足读者的这种心理。这种标题能给读者传递一种莫名的兴奋感，能充分引起读者的兴趣

图4-4 头条号文章标题举例介绍（续）

4.1.5 图片亮眼，吸引点击

图片是商家进行头条号运营时的有力武器，一张合适的图片有时能胜过千言万语。图片能给读者带来视觉冲击，也能为平台上的文章锦上添花。下面笔者为大家介绍选用文章图片时的一些技巧。

1. 封面提升点击率

文章封面设计的好坏会影响到读者点开文章阅读的概率，漂亮、清晰的封面图片能瞬间吸引读者的眼球，从而让读者有兴趣进一步阅读。而衡量文章封面图片是否合格，可以从其清晰度、辨识度去判断。

2. 图片要美化处理

用Photoshop修图其实就是给图片化妆。企业、个人在进行头条号运营时是离不开图片的，图片是让文章内容变得生动的一个重要元素，会影响文章的点击率。因此，使用图片给头条号增色时可以通过一些方法给图片"化妆"，让图片更加有特色，进而吸引更多的读者。

"化妆"可以让原本单调的图片变得更加鲜活。给图片"化妆"可以通过两个方法进行：一是拍摄过程中注意拍照技巧的运用、拍摄场地的布置、照片比例的布局等；二是可以通过相关软件让图片变得更加夺人眼球。

3. 图片要色彩鲜亮

运营者要想让自己的头条号图片吸引读者的眼球，所选的图片颜色搭配要美观、合理，尽量给人一种顺眼、耐看的感觉。在没有特殊要求的情况下，图片要尽量选择色彩明亮的，笔者的经验证明，这样的图片能给头条号带来更多的点击量。

很多读者在阅读文章的时候希望能有一个轻松、愉快的氛围，不愿在压抑的环境下阅读，而色彩明亮的图片就不会给读者一种压抑、沉闷的感觉，恰好能给读者带来这样的阅读氛围。

4. 直观反映消息内容

这里的直观反映消息内容，是指图片要和标题一样，让人扫一眼就知道文章讲的是什么，例如写了一篇讲述狗狗的文章，那么就不能放一张猫的照片上去，否则就会让人看得云里雾里，不明就里。

尤其是封面图片，一定要鲜明地表示出文章的中心内容，不要内容讲"东"，放的图片却讲"西"，所以为了提高读者的阅读体验，选择应景的图片非常重要。

4.2 "爆款"视频内容：8大方面，轻松引爆流量

打开今日头条App，在"首页"上可看到3个与视频相关的内容，分别为"视频""小视频"及"西瓜视频"，如图4-5所示。可见视频内容对今日头条平台上是一类极为重要的内容，头条号运营者应该对这一方面加以注意。

图4-5 今日头条上的与视频相关的
内容菜单

4.2.1 选一个好的题材

在头条号上发布视频，首先需要确定一个好的题材，这是打造"爆款"视频内容的重要基础。如果运营者不结合周围环境和自身条件来确定选题，而是纯粹为了创造视频，那么，即使这个视频中表现出来的各种技巧再好、画面再完美，想要打造成"爆款"视频也不是易事。因此，对于头条号运营者而言，视频的题材选择很重要。

而要做好视频选题，就需要从两个方面加以努力，具体如下。

1. 选题库：不再为每天要做什么内容发愁

在今日头条平台上，更多的头条号追求推送原创内容，而要想拥有源源不断的原创内容，平时的积累非常重要，特别是视频内容，它是基于一定现实场景而制造的，不同于图文内容可以用文字、图片来快速组织起来。因此，需要运营者在平时的工作和生活中注意收集选题和素材，为视频内容创作做准备，具体策略如图4-6所示。

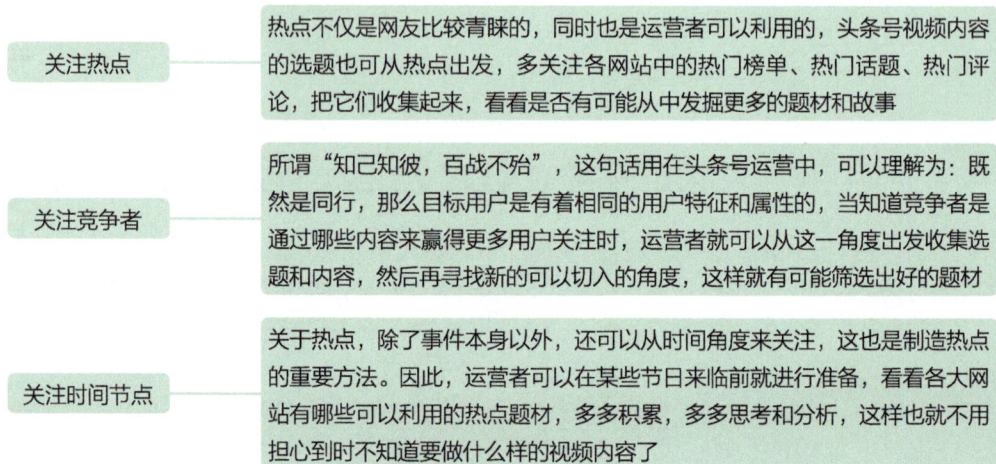

关注热点	热点不仅是网友比较青睐的，同时也是运营者可以利用的，头条号视频内容的选题也可从热点出发，多关注各网站中的热门榜单、热门话题、热门评论，把它们收集起来，看看是否有可能从中发掘更多的题材和故事
关注竞争者	所谓"知己知彼，百战不殆"，这句话用在头条号运营中，可以理解为：既然是同行，那么目标用户是有着相同的用户特征和属性的，当知道竞争者是通过哪些内容来赢得更多用户关注时，运营者就可以从这一角度出发收集选题和内容，然后再寻找新的可以切入的角度，这样就有可能筛选出好的题材
关注时间节点	关于热点，除了事件本身以外，还可以从时间角度来关注，这也是制造热点的重要方法。因此，运营者可以在某些节日来临前就进行准备，看看各大网站有哪些可以利用的热点题材，多多积累，多多思考和分析，这样也就不用担心到时不知道要做什么样的视频内容了

图4-6 建立视频选题库的方法介绍

2. 选题筛选：通过多方考虑来慎重选择

基于选题库中的众多的平时积累的选题，运营者接下来要做的是进行选题筛选，选择一个最有可能打造"爆款"内容的选题。在选择时，运营者也要对两个方面进行考虑：一是根据用户可能的心理确定视频内容方向；二是判断该内容方向的视频选题是否可行。

首先从内容方向上来说，要求运营者根据用户的心理需求来安排内容：选择什么内容和选择以何种方式表达内容。就以一个摄影类头条号来说，如果该头条号用户是那些喜欢摄影的人们，且致力于怎么更好地拍摄照片，那么运营者就应该安排展现摄影技巧的视频内容，并把这些摄影技巧讲深、讲透；如果该头条号用户纯粹是爱好旅游、摄影并且只是停留在欣赏层面的，那么运营者就应该安排一些展示众多美景的视频内容。

其次从选题可行性方面来说，运营者需要对完成视频选题的4个方面做出判断，如图4-7所示。

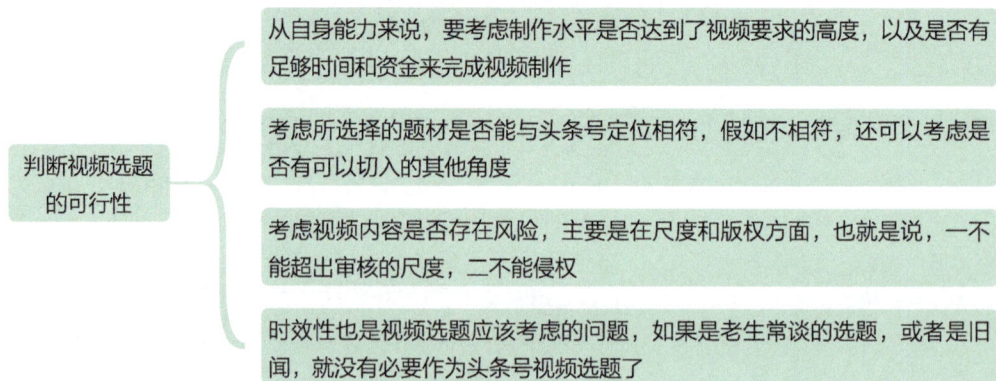

判断视频选题的可行性	从自身能力来说，要考虑制作水平是否达到了视频要求的高度，以及是否有足够时间和资金来完成视频制作
	考虑所选择的题材是否能与头条号定位相符，假如不相符，还可以考虑是否有可以切入的其他角度
	考虑视频内容是否存在风险，主要是在尺度和版权方面，也就是说，一不能超出审核的尺度，二不能侵权
	时效性也是视频选题应该考虑的问题，如果是老生常谈的选题，或者是旧闻，就没有必要作为头条号视频选题了

图4-7 判断视频选题的可行性

4.2.2　观察身边的热门领域

如今的视频内容很多都是源于日常生活中某个我们经常看到的但远远没有把它放在心里的细节或场景。图4-8所示为今日头条平台上的某个展示家常包子制作过程的视频。

图4-8　"爆款"视频的生活细节和场景表现

其实，大多数用户还是普通百姓，因而对于日常生活中某些有价值的、有趣的生活场景，一般都有兴趣去关注。因此，在打造"爆款"视频内容时，运营者就可从这个方面出发，从我们身边的场景出发，特别是与衣食住行相关的各个方面，都可作为视频的内容，以此打造一个独属于运营者的热门领域。

当然，就目前视频平台上的内容来说，百姓生活视频已经成为一个比较热门的领域，丝毫不逊于那些专业学科角度的视频，而运营者可以抓住这个视频内容发展趋势来打造"爆款"视频内容。

4.2.3　设置一个合适标题

今日头条平台上推行的是机器推荐算法，它在节省人力成本和时间的同时也存在缺陷，那就是这种算法完全靠机器操作，而机器是不具有主观能动性的，因而在推荐的精准性方面无法保证。

对运营者来说，这是客观存在的问题，而作为具有主观能动性的人，我们就应该尽力规避掉机器推荐算法存在的问题，根据推荐算法的特点来编辑标题，这样才能保证自身的视频内容不会因平台推荐方面的原因而被半途阻拦。

在此，笔者总结了基于机器推荐算法特点进行标题编辑的4个要点，具体分析如图4-9所示。

词汇方面	多使用有确切意义的、能表达文章内容的字词，少使用没有实际意义的、纯粹是为了新奇而设置的字词，这样才能更精准地击中头条号视频内容的标签。另外，在词汇方面还要注意不要出现错别字、敏感词，以及过多使用符号
字数方面	头条号视频内容的标题是有字数限制的，要想更好地实现推荐目标，字数最好限制在24~28字之间。否则，字数太多会导致分行，影响移动端用户阅读；字数太少，可能无法把视频内容完整地表达出来，影响推荐标签效果
格式方面	标题字数即使在合适的24~28字之间，但假如没有分成短句，也会显得太长，影响阅读。因此，运营者最好采用短句式的标题，让标题成为一个由多个短句组成的语句，通常分为2~3段，这样能降低阅读和理解的难度
句式方面	可使用反问、疑问等句式，因为这样的句式能在更大程度上激发用户的好奇心

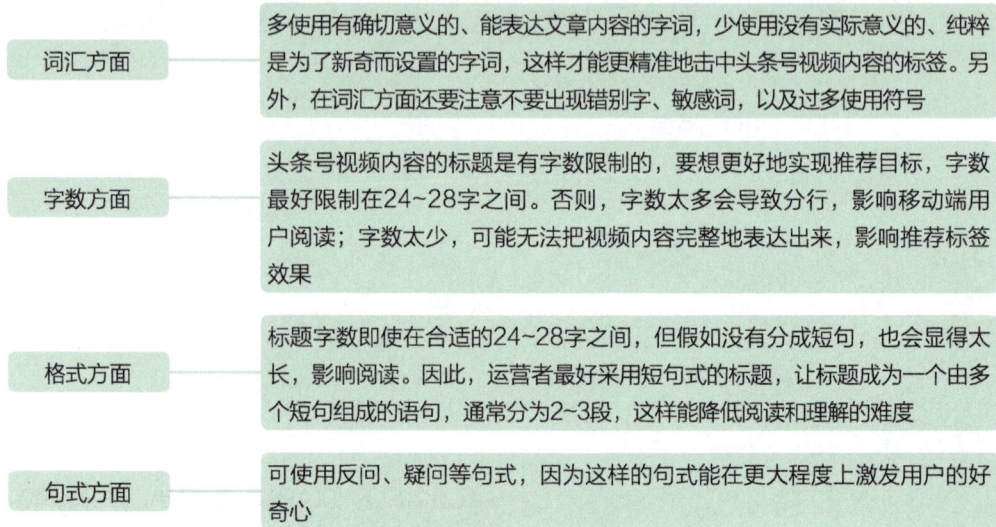

图4-9 头条号视频标题编辑要点

4.2.4　呈现一个"吸睛"封面

前面已经提及，头条号发表文章的封面设置有多种形式，然而视频内容的封面只能设置一张图，因此，在封面的选择上要更加慎重。

视频封面图片除了要注意一般性问题外，如清晰度、大小和尺寸等，还要注意其对内容的表达。因为对视频内容来说，除了标题和视频简介外，它是没有更多的文字辅助说明的。因此，运营者需要选择一张有一定吸引力和视觉冲击力的图片作为封面。

那么，怎样的图片才是有吸引力和视觉冲击力呢？笔者认为，运营者应该从4个方面加以考虑，具体内容如下。

1. 绝对震撼性

对用户来说，一张具有绝对震撼性的封面是非常具有吸引力的，也是可遇而不可求的。因此，在有条件的情况下，最好选择一张具有震撼性、能给人带来巨大视觉冲击力的封面，如图4-10所示。

图4-10 具有绝对震撼性的视频封面

2. 效果对比

对于运营者来说，效果对比不仅能运用到标题撰写中，还可以运用到视频封面中。让选择的封面显示非常鲜明的对比效果，能带给读者更直观的感受，当然也能形成巨大的视觉冲击力。图4-11所示为在封面中直接呈现对比效果的视频展示。

图4-11 具有对比效果的视频封面

3. 违反常理

对大多数人而言，平常所见的细节和场景一般不能吸引其注意，反而是一些违反常理、与人们平常所见的截然不同的细节和场景有着巨大的吸引力。把这一理论用在视频运营中，为视频内容设置一个反常理的封面，往往更能吸引人注意。图4-12所示为今日头条平台上的某个呈现反常理现象的封面。

在图中，可以看到"鸡蛋"以悬挂的方式长在树上，用户看到不禁要问："鸡蛋怎么能长在树上呢？"可见，这是一张违反常理的视频封面图片，却能让看到的读者出于好奇心而点击观看。

图4-12 今日头条平台上违反常理的视频封面

4. 契合标题

运营者都知道，在今日头条平台上，视频发布之后所展示出来的效果只有标题、封面和各种阅读参数，因此，要想让用户一看到就了解该视频的具体内容，就应该实现视频标题和封面的紧密结合。也就是说，视频的标题和封面是相辅相成的，标题要能很好地在封面的辅助下说明视频内容，而封面的选择应该建立在更好展现标题所呈现的视频内容的基础上。图4-13所示为今日头条平台上的契合标题的封面。

图4-13 今日头条平台上封面契合标题的视频举例

101

4.2.5 利用光线提升内容

无论是图片还是视频，光线都至关重要。光线处理或利用得好，可以在很大程度上提高图片、视频的品质。那么应该怎样利用光线呢？具体内容如图4-14所示。

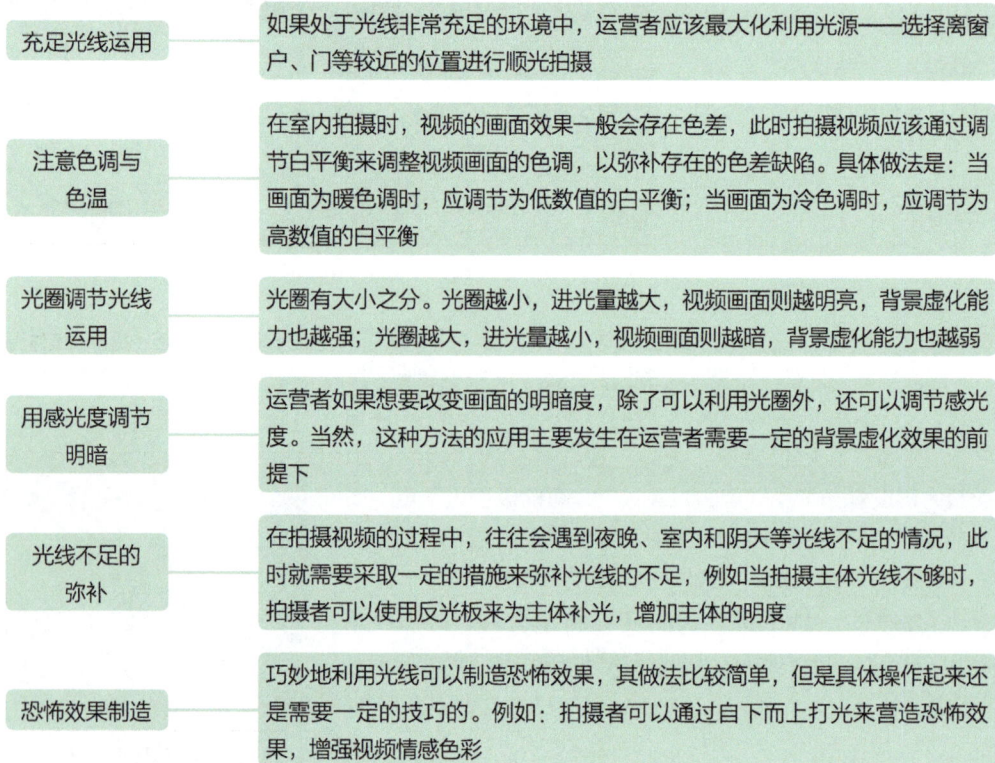

充足光线运用	如果处于光线非常充足的环境中，运营者应该最大化利用光源——选择离窗户、门等较近的位置进行顺光拍摄
注意色调与色温	在室内拍摄时，视频的画面效果一般会存在色差，此时拍摄视频应该通过调节白平衡来调整视频画面的色调，以弥补存在的色差缺陷。具体做法是：当画面为暖色调时，应调节为低数值的白平衡；当画面为冷色调时，应调节为高数值的白平衡
光圈调节光线运用	光圈有大小之分。光圈越小，进光量越大，视频画面则越明亮，背景虚化能力也越强；光圈越大，进光量越小，视频画面则越暗，背景虚化能力也越弱
用感光度调节明暗	运营者如果想要改变画面的明暗度，除了可以利用光圈外，还可以调节感光度。当然，这种方法的应用主要发生在运营者需要一定的背景虚化效果的前提下
光线不足的弥补	在拍摄视频的过程中，往往会遇到夜晚、室内和阴天等光线不足的情况，此时就需要采取一定的措施来弥补光线的不足，例如当拍摄主体光线不够时，拍摄者可以使用反光板来为主体补光，增加主体的明度
恐怖效果制造	巧妙地利用光线可以制造恐怖效果，其做法比较简单，但是具体操作起来还是需要一定的技巧的。例如：拍摄者可以通过自下而上打光来营造恐怖效果，增强视频情感色彩

图4-14 巧妙利用光线打造"爆款"视频内容

4.2.6 打造话题提升互动

想要打造出受人欢迎的短视频，就应该努力为短视频造势，学会制造话题。制造话题也就是"炒作"，在这个信息大爆炸的时代，想要使发布的内容得到广泛的关注，需要利用"炒作"这一技巧。

我们在娱乐新闻中经常听到"炒作"一词，人们普遍认为这是一个带有贬义的词语，但其实不然。炒作的含义是为了扩大影响而反复持续地通过各种方法进行宣传，炒作是需要智慧和毅力的，没有炒作就难以得到广泛的关注，有了炒作才有更大的概率成为火爆的关注对象。

那么，炒作的要点有哪些呢？笔者将其总结如图4-15所示。

实际上，"炒作"与事件营销有异曲同工之妙，目的都是一致的。不可否认，"炒作"带来的传播效果确实要比一般的宣传方法显著得多。不管是电视剧、电影，还是电视节目，都需要通过"炒作"来获得关注，从而实现良好的传播效果，短视频也是如此。

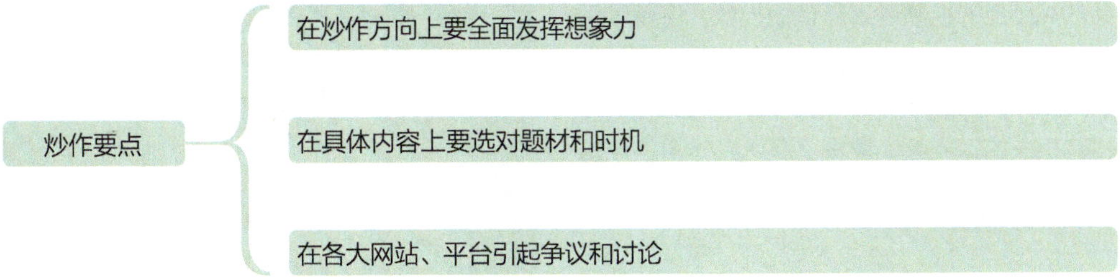

图4-15　炒作的要点

4.2.7　利用热点轻松造势

无论什么短视频，都需要借助热点来给自己增加人气。因为大多数人都是喜欢追赶潮流的，也爱关注热点，看看微博上各种热门话题就可以知道人们对热点的关注度之高，如图4-16所示。

图4-16　微博上的热门话题

从图中可以看出，热门话题的谈论量相当大，少则上百万，多则上亿，而且热点还会每十分钟更新一次，可见热点的作用之大。那么，短视频应该如何借助热点来变得更加火爆呢？笔者将技巧总结如图4-17所示。

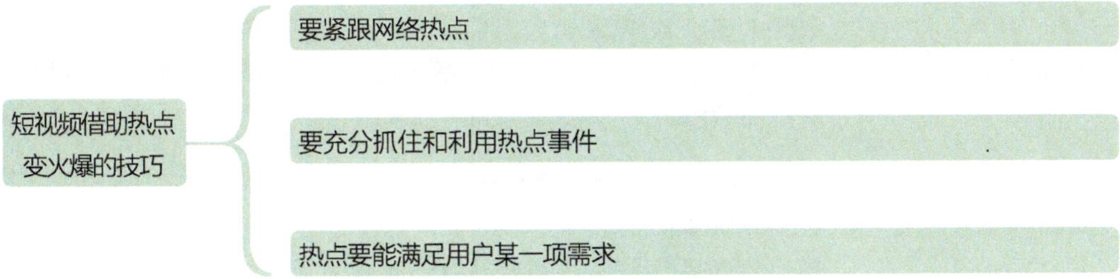

图4-17　短视频借助热点变得火爆的技巧

人都是充满好奇心的，对很多热点和隐秘事件都有一探究竟的想法，因此，借助热点来打造短视频自然能得到广大观众的追捧和喜爱。

比如，在今日头条平台上，一个名为"音乐哥哥Wu"的头条号，专门围绕抖音这一广泛流行的App上的视频内容打造短视频，不仅吸引了大量的用户浏览，而且还赢得了不少粉丝的支持和赞赏。图4-18所示为该头条号推出的与抖音相关的短视频，赢得了高达几十万的点击量。

图4-18 毒角SHOW的热点短视频

4.2.8 有趣味才能吸引人

除了利用话题、热点的方式来制作视频外，还可以在创作时添加一些趣味元素，以吸引用户的注意力。因为光保证视频的质量还不够，重要的是让客户在观看视频后主动分享给身边的人，这样才会达到更好的传播效果。

那么，在向视频中添加趣味元素的时候，具体应该怎么做呢？笔者将其技巧归纳为3点，即添加有趣味的情节、使用有趣的解说词和探索新颖的表现形式。而在这3个技巧中，添加具有趣味的情节是增加视频趣味性的主要方法，在此以它为例进行具体介绍。

视频想要变得有趣，吸引用户的注意力，就得抓住广大用户的心理需求。一般来说，也可以从3个方面来做，具体如图4-19所示。

让情节充满创意	变得有趣的诀窍之一就是给视频加入创意。很多视频相差无几，拥有类似的情节和内容，很难吸引观众，尤其是在各类视频层出不穷的情况下更是如此。因此，需要运营者花费一定心血，在保证内容质量的前提下加入创意
激发怀旧情感	长大成人后，人们承担着生活的压力和琐碎，自然会对过去的事情产生一种怀念之情。因此，在微电影中添加怀旧元素也是打造有趣故事情节的一种方法，值得尝试
添加搞笑元素	有趣的情节离不开幽默元素的点缀，人们在生活中为了放松身心、舒缓压力，往往会观看幽默搞笑的视频。因此，为了让视频更加吸引人、更加有趣，可以植入幽默搞笑的元素，让观众在观看影片的同时得到全身心的放松

图4-19 从视频情节方面增加趣味性的方法解读

总的来说，想要实现情节的有趣就主要从以上3个方面来努力，当然，还有一些技巧也可以使用。比较重要的就是把握观众的心理需求，时刻关注他们的情感取向，从而达到视频的营销效果。

4.3 "爆款"问答内容：6大要点，教你如何问答

在今日头条后台推送的内容中，有一个"悟空问答"选项，其前身为"头条问答"，作为一种全新的获取信息和激发讨论的内容形式，"悟空问答"给那些想要寻求答案和展示才华的用户提供了一个广阔的舞台。本节就介绍打造"爆款"问答内容的几个关键点，告诉大家如何更好地去"问"与"答"。

4.3.1 要点1：选择要回答的问题

在"悟空问答"页面，用户不仅可以提问，还可以回答其他人的提问。作为运营者，如果问题选择得好且回答的内容是优质的，那么极有可能打造成"爆款"。可见，打造"爆款"的前提是选择合适的问题，只有问题选择得好，才有可能成就"爆款"。那么，运营者应该怎样选择呢？

在笔者看来，运营者在选择要回答的问题时可从以下几个方面考虑，如图4-20所示。

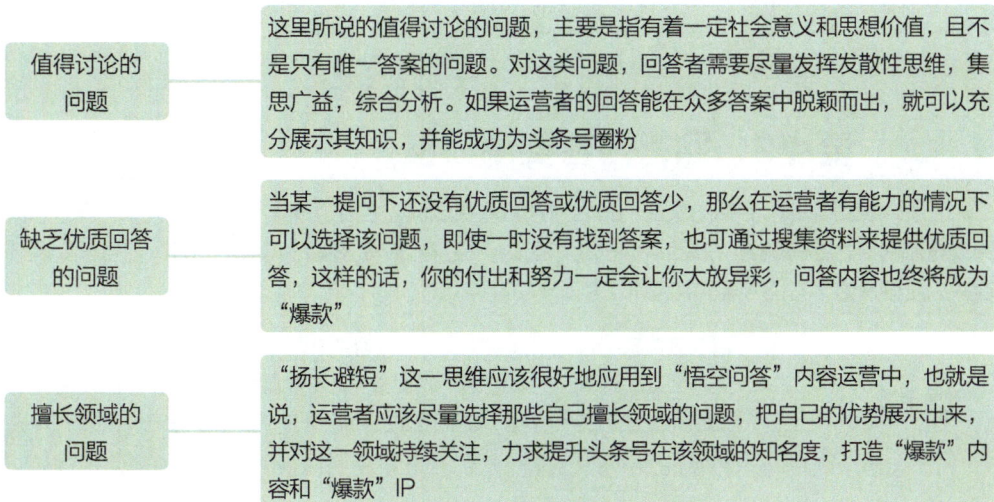

值得讨论的问题	这里所说的值得讨论的问题，主要是指有着一定社会意义和思想价值，且不是只有唯一答案的问题。对这类问题，回答者需要尽量发挥发散性思维，集思广益，综合分析。如果运营者的回答能在众多答案中脱颖而出，就可以充分展示其知识，并能成功为头条号圈粉
缺乏优质回答的问题	当某一提问下还没有优质回答或优质回答少，那么在运营者有能力的情况下可以选择该问题，即使一时没有找到答案，也可通过搜集资料来提供优质回答，这样的话，你的付出和努力一定会让你大放异彩，问答内容也终将成为"爆款"
擅长领域的问题	"扬长避短"这一思维应该很好地应用到"悟空问答"内容运营中，也就是说，运营者应该尽量选择那些自己擅长领域的问题，把自己的优势展示出来，并对这一领域持续关注，力求提升头条号在该领域的知名度，打造"爆款"内容和"爆款"IP

图4-20 如何选择要回答的问题

从上图可知，运营者在选择问题时主要应从两个角度出发，即该问题有可能打造成"爆款"和运营者有能力把该问题打造成"爆款"，运营者在进行"悟空问答"内容运营时，只要坚持这两点，打造"爆款"内容是有很大可能的。

当然，运营者在考虑有哪些问题可以选择的时候，还要考虑一下哪些问题是应该避开不选的，这样才能更好地节省时间和精力。图4-21所示为运营者不要选择的几类问题。

有唯一答案的问题	这类问题是有固定的、封闭性答案的，并不具备被机器推荐的可能

图4-21 运营者不要选择的几类问题

不擅长领域的问题	对那些头条号定位的不擅长的领域，运营者应该避开，而不是逞能去回答，俗话说"隔行如隔山"，如果回答不妥的话是会影响头条号形象的。
	当然，对自己不擅长、不会的问题，也没有必要画蛇添足，特意以"抱歉，我不会"这类否定性内容来回答。因为，在今日头条内容运营中，"讲礼貌"式的客套用语并不适用于所有场合
过时的热点问题	对那些过时的热点问题，运营者也不应该选择回答，因为它已经不合时宜了，即使回答得再好也是不会有太多的用户阅读的
有比较的恶意问题	对那些对人、事、物等进行恶意攻击的比较性问题，运营者也应该避开，因为这类问题容易引起平台骂战，有可能被举报，那么该问答内容将会是无效的，徒费工夫

图4-21 运营者不要选择的几类问题（续）

专家提醒

另外，在"悟空问答"内容运营中，还应该注意以下两个方面的问题。
（1）运营者应该集中在某一个领域选择问题并持续进行问答，那么引流"涨粉"速度将更快。
（2）运营者应该注意不要太专注于回答热点问题，因为这类问题往往推荐的时间比较短。

4.3.2　要点2：回答内容要高质量

之所以说回答的内容要高质量，是因为只有高质量的内容才能获得更高的阅读量，而只有高阅读量的内容，才有成为"爆款"的机会。那么，如何打造高质量的"悟空问答"内容呢？具体说来，应该从两个方面入手，如图4-22所示。

| 原创内容 | 在今日头条平台上，根据运营者自身经验和知识来回答问题的原创内容是受平台支持和欢迎的。切记，运营者千万不能因为要增加曝光机会或其他原因而抄袭或拼凑内容，这样是会受到惩罚的：轻则删除内容，重则封禁账号 |
| 特色内容 | 运营者回答的"悟空问答"内容，不能老生常谈，而是应该有自己的特色，如自身切实的经验就是一项值得分享的特色内容。且在回答时不能以普遍适用的"小编"来自称，而是要以真实人物的口吻 |

图4-22 打造高质量"悟空问答"内容分析

专家提醒

在"悟空问答"内容中，影响推荐的一般只是所回答的内容的含金量，与内容的多少、图片的有无没有关系。

4.3.3　要点3：重视粉丝的作用

要打造"爆款"问答内容，高阅读量是关键，而决定高阅读量的就是内容和用户，前面已经对如何打造高质量内容进行了介绍，在此将从头条号用户出发，介绍如何通过问答内容引导读者，充分发挥大流量平台粉丝的作用。

1. 加入自我介绍

如果想让更多人关注自己的头条号，首先就要让别人了解你，因此，应该在回答问题时加入自我介绍，或是展示爱好，或是说明擅长领域，抑或是表明所从事的职业，这些都是为自身吸引"粉丝"的方法。图4-23所示为在"悟空问答"内容中加入了自我介绍的案例展示。

图4-23 在"悟空问答"内容中加入自我介绍的案例展示

2. 加入引导语

在头条号运营过程中，让别人知道你还不够，要进一步引导用户关注你、评论你，这样才能增强头条号与用户之间的互动，提升"粉丝"的活跃度。一般来说，在"悟空问答"内容中，运营者一般选择在回答内容的末尾加入引导语，如图4-24所示。

图4-24 在"悟空问答"内容中加入引导语的案例展示

3. 巧妙回复评论

加入引导语这一举措，还只是头条号与用户互动的前期条件，要真正参与到互动中，就要积极地、巧妙地回复用户的评论，这也是让用户注意到你对他（她）重视的重要途径，是增加用户黏性的好方法。图4-25所示为"悟空问答"内容的评论回复展示。

图4-25 "悟空问答"内容的评论回复案例展示

运营者在回复用户评论时，要注意表达技巧和回复的内容是否妥当。一般来说，在回复时最好包含4个方面的内容，如图4-26所示。

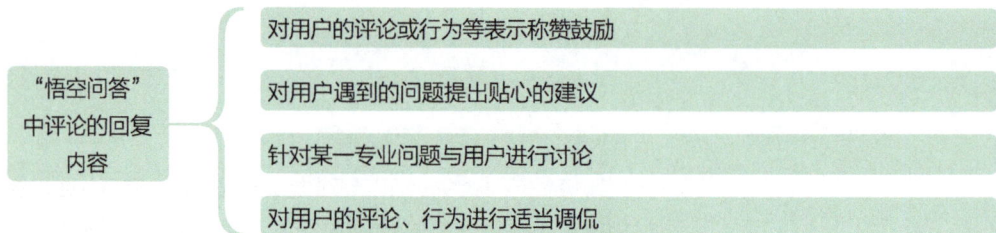

图4-26 "悟空问答"中评论的回复内容介绍

4.3.4 要点4：查看各领域达人攻略

运营者要想了解"悟空问答"平台上各达人的问答技巧，可进入"悟空问答·回答秘籍"网页，选择"成为达人"选项，进入相应页面，即可查看悟空问答平台上9大领域的达人攻略，如图4-27所示。

图4-27 "悟空问答"各领域达人攻略

　　该网页呈现了各领域的问答内容要点，并针对不同领域提供了不同的解决办法，如时尚达人攻略，除了有其他一些领域大多有的"选题必读"外，还对时尚领域中与产品、视觉紧密相关的两个方面进行了针对性讲述，让运营者很容易就明白时尚领域的"悟空问答"内容应该注意的重点版块，最后，还基于推荐量这一中心，对一些常见的影响推荐效果的问答类型进行了举例，以免运营者走弯路。

4.3.5　要点5：要注意排版布局

　　"悟空问答"内容，虽然是以一问多答的方式存在，但从实质上来说，它还是今日头条推送的一种内容形式，因此，也要注意其排版布局。当然，今日头条后台同样安排了相应的按钮供排版操作，如图4-28所示。

图4-28　"悟空问答"内容编辑页面

　　那么，在对问答内容进行排版布局时，运营者主要应该注意哪些问题呢？具体如图4-29所示。

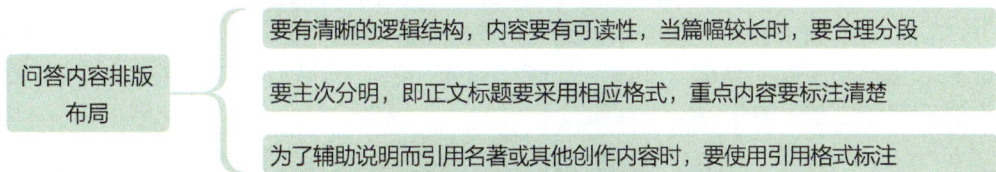

问答内容排版布局

- 要有清晰的逻辑结构，内容要有可读性，当篇幅较长时，要合理分段
- 要主次分明，即正文标题要采用相应格式，重点内容要标注清楚
- 为了辅助说明而引用名著或其他创作内容时，要使用引用格式标注

图4-29　"悟空问答"内容的排版布局要注意的问题

4.3.6　要点6：注意严禁出现的行为

　　在头条号运营中，有些行为是被严厉禁止的，问答内容作为其中的一种重要内容形式，同样要遵循这些规则。当然，根据违反规则的程度，所受到的处罚结果也是不同的，分别为无阅读量和被删除、封禁，具体如图4-30所示。

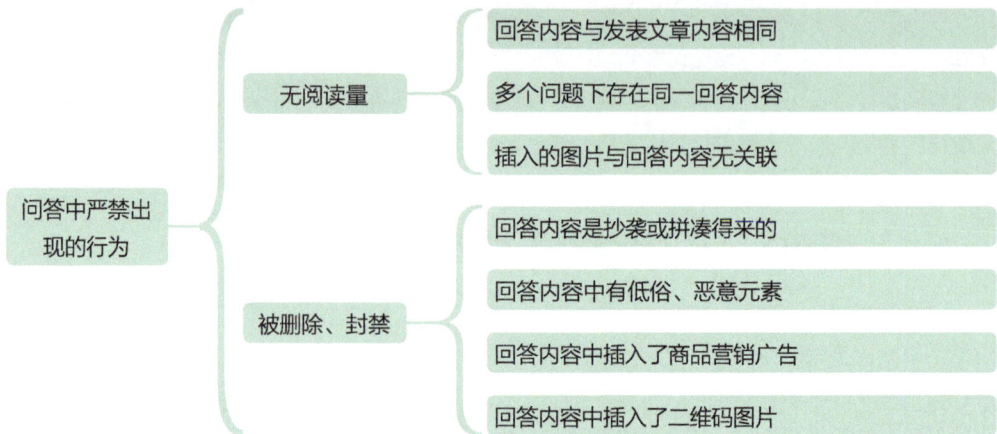

图4-30 "悟空问答"内容中严禁出现的行为

4.4 "爆款"微头条内容：4大内容，打造强影响力

大家可能遇到过这样的情况：一篇几百或上千字的文章，可能只有其中的几句话或部分图片能引起阅读兴趣，很多用户在今日头条上阅读文章也是如此。从这方面出发，今日头条在算法推荐之外建立了对短内容的关注的分发逻辑，于是微头条应运而生。

那么，什么是微头条呢？其实，微头条就是今日头条平台推出的一款UGC产品，通过微头条功能，用户可以发布短内容，与人进行互动，且它不再只是一个文章页的结合，而是可以通过微头条这一窗口与用户建立关系。

本节就针对微头条这一内容形式进行具体介绍，帮助运营者利用微头条实现"爆款"打造。

4.4.1 3大渠道分发内容

在今日头条平台上，通过微头条发布的内容有文字和图片，且篇幅限制在2000字以内，当然，微头条作为短内容的一种，笔者认为还是篇幅短一些为好，最好控制在300~500字之间。

其实，头条号用户不仅是内容创作者，同时还是内容消费者，而今日头条平台一般通过3种渠道将这些创作的短内容分发给用户，从而完成内容的创作、传播、分享和消费的全过程。图4-31所示为微头条内容的三大分发渠道。

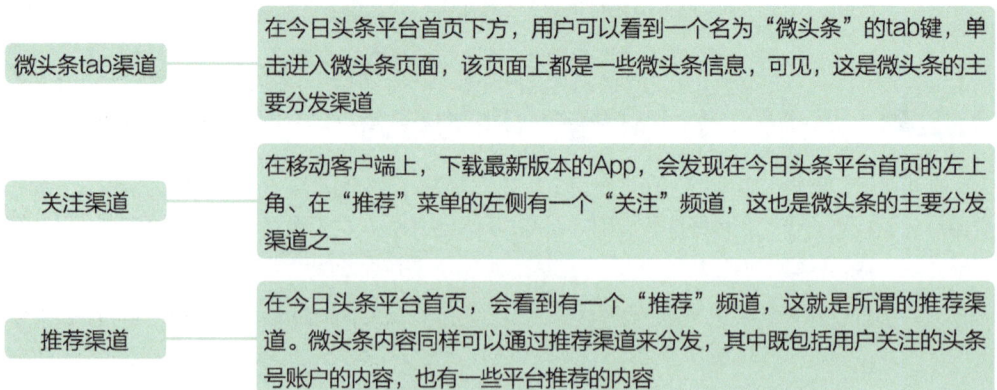

图4-31 微头条内容的3大分发渠道介绍

4.4.2　强品牌，才有关注

在微头条出现之前，头条号更多的是基于机器的推荐算法，呈现给用户的也是在这一算法下的各种内容。在这样的情况下，个人和品牌都是放置在不显眼的位置的，是以小号的字显示在标题下方，与阅读数、评论数和点赞数等并列，如图4-32所示。

而当微头条出现之后，在微头条账号与头条号打通的情况下，在微头条的3大分发渠道中，个人和品牌得到了明显的凸显——在微头条内容上方会明显标示微头条账号，还可以在这一位置直接关注账号，如图4-33所示。从此，品牌与用户之间建立了直接的关系——直接的关注和直接的互动。

这就加强了品牌形象的宣传力度，在这样的情况下，把头条号品牌做大并发展为强品牌也就不无可能了。同样，如果一些有着巨大影响力的品牌进驻微头条，那么用户在浏览微头条页面时就会注意到，还有可能进一步关注，因此，运营者如果想打造"爆款"微头条内容，那么首先应该提升用户对微头条品牌的认知，打造一个强品牌，这样用户的关注也就来了，只要内容质量有保证，那么"爆款"内容也就在眼前了。

图4-32　微头条出现之前的个人与品牌显示位置

图4-33　微头条出现之后的个人与品牌显示位置

4.4.3　内容为王的创作力优势

前面说到了强品牌对打造"爆款"微头条内容的作用，然而有人会问：自身不具备强品牌优势，难道就不能打造"爆款"微头条内容了吗？其实，方法是有的，毕竟相对于一般的头条号而言，强品牌所产生的作用是建立在长期发展和运营的基础上的，它是不能一蹴而就的。

而接下来要说的两种"爆款"内容打造方式——创作力优势和人格化却不受这种限制，它们能通过头条号的合理运营安排来快速实现目标。

在没有足够品牌优势的前提下，运营者可以借助对平台用户的了解和纯熟的"涨粉"技巧，再在创作力优势的支撑下来实现"爆款"目标。这里所说的创作力优势，除了头条号运营者在各种内容形式方面具有高超的水平外，还包括微头条账号本身在创作力方面表现的优势，具体内容如图4-34所示。

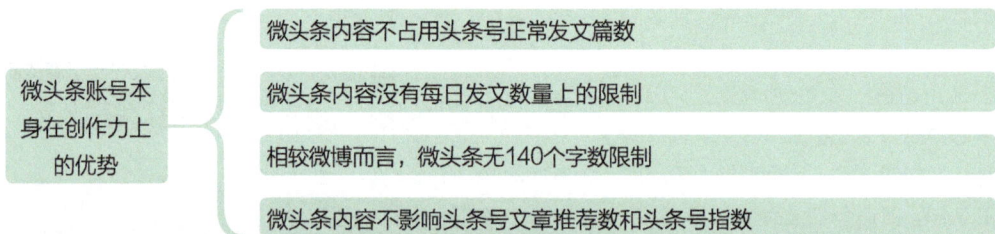

微头条账号本身在创作力上的优势
- 微头条内容不占用头条号正常发文篇数
- 微头条内容没有每日发文数量上的限制
- 相较微博而言，微头条无140个字数限制
- 微头条内容不影响头条号文章推荐数和头条号指数

图4-34 微头条账号本身在创作力上的优势

4.4.4　人格化，树立清晰形象

对个人头条号而言，品牌的作用固然重要，然而上一小节提及的创作力优势和本小节介绍的人格化特征更是不容小觑。特别是人格化特征，它能吸引用户关注，并让用户加深对个人微头条账号的认知。

例如，一个名为"手机摄影构图大全"的头条号，经常分享一些有关摄影方面的技巧和知识，特别是在手机摄影和构图细分方面，足可称得上大师级别了。因此，用户一看到该头条号，第一反应就是其极具人格化的标签——"手机摄影"和"构图细分"，而其内容也很好地印证了这一人格化特征。

假如该头条号的运营者把这一人格化标签发展到微头条平台上，如图4-35所示，那么就可以通过短内容及平时的互动内容，更好地推广微头条账号，树立品牌形象，提升整体的头条号价值，最终为打造"爆款"微头条内容奠定品牌基础。

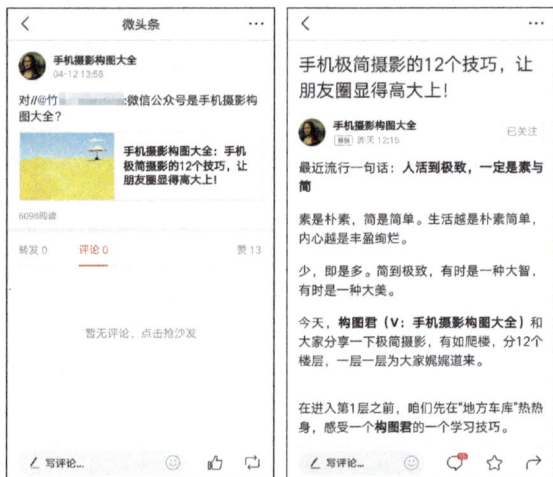

图4-35 "手机摄影构图大全"微头条内容

第 **5** 章

广告设计与投放：
步骤详解，技巧呈现

学习提示

在今日头条平台上，广告不仅是变现的主要形式，也是品牌宣传和推广的重要途径，而无论从哪一方面来说，都需要运营者彻底掌握相关技巧和知识。本章将针对广告的设计和投放进行介绍，从而帮助大家全方面掌握头条广告的相关内容。

本章重点导航

- 制作亮眼的横幅广告
- 制作图文推送广告封面
- 品牌方投放今日头条广告的原因
- 信息流广告投放的4大技巧

今日头条的特色在于它是直接通过系统来向用户推荐有价值的、个性化的信息，根据这一特点，即使没有粉丝，只要不断发表干货文章或视频，也可以快速积累粉丝并实现营销。本节以主页横幅广告为例，向读者介绍今日头条新媒体广告设计的方法。

5.1.1 制作横幅广告背景效果

在进行主页横幅广告设计时，应首先调整背景图像的颜色并适当模糊，这样才能奠定一个好的横幅广告基调，有利于后期广告效果的展示。下面，笔者将为大家介绍制作横幅广告背景效果的方法。

步骤 01 按【Ctrl＋N】组合键，❶弹出"新建"对话框；❷设置"名称"为"主页横幅广告设计"、"宽度"为"1080像素""高度"为"271像素""分辨率"为"300像素/英寸""颜色模式"为"RGB颜色"、"背景内容"为"白色"；❸单击"确定"按钮，如图5-1所示，新建一个空白图像。

步骤 02 按【Ctrl＋O】组合键，打开"横幅背景.jpg"素材图像。单击"窗口"|"调整"命令，展开"调整"面板，在其中单击"曲线"按钮，新建"曲线 1"调整图层，如图5-2所示。

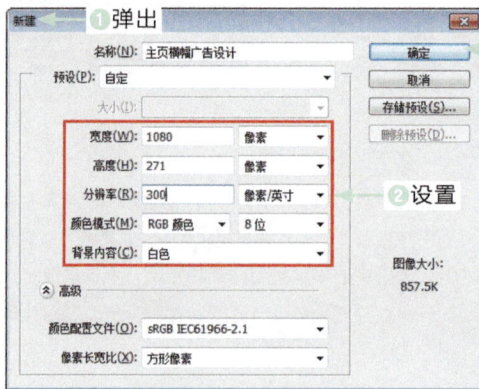

图5-1 设置各选项

图5-2 新建调整图层

步骤 03 在展开的"属性"面板中，在曲线上单击鼠标左键新建一个控制点，在下方设置"输入"为"129""输出"为"152"，此时图像的亮度随之提高，效果如图5-3所示。

步骤 04 在"调整"面板中单击"自然饱和度"按钮，新建"自然饱和度 1"调整图层，在"属性"面板中，设置"自然饱和度"为"55""饱和度"为"70"，效果如图5-4所示。

图5-3 图像效果（1）

图5-4 图像效果（2）

步骤 05 按【Shift＋Ctrl＋Alt＋E】组合键，盖印可见图层，得到"图层1"图层，如图5-5所示。

步骤 06 运用移动工具将素材图像拖曳至背景图像编辑窗口中，适当调整图像的位置，效果如图5-6所示。

图5-5 得到"图层1"图层　　　　　　　　　　　　　图5-6 拖曳图像

步骤 07 单击"滤镜"|"模糊"|"方框模糊"命令，❶弹出"方框模糊"对话框；❷设置"半径"为"6像素"，如图5-7所示。

步骤 08 单击"确定"按钮，即可应用"方框模糊"滤镜，效果如图5-8所示。

图5-7 设置"半径"参数　　　　　　　　　　　　　图5-8 图像效果

5.1.2 添加图案与文字效果

完成了背景效果的制作，接下来在背景上添加图案和文字效果，具体步骤如下。

步骤 01 选取工具箱中的横排文字工具，在"字符"面板中设置"字体系列"为"方正大黑简体"、"字体大小"为"17.5点""颜色"为"白色"（RGB参数值均为255），在图像编辑窗口中输入文字，如图5-9所示。

步骤 02 ❶单击"图层"面板底部的"添加图层样式"按钮；在弹出的快捷菜单中❷选择"渐变叠加"选项，如图5-10所示。

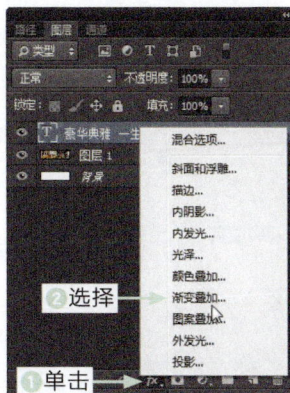

图5-9 输入文字　　　　　　　　　　　　　图5-10 选择"渐变叠加"选项

步骤03 打开"图层样式"对话框，单击"点按可编辑渐变"按钮，❶弹出"渐变编辑器"对话框；❷在"预设"区域选择"铬黄渐变"色块，如图5-11所示。

步骤04 单击"确定"按钮，返回"图层样式"对话框，设置"不透明度"为"100%""样式"为"线性""角度"为"-60度"，如图5-12所示。

图5-11 设置渐变样式

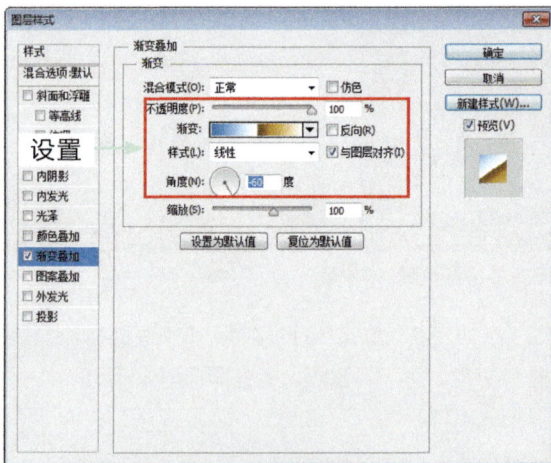

图5-12 设置各选项

专家提醒

"渐变编辑器"中的"位置"文本框中显示标记点在渐变效果预览条的位置，用户可以通过输入数字来改变颜色标记点的位置，也可以直接拖曳渐变颜色带下端的颜色标记点。单击【Delete】键可将此颜色标记点删除。

在"预设"选项区中，前两个渐变色块是系统根据前景色和背景色自动设置的，若用户对当前的渐变色不满意，也可在该对话框中通过渐变滑块对渐变色进行调整。

步骤05 ❶选中"投影"复选框；❷设置"不透明度"为"75%""角度"为"90""距离"为"7像素""扩展"为"0%""大小"为"4像素"，如图5-13所示。

步骤06 单击"确定"按钮，即可为文字图层添加相应的图层样式，效果如图5-14所示。

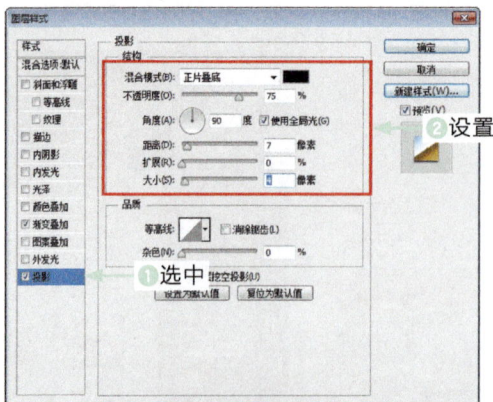

图5-13 设置各选项

添加样式

图5-14 应用图层样式

步骤07 选取工具箱中的横排文字工具，在"字符"面板中设置"字体系列"为"方正细黑一简体"、"字体大小"为"6点""行距"为"7点""设置所选字符的字距调整"为"-75""颜色"为"白色"（RGB参数值均为255），并激活"仿粗体"图标，在图像编辑窗口中输入文字，如图5-15所示。

步骤08 单击"图层"面板底部的"添加图层样式"按钮，在弹出的快捷菜单中选择"描边"选项，❶弹出"图层样式"对话框；❷设置"大小"为"3像素"，位置为"外部"，"不透明度"为"100%"，颜色为"蓝色"（RGB参数值为0、0、255），如图5-16所示。

输入

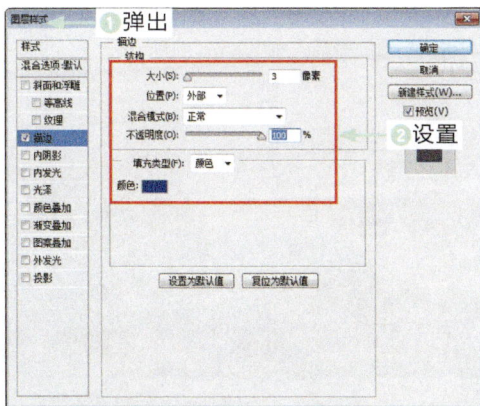

图5-15 输入文字　　　　　　　　图5-16 设置"描边"参数

步骤09 单击"确定"按钮，即可为文字图层添加相应的图层样式，效果如图5-17所示。

步骤10 选取工具箱中的横排文字工具，在"字符"面板中❶设置"字体系列"为"方正大标宋简体"、"字体大小"为"4.5点""颜色"为"白色"（RGB参数值均为255）；❷并激活"仿斜体"图标，如图5-18所示。

添加样式

图5-17 应用描边样式效果　　　　　　　图5-18 设置各选项

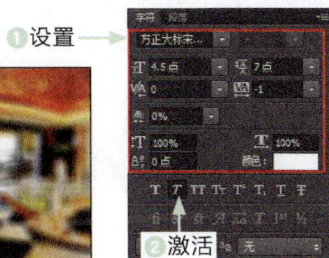

步骤11 在图像编辑窗口中输入文字，并移至合适位置，如图5-19所示。

步骤12 单击"文件"|"打开"命令，打开"房产标志.psd"素材图像并将图像拖曳至背景图像编辑窗口中，适当调整图像大小和位置，效果如图5-20所示。

图5-19 输入文字

图5-20 拖曳图像

步骤 13 在"图层"面板中选中"图层3"图层，双击鼠标左键，打开"图层样式"对话框，选中"颜色叠加"复选框，设置"叠加颜色"为"白色"（RGB参数值均为255），单击"确定"按钮，应用"颜色叠加"图层样式，效果如图5-21所示。

步骤 14 选中除"背景"图层外的所有图层，按【Ctrl＋G】组合键，为图层编组，得到"组1"图层组，如图5-22所示。

图5-21 应用图层样式

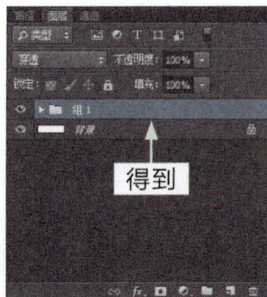

图5-22 得到"组1"图层组

5.1.3 制作横幅广告效果

现在，背景和文字、图案效果都有了，接下来就是呈现该广告的设计效果了，下面以"今日头条"为例来展现其广告效果，具体操作如下。

步骤 01 按【Ctrl＋O】组合键打开"今日头条界面.jpg"素材图像，如图5-23所示。

步骤 02 切换至背景图像编辑窗口，运用移动工具将图层组的图像拖曳至"今日头条界面"图像编辑窗口中，适当调整图像的位置，如图5-24所示。

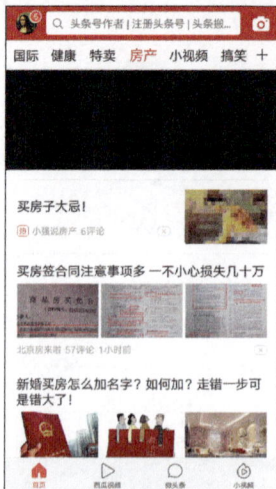

图5-23 素材图像

图5-24 横幅广告效果

5.2 制作图文推送广告封面

在今日头条平台上，图文推送的封面图片效果是影响打开率的重要因素。本节将针对如何制作图文推送广告封面进行介绍。

5.2.1 制作推送广告封面背景效果

在制作图文推送广告封面时，需要先调整背景图像的偏色现象，添加相应素材并模糊背景，其具体步骤如下。

步骤01 按【Ctrl+N】组合键，❶弹出"新建"对话框；❷设置"名称"为"图文推送广告封面设计""宽度"为"990像素""高度"为"556像素""分辨率"为"300像素/英寸""颜色模式"为"RGB颜色""背景内容"为"白色"；❸单击"确定"按钮，如图5-25所示，新建一个空白图像。

步骤02 按【Ctrl+O】组合键，打开"广告封面背景.jpg"素材图像，按【Ctrl+J】组合键，复制"背景"图层，得到"图层1"图层，如图5-26所示。

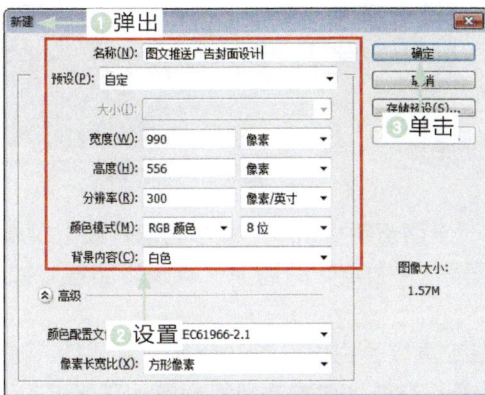

图5-25 设置各选项	图5-26 得到"图层1"图层

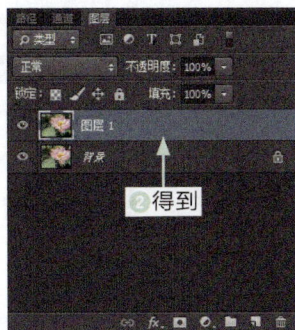

步骤03 按【Ctrl+M】组合键，打开"曲线"对话框；在曲线上单击鼠标左键新建一个控制点；在左下方数值框中设置"输入"为"114""输出"为"145"，单击"确定"按钮，即可应用"曲线"调整图像的亮度，效果如图5-27所示。

步骤04 按【Ctrl+B】组合键，打开"色彩平衡"对话框；设置"色阶"各参数值分别为"86""43""13"，单击"确定"按钮，即可应用"色彩平衡"调整图像偏色的现象，效果如图5-28所示。

步骤05 单击"图像"|"调整"|"自然饱和度"命令，打开"自然饱和度"对话框，设置"自然饱和度"为"77"，单击"确定"按钮，提高图像色彩的饱和度，效果如图5-29所示。

步骤06 运用移动工具将素材图像拖曳至背景图像编辑窗口中，适当调整图像的位置，效果如图5-30所示。

图5-27 调整图像亮度的效果

图5-28 调整图像偏色的效果

图5-29 调整自然饱和度的图像效果

图5-30 拖曳图像

步骤07 按【Ctrl+O】组合键，打开"全面屏手机.jpg"素材图像，按【Ctrl+J】组合键，复制"背景"图层，得到"图层1"图层，并隐藏"背景"图层，如图5-31所示。

步骤08 选取工具箱中的魔棒工具，在工具属性栏中设置"容差"为"1"，在图像编辑窗口中白色区域单击，选中背景图像，在选区内单击鼠标右键，在弹出的快捷菜单中选择"选取相似"选项，如图5-32所示。

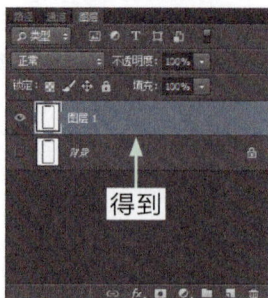

图5-31 拖曳图像

图5-32 选择"选取相似"选项

步骤 09 执行上述操作后，即可扩大选区，按【Delete】键，删除选区内的图像，如图5-33所示。

步骤 10 按【Ctrl+D】组合键，取消选区，运用移动工具将素材图像拖曳至背景图像编辑窗口中，适当调整图像的位置，效果如图5-34所示。

图5-33 删除图像

图5-34 拖曳图像

步骤 11 选取工具箱中的魔棒工具，选中部分图像，如图5-35所示。

步骤 12 在"图层"面板中选中"图层1"图层，在选区内单击鼠标右键，在弹出的快捷菜单中选择"通过拷贝的图层"选项，如图5-36所示。

图5-35 选中部分图像

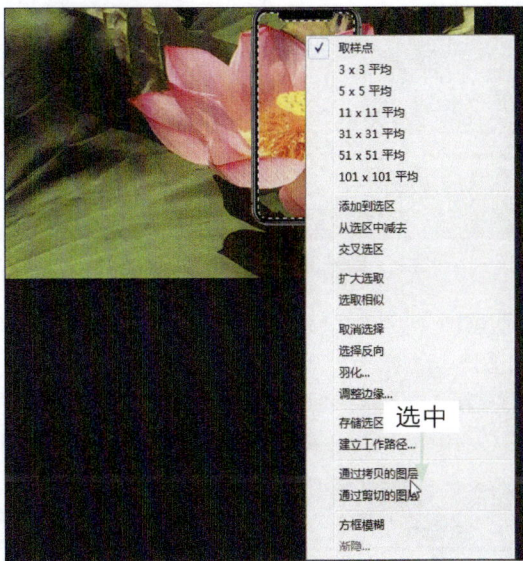

图5-36 选择"通过拷贝的图层"选项

步骤 13 执行上述操作，即可复制选区内的图像，得到"图层3"图层，如图5-37所示。

步骤 14 选中"图层1"图层，单击"滤镜"|"模糊"|"方框模糊"命令，弹出"方框模糊"对话框，设置"半径"为"10像素"，单击"确定"按钮，效果如图5-38所示。

图5-37 得到"图层3"图层

图5-38 图像"方框模糊"滤镜效果

5.2.2　添加图片与文字效果

有了理想的背景，接下来就是利用这一封面背景对广告主旨进行说明和亮点展示，也就是通过添加图文的方法来加强广告效果，其具体操作如下。

步骤 01 选取工具箱中的横排文字工具，在"字符"面板中设置"字体系列"为"方正细圆简体""字体大小"为"9点""颜色"为"白色"（RGB参数值均为255），并激活"仿粗体"图标，在图像编辑窗口中输入文字，如图5-39所示。

步骤 02 复制刚刚输入的文字，并移至合适位置，在"字符"面板中设置"字体大小"为"8点"，运用横排文字工具修改文本内容，如图5-40所示。

图5-39 输入文字

图5-40 修改文本内容

步骤 03 ❶选中"系列"文字；在"字符"面板中❷设置"字体大小"为"6.5点"，如图5-41所示。

步骤 04 ❶选中"ORANGE"文字；在"字符"面板中❷设置"字体系列"为"Century Gothic"，如图5-42所示，按【Ctrl＋Enter】组合键确认输入。

图5-41 设置"字体大小"

图5-42 设置"字体系列"

步骤 05 选取工具箱中的圆角矩形工具，在工具属性栏中设置"填充"为"无""描边"为"白色"（RGB参数值均为255）、"描边宽度"为"3像素""半径"为"10像素"，在图像编辑窗口中绘制一个圆角矩形，如图5-43所示。

步骤 06 选中"圆角矩形1"形状图层，单击鼠标右键，在弹出的快捷菜单中选择"混合选项"选项，打开"图层样式"对话框，❶选中"外发光"复选框；❷设置"不透明度"为"32%""扩展"为"6%""大小"为"10像素"，如图5-44所示。

图5-43 绘制圆角矩形

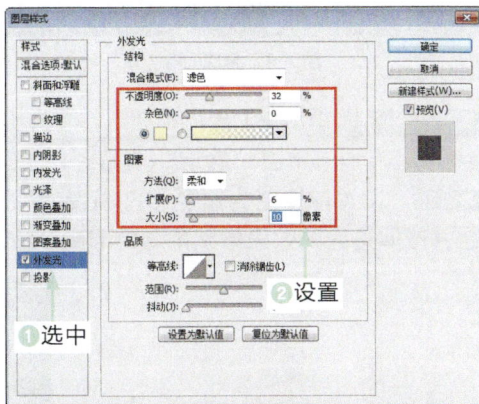

图5-44 设置各选项

步骤 07 单击"确定"按钮，即可应用"外发光"图层样式，效果如图5-45所示。

步骤 08 选取工具箱中的横排文字工具，在"字符"面板中设置"字体系列"为"方正中倩简体"、"字体大小"为"6.5点""颜色"为"白色"（RGB参数值均为255），并激活"仿粗体"图标，在图像编辑窗口中输入文字，如图5-46所示。

图5-45 应用图层样式

图5-46 输入文字

步骤 09 按【Ctrl+O】组合键，打开"标志3.png"素材图像，运用移动工具将素材图像拖曳至背景图像编辑窗口中，如图5-47所示。

步骤 10 选取工具箱中的魔棒工具，在工具属性栏中设置"容差"为"10"，选中部分图像，如图5-48所示。

图5-47 拖曳图像

图5-48 选中部分图像

步骤 11 按【Shift＋F6】组合键，❶弹出"羽化选区"对话框；❷设置"羽化半径"为"0.5"；❸单击"确定"按钮，如图5-49所示，即可羽化选区。

步骤 12 设置前景色为紫色（RGB参数值分别为242、145、73），为选区填充前景色并取消选区，效果如图5-50所示。

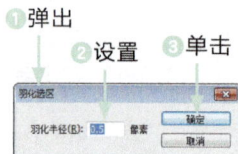

图5-49 设置"羽化半径"参数

图5-50 取消选区

步骤 13 按【Ctrl＋T】组合键，调出变换控制框，适当调整图像的大小，按【Enter】键确认变换，适当调整图像的位置，效果如图5-51所示。

步骤 14 选取工具箱中的横排文字工具，在"字符"面板中，❶设置"字体系列"为"Century Gothic"、"字体大小"为"3点""设置所选字符的字距调整"为"75""颜色"为"白色"（RGB参数值均为255）；❷并激活"仿粗体"图标，如图5-52所示。

图5-51 调整图像位置

图5-52 设置各选项

步骤15 在图像编辑窗口中输入文字，如图5-53所示。

步骤16 选中除"背景"图层外的所有图层，按【Ctrl + G】组合键，即可为图层编组，得到"组1"图层组，如图5-54所示。

图5-53 输入文字

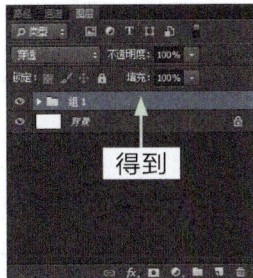

图5-54 得到"组1"图层组

专家提醒

如果用户在编辑图像时，图层越来越多，要很费劲才能找到需要的图层时，可以建立图层组来将图层分类。

图层组就类似于文件夹，可以将图层按照类别放在不同的组内，当关闭图层组后，在"图层"面板中就只显示图层组的名称。

图层组可以像普通图层一样移动、复制、链接、对齐和分布，也可以进行合并。

新建图层组时，图层组默认的图层样式为"穿透"，它表示图层组不产生混合效果。如果选择其他模式，则组中的图层将以该组的混合模式与组内的图层混合。

5.2.3 制作图文推送广告封面效果

封面内容制作完成之后，要看一下它在手机终端中的具体显示效果，接下来介绍把图文推送广告封面拖曳到今日头条界面中的方法。

步骤01 按【Ctrl + O】组合键，打开"今日头条界面2.jpg"素材图像，如图5-55所示。

步骤02 切换至背景图像编辑窗口，运用移动工具将图层组的图像拖曳至"今日头条界面2"图像编辑窗口中，适当调整图像的位置，如图 5-56所示。

图5-55 素材图像

图5-56 广告封面效果

5.3 品牌方投放今日头条广告的原因

在今日头条平台上，运营者会发现，其阅读量相对于其他平台来说有时还是比较多的，这就为商家和品牌选择在该平台上投放广告奠定了基础。另外，今日头条平台上的广告投放方式也是多种多样的，这就进一步让今日头条成为了品牌在新媒体平台投放广告的首选平台之一。

而就今日头条广告的性质来说，它更多地体现为信息流广告的特征，也就是说，它虽然不是实实在在的社交媒体用户好友动态中的广告，但是它在投放过程和广告效果方面，却是与信息流广告有着异曲同工之妙，具体说来，主要表现在3个方面，如图5-57所示。

今日头条广告类似信息流广告的优势

范围性：建立在海量的用户数据基础之上

精准性：精准捕捉用户意图，个性化投放

传播性：优质内容容易让用户主动去分享

图5-57 今日头条广告类似信息流广告的优势

本节就从信息流广告的优势出发，详细解读其与品牌方选择投放今日头条广告的奥秘所在。

5.3.1 争抢消费者关注的必选题

品牌方之所以选择今日头条广告来争抢用户关注，主要可从3个方面来进行分析，具体如下。

1. 平台流量优势

今日头条作为一个发展迅速的大流量平台，无论是在用户数量方面还是在用户使用率方面都是颇具优势的。截至2016年10月，从用户数量来说，该平台共有1.2亿用户活跃在平台上，且这一数量还在快速增长；从用户使用率方面来说，它不仅创造了人均每天使用时长超过76分钟的好成绩，而且在今日头条应用的打开次数方面也让人惊叹——人均每天启动9次。

基于此，今日头条平台打造了一个具有大流量、超级黏性用户的新媒体运营氛围，为争抢到更多的用户关注提供了有利条件。更何况，随着今日头条平台上短视频内容产品的发展壮大，其流量更上了一个台阶——在更大范围内、更广泛的覆盖区域上，从一二线城市到三四五线城市，都有着今日头条短视频播放的记录存在。

2. 目标人群优势

上面已经提到，今日头条用户已经拓展到三四五线城市，可见其用户分布之广。在这样的情况下，对于各大行业的品牌方来说，它们的目标用户或多或少会是今日头条的关注者。因此，选择在该平台上投放广告，是有利于找到目标用户群体的，这对品牌的发展不失为一个好的宣传和营销选择。

3. 广告呈现形式

图5-58所示为品牌方投放的今日头条广告。

图5-58 今日头条广告在客户端的呈现

从图上可以看出，今日头条广告的呈现与一般的图文、问答、视频等内容相比，基本无差别，都是"标题+封面"的呈现形式，唯一不同的是，属于广告的内容加上了"广告"标签。

今日头条平台把广告当成内容推送给用户，使得无论是在内容还是形式上都与原生内容相似的广告，对用户在浏览过程中所造成的干扰明显比其他平台、其他形式的广告要小得多，在很大程度上提升了平台用户的阅读体验，也更容易被用户所接受。从这一方面来考虑，品牌方也更乐于选择今日头条广告作为其品牌广告投放的渠道之一。

5.3.2　第三方监测，给出结果导向

对投放的广告效果有一个很好的结果导向，这是一个广告主更愿意看到的。否则，只是盲目加大广告投放力度，而不知这些广告究竟实现了怎样的宣传效果，那么其结果往往是事倍功半的。

而广告的结果导向，是可以通过第三方监测来实现的。大家熟知的Facebook就是国外发展成熟的品牌广告投放评估平台。它主要是从3个方面来进行品牌广告的投放价值评估的，如图5-59所示。

而在我国，今日头条平台同样能提供这一服务。其中，与平台合作的第三方数据服务商AdMaster、尼尔森等，能根据平台的实时数据，对品牌投放的广告进行效果评估，从而让大家对投放效果进行科学的了解，最终指导后续的品牌广告投放——优化和完善广告投放。

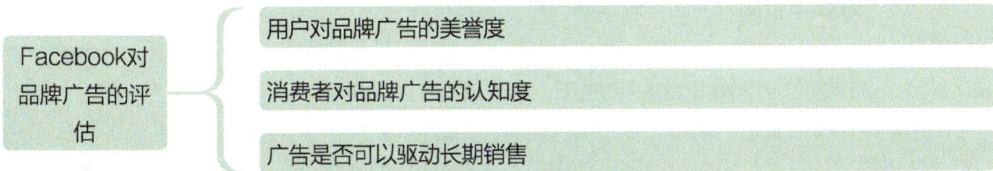

Facebook对品牌广告的评估	用户对品牌广告的美誉度
	消费者对品牌广告的认知度
	广告是否可以驱动长期销售

图5-59 Facebook对品牌广告的评估

5.3.3　结合效果，显著提升品牌指标

在广告领域，广告的有效性往往比其覆盖率更加重要，因为有效性是影响品牌的价值和市场份额的重要因素。而在移动互联网时代，信息的碎片化趋势显著，在这一时代背景下，关于广告的有效性是令广告工作者比较头疼的问题。抛开其判断的复杂性不谈，单从广告评估效果如何指导后续的广告投放和品牌价值的提升方面而言，也是需要大家仔细斟酌的。

就今日头条联合尼尔森做出的对大促阶段的长安汽车的广告投放效果的问答调查结果来说，其品牌提升主要表现在5个方面，如图5-60所示。

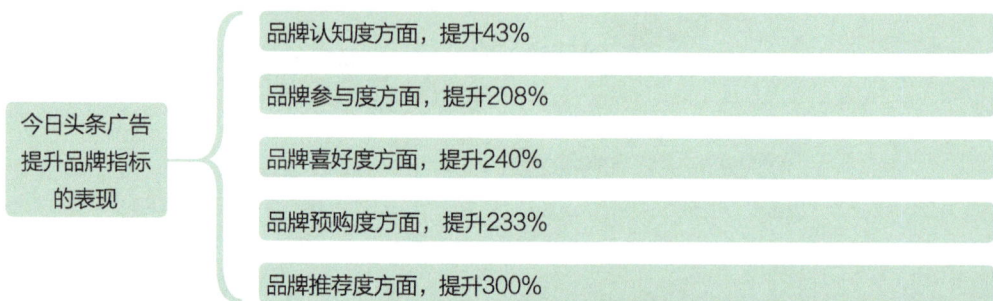

今日头条广告
提升品牌指标
的表现

品牌认知度方面，提升43%

品牌参与度方面，提升208%

品牌喜好度方面，提升240%

品牌预购度方面，提升233%

品牌推荐度方面，提升300%

图5-60 今日头条广告提升品牌指标的表现介绍

可见，看过今日头条平台上的长安汽车广告的用户与没看过的用户，其在品牌方面还是有着巨大差距的，由此可知，今日头条广告在提升品牌指标方面是有显著成效的。与此同时，今日头条广告也实现了品牌广告与效果广告之间的结合，从上图所示的5个方面对用户产生了极为积极的影响。

5.4　信息流广告投放的4大技巧

前面介绍了投放今日头条广告的优势和原因，让大家充分认识到了其在品牌方面的积极作用。然而，运营者也要认识到，仅仅依靠平台及其广告投放的优势还是不够的，在具体的操作中还需要掌握一定的技巧才能让广告投放效果更进一步。

5.4.1　切入场景：要自然，才有沉浸感

在今日头条的信息流广告中，往往需要营造一个好的场景，这样才能让用户产生沉浸感，也才能让用户更好、更流畅地接收广告信息。今日头条广告的投放场景设置，可以从两个层面来进行了解。

一是今日头条平台固有的易接收场景。今日头条在作为一个广告投放平台之前，是一个个性化的资讯分发平台，这样的场景给用户提供了一个主动点击阅读的机会，更易于广告信息的接收。并且，这样的广告投放往往比被动性的广告投放接收效果更佳。

二是广告本身所营造的场景。今日头条广告利用其标题设置和广告文案，来营造一种吸引用户点击的场景，这样的广告投放设置，让用户点击阅读了也不会反感，有时还会被深深地吸引。图5-61所示为伊利在今日头条平台上的一则广告——"论成长，其实孩子比你懂"，就是利用一

个富有生活哲理意味的标题和短视频内容，广
告营造了一个场景，让用户沉浸在其中：究竟
为什么说"论成长，其实孩子比你懂"？

图5-61 今日头条广告在客户端的呈现

这一则广告就是透过生活哲理背后的深厚意蕴和短视频中的运动场景，让用户沉浸在其中，并自然而然地完成了内容到广告的牵引与过渡。

5.4.2 推广人群：要精准，才有高效率

今日头条平台利用大数据对平台用户进行用户画像构建，可以细分为220万个兴趣标签，这些兴趣标签主要是基于5个方面来进行划分的，如图5-62所示。

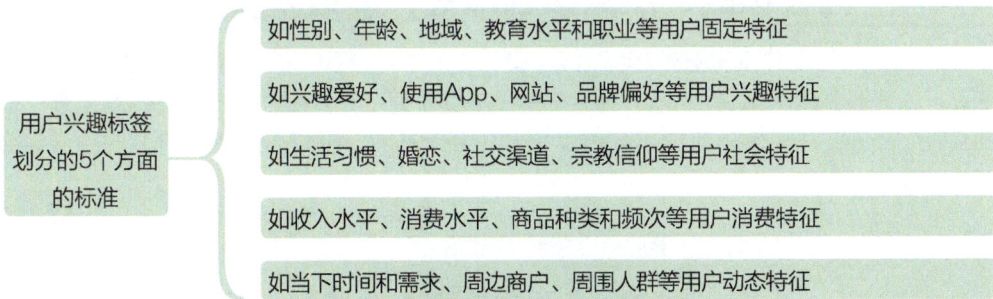

图5-62 用户兴趣标签划分的5个方面的标准

在根据上图中的5个方面进行细分的用户兴趣标签下，每一个用户都关联着众多用户标签，而一个品牌及其产品，也是有着众多的与之相对应的用户标签的，再把这些标签与用户结合起来，就形成了该品牌和产品的目标消费群体。这样关联起来的品牌和用户，往往是非常精准的。

今日头条平台通过广告把用户与品牌之间的关系打通，而想要在这一过程中获得更高效的广告运营效果，就可以对与品牌关联的目标用户群体进行优选，并设置广告内容的用户兴趣关键词包，这样就能把广告信息精准地分发到各个今日头条频道下，从而精准地触达该品牌的优选用户。

5.4.3 强强联合：明星效应+个性化资源

对于今日头条平台而言，个性化资源是其固有的特质，在这一优势条件下，其广告投放如果再加入受大众欢迎的明星效应，就明显是强强联合的广告投放设置了。当然，这也是实现广告多

维覆盖的有效手段。

那么，实现了"明星效应+个性化资源"强强联合的广告投放，主要是从哪些方面来促进其广告效果的提升呢？具体内容如图5-63所示。

由图可知，在"明星效应+个性化资源"强强联合下的广告投放，基本上实现了4个维度的投放覆盖，可以在很宽广的范围内实现广告的宣传和推广。除此之外，其品牌和产品总是还与其他频道有着一定的关联的，这样的话，实现更多维度的组合覆盖也就顺理成章了。

"明星效应+个性化资源"强强联合广告投放

- 明星效应：借助用户对代言人的青睐来提升品牌好感度，形成广告带给人的第一波视觉冲击，吸引用户点击

- 个性化推荐：利用头条平台上流量最大的推荐频道，来实现广告投放的广泛覆盖，扩大传播度

- 借助娱乐和社会频道投放：娱乐频道是很多用户喜欢的频道，而明星作为娱乐频道的主体对象，把他们植入到广告中，可以借助其触及更多的人群

- 通过广告品牌对应频道：与品牌对应的频道，往往有着更精准的目标用户，能吸引感兴趣的用户点击阅读

图5-63 "明星效应+个性化资源"强强联合的广告投放分析

5.4.4 内容策略：从文案到素材，紧跟热点

宣传时，不谈及热点就好像缺少了什么，效果似乎也不太理想。广告宣传与投放也是如此。因此，对于今日头条平台的信息流广告，在有可能的情况下，最好在内容方面，从文案到素材都抓住时代的热点，把它融入到广告宣传中。图5-64所示就是一则融入了热点"520"的今日头条广告文案。

图5-64 今日头条广告的热点植入

第 **6** 章

获利形式：让值钱的头条号直接变现

学习提示

很多创作者进驻今日头条平台的初衷是利用自身的创作能力来获得收益，而平台也积极配合创作者的这一要求，提供了多种变现方式，力求在发展平台的同时让创作者的头条号更值钱，进而实现获利的目标。

本章重点导航

- 4种方式，广告高效变现
- 7大途径，原创内容变现
- 4大政策扶持，多元化变现
- 其他变现：更多方式巧获利

6.1 4种方式，广告高效变现

发布广告是头条号的主要获利途径，且这种途径又分为多种形式，如自营广告、平台广告、品牌广告和广告植入等，本节就为大家介绍头条号的4种高效的广告变现方式。

6.1.1 自营广告

运营者要想通过自营广告变现，首先就要了解什么是自营广告。

不知大家有没有注意到，在头条号已推送的内容上，在正文内容和评论之间的区域，会出现一些头条号展示的图片、文字和视频等信息，这些信息内容就是该头条号的广告信息，它可以是自营广告，也可以是头条广告，如图6-1所示。

图6-1 头条号广告展示

从图上可以看出，这些广告不仅表现形式多样（如图片、文字、视频等），而且广告类型也是多样化的，从这两方面来说，上图中左侧的为视频式的App下载广告，中间的为文字链接式的头条号文章广告，右侧的为图片式的商品广告。

说了这么多，还没有具体阐述什么是自营广告，其实，在笔者看来，自营广告就是自主运营的广告，与平台方没有直接关联，这一广告具有很强的自由开放性，具体表现在4个方面，如图6-2所示。

对头条号而言，通过自营广告获得收益的条件有两个：作者找到了愿意支付广告费用的广告源；作者把广告投放到了头条号内容页面。然而在具体的工作中，通过这种形式获得收益还需要运营者进行3个方面的设置，具体内容如下。

自营广告的自由开放性的4个表现	广告源是头条号作者自行寻找的
	可自主选择广告素材形式和内容
	广告的推广素材是作者自主上传的
	广告获得的收益是双方自主协商的

图6-2 头条号自营广告的自由开放性的表现介绍

1. 申请并开通自营广告

在第2章中已经提及了自营广告这一功能权限，运营者只要在"功能权限"页面下单击"申请"按钮即可申请开通自营广告。当然，并不是头条号申请了就可开通的，它还需要具备一定的条件，如图6-3所示。

申请开通自营广告需要满足的条件	该头条号已经完成了实名认证
	该头条号的粉丝数累计达2000
	该头条号在近1个月内已发文10篇
	该头条号没有违禁处罚记录

图6-3 申请开通自营广告需要满足的条件

2. 设置好新增自营广告

申请并开通自营广告后，需要寻找广告源并设置好要推广的素材，才能在推送内容页面插入该广告信息。那么，具体是怎么设置的呢？

进入头条号后台主页，❶单击"我的收益"按钮，进入相应页面；❷选择"自营广告"选项，进入"自营广告"页面；在该页面下方的"设置"区域即可进行设置，如图6-4所示。

图6-4 "自营广告"页面

由图可知，新增自营广告的类型有3种，即头条号、图片和图文，运营者可以根据需要选择不同的类型，然后按照提示和说明输入资料，再单击“提交”按钮即可完成设置。图6-5、图6-6和图6-7所示分别为头条号类型的自营广告、图片类型的自营广告和图文类型的自营广告设置页面。

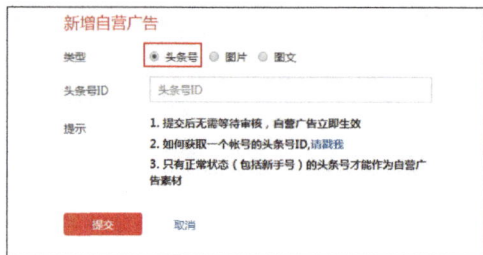

图6-5 头条号类型的自营广告设置页面

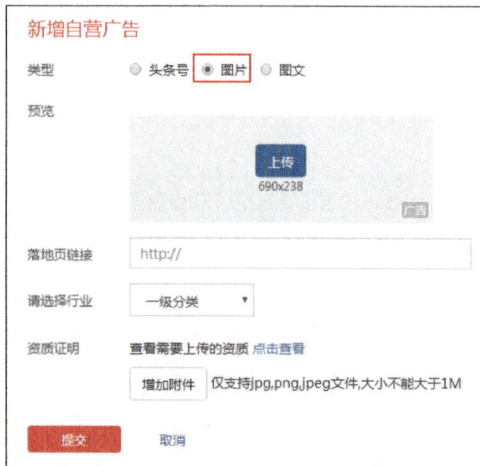

图6-6 图片类型的自营广告设置页面

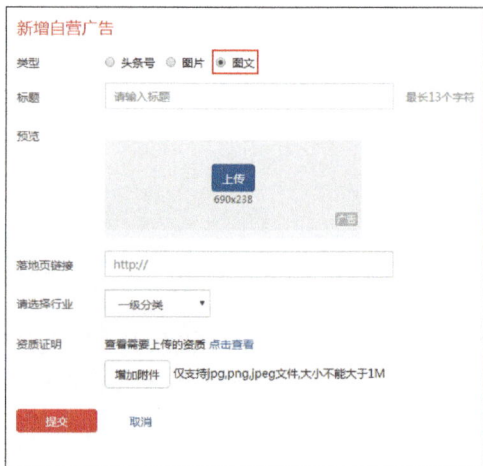

图6-7 图文类型的自营广告设置页面

3. 选择投放自营广告

在第3章中已经介绍了在“发表文章”页面投放自营广告的方法，在此就不再赘述。

其实，运营者除了要了解上面介绍的自营广告3个方面的设置方法外，还应该清楚自营广告的投放规范，这样才能获得更高收益，实现变现，否则，会因为违反投放规范而受到处罚。那么，自营广告投放具体应遵守哪些规范呢？这在头条号后台有着详细说明，如图6-8所示。

1行业限制

1.1禁止投放以下分类广告：健康，医疗，保健，彩票，财经，金融，法律，两性，教育，广告招商，微商，二类电商。

2素材要求

2.1落地页：

2.1.1必须在移动端适配，大小不超过1M；

2.1.2不能进行二次跳转；

2.1.3不能含有自动播放的音频/视频；

2.1.4不能为第三方媒体平台页面；

2.1.5应用下载广告：IOS系统必须使用iTunes原始链接。

2.2文案/图片：

2.2.1不得出现违法、虚假欺诈、低俗、敏感色情类信息；

2.2.2不得涉及第三方的负面信息；

2.2.3不得出现无授权名人形象；

2.2.4不能有吸烟、饮酒形象；

2.2.5社交软件/内衣类广告图片不能使用真人形象；

2.2.6不能出现“日赚XXX元”兼职招聘类信息；

2.2.7广告中出现微信账号或微信公众账号的，不能出现明显售卖倾向的描述。

附：二类电商说明

我们对不符合要求的电商广告特点做了如下总结，凡符合以下特点的电商广告将归入“二类电商”类别，将在**6月15日**后全面禁止投放。

1、ICP备案不可查或ICP备案不一致（如ICP备案为个人，而广告主本身是某商贸公司）；

2、页面无版权归属（如页面内没有“关于我们”，或“关于我们”中没有完整的公司介绍）；

3、产品售卖方式单一（如仅支持货到付款或电话订购）；

4、用户无法查询自身的购买记录；

5、售后电话打不通；

6、网站页面为统一模板制作（非知名电商）；

7、商品产地、质量与实际不相符；

8、仿冒知名品牌；

9、页面中伪造各类认证标志；

10、谎称有专利技术或夸大厂家自身技术实力。

最终解释权归今日头条所有。

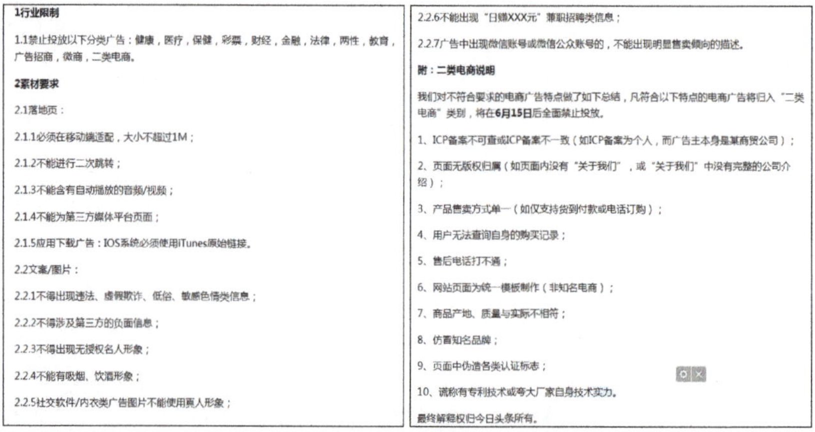

图6-8 投放自营广告的各种规范展示

6.1.2 平台广告

这里的"平台广告"也就是大家常说的头条号"头条广告"，它是指由头条系推广的广告，与自营广告的自主运营完全不同，头条广告是头条号创作者把广告推广的选择权委托给今日头条平台的广告形式。

而今日头条平台基于其机器推荐算法，可以把与广告相关的内容进行智能推荐，这样的话，会使得头条广告大多是传播给有需要的用户。虽然这一过程中有头条号平台方参与，但是其广告收益却是属于头条号内容创作者的。

可见，只要创作者的内容吸引了更多的用户阅读，那么，头条广告被点击的可能性就会更大，从这一方面来说，建立在优质内容上的头条广告是获利的重要途径。

那么，头条广告的投放又与自营广告有着怎样的相同点和不同点呢？具体说来，头条广告与自营广告一样，都可在"发表文章"页面进行广告投放的设置，这是手动发表文章投放头条广告的方法。不同的是，除了这一方法外，头条广告还可在自动同步的文章中投放，具体做法如下。

进入头条号后台主页，❶单击"我的收益"按钮，进入相应页面；❷选择"收益设置"选项，进入"受益设置"页面；在该页面有"受益推送"和"广告投放"两个栏目，在"广告投放"栏目中默认勾选了"投放头条广告"单选按钮，保持默认设置即可，如图6-9所示。

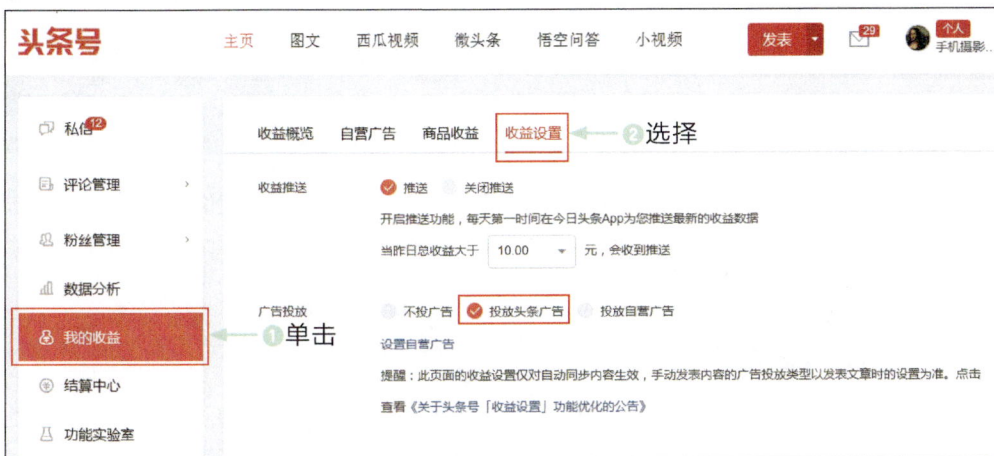

图6-9 投放头条广告的设置

而在设置了头条广告后，并不是一定会有广告显示的，因为只有平台选择的合适的头条号才能显示，另外，为了不影响用户体验，有时刷新文章不一定会显示头条广告。且对不同的终端和内容形式而言，头条广告的显示并不是完全相同的，这主要表现在4个方面，如图6-10所示。

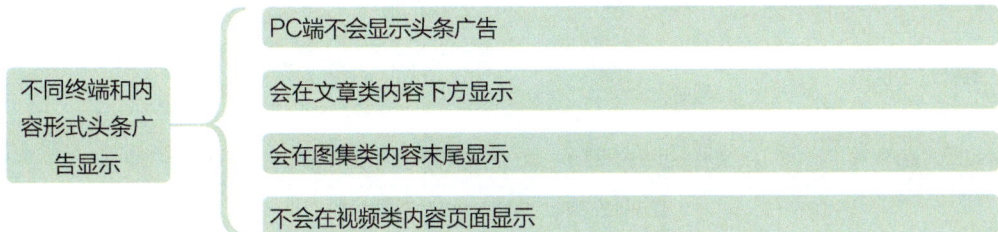

不同终端和内容形式头条广告显示

- PC端不会显示头条广告
- 会在文章类内容下方显示
- 会在图集类内容末尾显示
- 不会在视频类内容页面显示

图6-10 不同终端和内容形式的头条广告显示

关于头条广告收益,运营者应该意识到,不良的运营行为引发的扣分是可能影响收益的,因此,要时刻注意运营的规范性。

6.1.3　品牌广告

品牌广告的意思就是以品牌为中心,为品牌和企业量身定做的专属广告。这种广告形式从品牌自身出发,完全是为了表达企业的品牌文化、理念而服务,致力于打造更为自然、生动的广告内容。这样的广告变现更为高效,因此其制作费用相对而言也比较昂贵。

以今日头条App上推送的围绕凯迪拉克品牌的抖音短视频上的一则广告,这一则广告的目的是介绍凯迪拉克的XTS车型的后备箱容量,视频中展示了其能容纳6人的大容量,如图6-11所示。

图6-11 围绕凯迪拉克打造的品牌广告

这条短小而富有创意的品牌广告获得了几十万的点击量,这样的点击量说明有很多人进一步了解了该汽车品牌的这个优势,有助于品牌的变现。而与其他形式的广告相比,针对性更强,受众的指向性也更加明确。

6.1.4　广告植入

广告植入就是把内容与广告结合起来,一般有两种形式:一种是硬性植入,不加任何修饰地硬生生地植入内容之中;另一种是创意植入,即将内容、情节很好地与广告的理念融合在一起,达到潜移默化的效果。

相比较而言,很多人认为创意植入的方式效果更好,而且接受程度更好,但也有人认为只要有想法、产品质量好,不需要那么多创意。不管是哪一种植入方式,目的都只有一个——变现。因此,只要能达到营销的理想效果,不管什么植入方式,都是一样的。从制作上来看,硬性植入和创意植入也有很多的不同,具体体现在图6-12所示的方面。

| 硬性广告植入 | 直接简单,容易制作,不用花费那么多的心血,而且若是有创意的话,效果也很好 |
| 创意广告植入 | 需要经过深思熟虑,比如构思情节、确定在哪个时间段植入广告比较自然等 |

图6-12 不同广告植入方式的制作要求

　　而基于今日头条App中的众多视频频道，运营者可以考虑从视频的角度更好地进行广告植入，如台词植入、剧情植入、场景植入、道具植入、奖品植入及音效植入等，如图6-13所示。

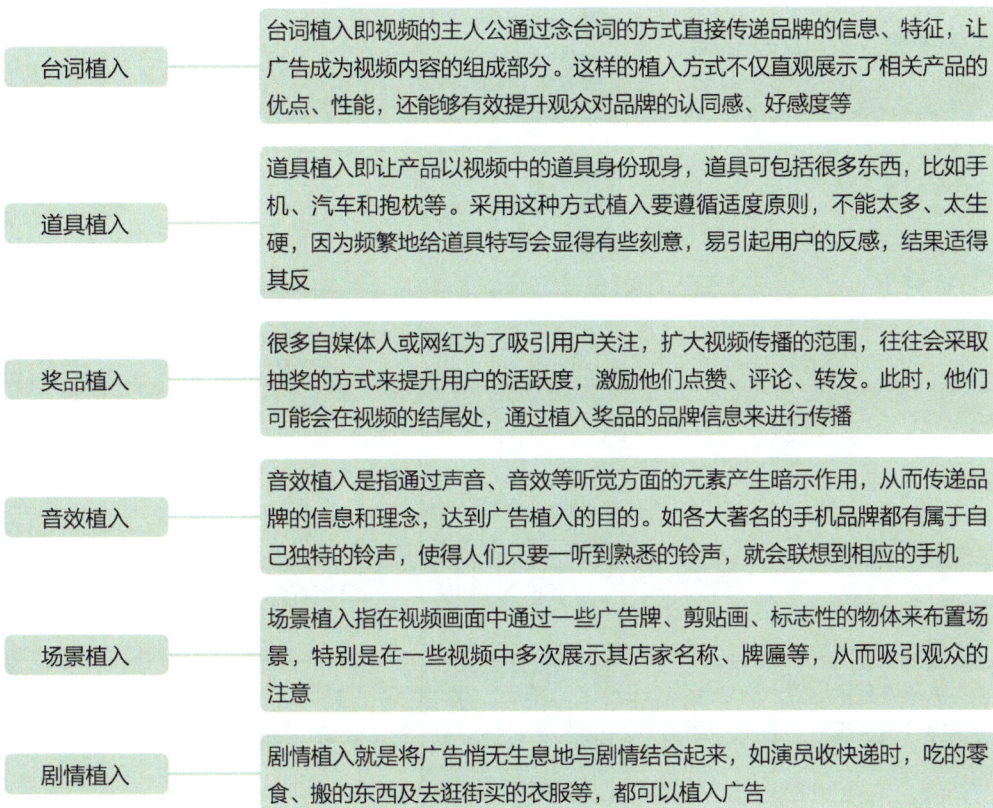

台词植入	台词植入即视频的主人公通过念台词的方式直接传递品牌的信息、特征，让广告成为视频内容的组成部分。这样的植入方式不仅直观展示了相关产品的优点、性能，还能够有效提升观众对品牌的认同感、好感度等
道具植入	道具植入即让产品以视频中的道具身份现身，道具可包括很多东西，比如手机、汽车和抱枕等。采用这种方式植入要遵循适度原则，不能太多、太生硬，因为频繁地给道具特写会显得有些刻意，易引起用户的反感，结果适得其反
奖品植入	很多自媒体人或网红为了吸引用户关注，扩大视频传播的范围，往往会采取抽奖的方式来提升用户的活跃度，激励他们点赞、评论、转发。此时，他们可能会在视频的结尾处，通过植入奖品的品牌信息来进行传播
音效植入	音效植入是指通过声音、音效等听觉方面的元素产生暗示作用，从而传递品牌的信息和理念，达到广告植入的目的。如各大著名的手机品牌都有属于自己独特的铃声，使得人们只要一听到熟悉的铃声，就会联想到相应的手机
场景植入	场景植入指在视频画面中通过一些广告牌、剪贴画、标志性的物体来布置场景，特别是在一些视频中多次展示其店家名称、牌匾等，从而吸引观众的注意
剧情植入	剧情植入就是将广告悄无生息地与剧情结合起来，如演员收快递时，吃的零食、搬的东西及去逛街买的衣服等，都可以植入广告

图6-13 视频内容中广告植入的方式介绍

专家提醒

剧情植入往往与台词植入的方式相结合，打造出来的广告植入方式更加具有说服力，而且值得一提的是，众多电视节目中的广告植入方式都是以这两种为主。

6.2 7大途径，原创内容变现

　　今日头条作为一个向用户推荐有价值的、个性化的信息的平台，其在内容上的获利是显而易见的，那么，头条号究竟能通过哪几种方式来实现原创内容获利呢？本节就针对这一问题进行介绍。

6.2.1 用户打赏获利

　　在今日头条平台上，创作者可通过优质内容来获得用户的赞赏，这是一种很常见的内容获利形式，这是很多平台都采用的方式。图6-14所示为头条号"手机摄影构图大全"的文章页面和用户赞赏页面。

在该页面上，用户只要❶点击"赞赏"按钮 ，即可进入"赞赏"页面，然后❷选择要赞赏的金额并❸选择一种支付方式，❹点击"确定"按钮即可完成赞赏。

图6-14 头条号文章页面和用户赞赏页面

那么，这些赞赏的收益，运营者可以在哪里查看呢？

运营者登录后进入头条号后台主页，❶单击"我的收益"按钮；在"收益概览"页面下方，❷选择"赞赏流水"选项，即可查看头条号所获得的用户赞赏收益，如图6-15所示。

图6-15 用户赞赏收益查看

6.2.2　视频补贴获利

对于短视频的创作者而言，资金是吸引他们的最好手段，平台补贴则是诱惑力的源泉。作为魅力无限的短视频变现模式，平台补贴自然是受到了不少内容生产者的注意，同时，平台的补贴策略也成为大家的重点关注对象。

自从2016年4月各大互联网巨头进军短视频领域以来，各大平台便陆续推出了多种不同的补贴策略，今日头条也不例外，如图6-16所示。

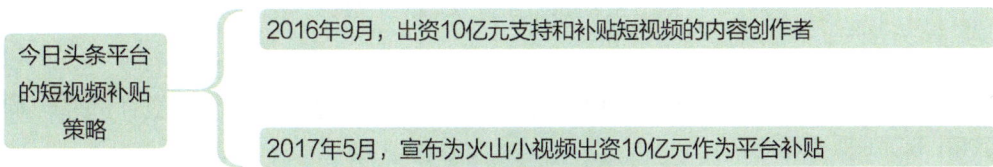

今日头条平台的短视频补贴策略

- 2016年9月，出资10亿元支持和补贴短视频的内容创作者
- 2017年5月，宣布为火山小视频出资10亿元作为平台补贴

图6-16　今日头条平台的短视频补贴策略

平台补贴既是平台吸引内容生产者的一种手段，同时也是内容生产者盈利的有效渠道，具体的关联如图6-17所示。

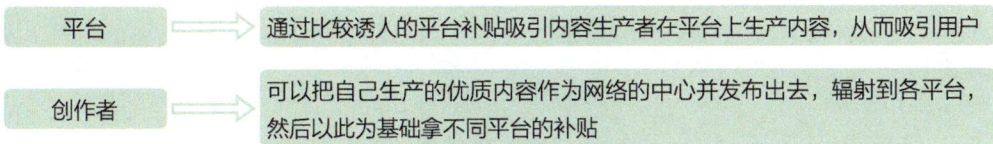

平台　⇒　通过比较诱人的平台补贴吸引内容生产者在平台上生产内容，从而吸引用户

创作者　⇒　可以把自己生产的优质内容作为网络的中心并发布出去，辐射到各平台，然后以此为基础拿不同平台的补贴

图6-17　平台补贴对于平台和创作者的意义

专家提醒

头条号平台的短视频补贴主要分为两种形式：一是根据内容生产者贡献的流量，按照每月结算的形式直接发放现金；二是提供站内流量的金额，内容生产者可以借此推广自己的内容，这是用巧妙的途径发放费用。

在这样的平台补贴策略的保护之下，部分短视频创作者能够满足变现的基本需求，如果内容足够优质，而且细分得比较到位，那么变现的效果可能会更显著，创作者便能获取更为惊人的补贴。

那么，在借助平台补贴进行变现时，内容创作者应该注意哪些问题呢？笔者认为有两点：一是不能把平台补贴作为主要的赚钱手段，因为它本质上只是起到基础的保障作用；二是跟上平台补贴的脚步，因为平台的补贴是在不断变化的，因此短视频创作者应顺时而动。

6.2.3　视频接口合作

在视频接口合作中，主要涉及三方，即西瓜视频平台、第三方合作伙伴和头条号，其中的关系如图6-18所示。

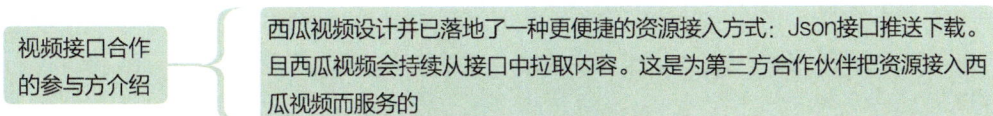

视频接口合作的参与方介绍

西瓜视频设计并已落地了一种更便捷的资源接入方式：Json接口推送下载。且西瓜视频会持续从接口中拉取内容。这是为第三方合作伙伴把资源接入西瓜视频而服务的

图6-18　视频接口合作的参与方介绍

第三方合作伙伴借助Json接口推送下载的资源接入方式，把大量的视频资源更加方便快捷地接入西瓜视频。这样可以在享有丰富资源的基础上吸引更多用户，获得更多点击量

视频接口合作的参与方介绍

头条号账号借助第三方合作伙伴的指导和帮助，可以更快捷地开通自营广告或头条广告的权限，而第三方合作伙伴通过为头条号开通直营广告或头条广告权限，从中获取收益。在这样的情况下，头条号账号也可以通过广告获利

图6-18 视频接口合作的参与方介绍（续）

从上图可以看出，无论是第三方合作伙伴还是头条号账号，都是可以实现获利的。而在这种接入合作中，头条号账号可以凭借其丰富的视频资源，在今日头条平台的大流量支持下获取高阅读量，从而获取视频收益。

其实，今日头条的"西瓜视频"频道的视频收益，主要包括两个方面，即粉丝收益和非粉丝收益，而这两者的总和再减去信用惩罚，即视频的总收益。图6-19所示为头条号后台主页中的"西瓜视频"频道所获得的收益的页面。

图6-19 头条号"西瓜视频"频道所获得的收益页面

6.2.4 悟空问答分成

在"悟空问答"频道，只要符合条件的提供优质内容的创作者参与问答，就有可能获得问答分成。这里的符合条件，主要表现在两个方面：一是创作者本身；二是创作者的内容，具体分析如下。

1. 创作者本身

从头条号创作者本身来说，其获得问答分成的条件是必须成为持续创作优质问答内容的答主。平台会根据其曾经的回答内容的质量来进行判断，若质量较好则继续邀请其回答问题，在这样的情况下，就能获得问答分成。

2. 创作者的内容

当创作者获得了问答分成资格时，并不代表他能持续地获得利益分成，还必须在接下来的运营中持续优质内容，这里所指的"优质内容"必须具备以下条件，如图6-20所示。

能获得问答分成的优质内容需具备的条件	必须具备3大特点：真实的而非虚假的、原创的而非抄袭的、独到的而非老生常谈的
	必须在两大内容方向内：或是自身主观的观点，或是客观经验，且它们能切实解决问题

图6-20　能获得问答分成的优质内容需具备的条件

当头条号的创作者及其内容都具备了问答分成的条件时，有人不禁要问：所有的答主分成是一样的吗？如果不是，又是怎样规定分成的呢？下面笔者为大家解答悟空问答内容的分成依据，它主要包括内容质量、作者权重和粉丝质量3个方面，具体如图6-21所示。

悟空问答内容分成依据	在回答内容的质量上，内容规范性是判断的基础条件：单篇回答的内容规范性越好，内容质量越高，结算的分成也越多
	在作者权重上，分成结算规律是：创作时间越久，累积的信任值越高，累积的权重也就越高，单篇回答内容能获得的分成结算也就越多
	在粉丝互动上，分成结算的规律是：每条回答下的粉丝的阅读量和点赞、评论等互动行为越多，结算的分成也越多

图6-21　悟空问答内容分成依据

专家提醒

悟空问答中的结算分成是以单篇来计算的，而就单篇而言，其所获得的分成主要由质量决定，且是没有上限的。

6.2.5　签约作者收益

在今日头条平台上，签约作者每个月是有固定收益的，这也是今日头条平台一种主要的变现形式。那么，如何成为头条签约作者呢？一般来说，成为头条签约作者，主要有两种方法，具体如下。

1. 系统邀请

当头条号创作者为平台贡献了足够多的有价值的优质原创内容，并成为了某一方面的专家，或是有着很高的知名度，才有可能受到今日头条系统邀请成为签约作者。这是平台主动邀请的方式。

2. 主动申请

与系统邀请相反，自动申请是一种自己主动申请、平台被动审核的方式。

主动申请的流程是先登录头条号，然后关注今日头条官方账号，并在后台选择发送私信，把自身的资料和能证明自己已经成为达人的内容的链接传送给系统。系统审核通过后，就可以成为头条签约作者了。

此时只要完成头条安排的每个月的任务，就可以获得签约作者应得的收益。

下面以今日头条的悟空问答为例，具体介绍头条号作者成为头条悟空问答签约作者的条件。在悟空问答平台上，签约作者是有一级和二级之分的，具体条件如表6-1所示。

表6-1 悟空问答的签约作者的条件和收益

类别	条件和收益
一级	每月回答问题个数：20个 单篇回答的字数：500字以上 内容要求：有理有据，有图片 收益：每月共计1万元
二级	每月回答问题个数：24个 单篇回答的字数：500字以上 内容要求：有理有据，积极健康 收益：200元/个，总计4800元以上

备注：这里所指的"问题"是悟空问答邀请回答的问题，而不是签约作者自主选择的问题

6.2.6 账号转让获利

生活中，无论是线上还是线下，都是有转让费存在的。所谓"转让费"，即一个线上商铺的经营者或一个线下商铺的经营者，向下一个经营者转让经营权时所获得的一定的费用。

而这一概念随着时代的发展，逐渐有了账号转让的存在。同样，账号转让也是需要接收者向转让者支付一定费用的，可见，账号转让也是获利变现的方式之一。

而对今日头条平台而言，由于头条号更多的是基于优质内容发展起来的，因此，在这里把头条号账号转让获利归为原创内容变现的方式。

如今，互联网上关于账号转让的信息非常多，在这些信息中，有意向的账号接收者一定要慎重对待，不能轻信，且一定要到正规的网站上操作，否则很容易受骗上当。

下面以鱼爪新媒为例介绍账号转让具体知识。在该平台上，可以转让的账号有很多种，如头条号、微信公众号、微博号和快手号等，且在不同的模块下，还提供了转让的价钱参考，如图6-22所示。如果头条号创作者想要转让某一头条号，可以单击该页面上的"我要出售"按钮。

图6-22 鱼爪新媒头条号账号转让页面

6.2.7 淘宝客获利

在头条号后台主页的"我的收益"页面，可以看到"收益概览"下方有4栏，最后一栏中有"淘宝佣金/放心购佣金/京东佣金"一项，如图6-23所示。可见，头条号其实是可以凭借淘宝客这种推广形式来获利的。

那么，什么是淘宝客呢？其实，那些帮助商家卖东西的人，会要求商家支付一定的佣金，这些人就是淘宝客。同时，淘宝客也可指这样的一种推广方式，它是按照成交量来计费的。

在淘宝客这一推广方式中，有推广平台、卖家、淘客和买家4个角色，在今日头条平台上，头条号就相当于淘客这一角色，因此，把头条号的这一获利方式称为淘宝客获利。

图6-23 头条号的"淘宝佣金"收益方式

在这一过程中，头条号把能支付佣金的卖家的产品链接到自己推送的内容中，并推广出去，若消费者是通过头条号的链接来关注这一产品并成功交易，此时头条号即可通过卖家所提供的佣金来获利。

专家提醒

要注意的是，因为头条号是通过平台来完成这一形式的获利的，且在这一过程中，平台对产品的推广和淘宝客的获利都起到了至关重要的作用，因此，卖家所提供的佣金有一部分是要作为平台的服务费而归属平台的。

6.3 4大政策扶持，多元化变现

在今日头条平台上，头条号创作者不仅可以凭借自身的优质内容和推广广告获利，其实，为了促进平台的发展，吸引更多的用户和创作者入驻，平台还提供了多项政策扶持，这为头条号创作者实现多元化变现提供了途径。

6.3.1 "千人万元"计划：收入有保障

前面在介绍签约作者收益的时候提到一级作者可获得每月1万元的补贴，其实这一变现方式与头条号"千人万元"计划有重叠之处。那么，什么是"千人万元"计划呢？

其中，"千人"指的是头条号计划扶持1000个头条号创作者，"万元"指的是这些被扶持的创作者每人每个月将至少获得1万元的保底收入。这一计划是头条号在2015年推出的，目前仍在运营，并将持续发展下去。

在头条号后台主页的"账号权限"页面，选择"功能权限"选项，从上往下数第5个就是"千人万元"功能，如图6-24所示。

图6-24 头条号"千人万元"功能

在此处，头条号创作者可以申请"千人万元"计划。只有当满足申请条件之后，"申请"按钮变为红色才能申请；如果"申请"按钮是灰色的，那么就表示此时还不能申请。

在"申请"按钮为灰色时，创作者如果对申请的条件不清楚或是不知道自身还有哪些条件没有满足，可以把鼠标指针移至"申请"按钮上，就可显示申请"千人万元"计划需满足的条件，其中，红色字部分就是头条号创作者目前没有满足的条件。

专家提醒
要注意的是,个人头条号的"千人万元"计划申请成功后,并不表示可以不承担任何义务就能获得每人每个月至少1万元的保底收入。其实,申请成为"千人万元"计划的签约作者后,该头条号创作者是需要履行一定的义务并遵守一定规范才能获得保底收入的,具体的义务和规范表现在3个方面,如图6-25所示。

每月应原创的文章数量	从这一方面来说，头条号创作者每月发布的原创文章数量不能少于双方协商确定的数量，一般来说，最少是10篇
原创文章应全网首发3小时	该头条号创作者如果想要在今日头条以外的平台上发布已经在头条号上发布的文章，必须推迟到文章审核通过的3小时后才能进行，而不能因为是文章的原创作者就随意发布
其他平台发布文章应添加头条号标签	该头条号创作者如果想在今日头条以外的平台上发布已在头条号上发布的文章，必须在发表时注明该篇文章与头条号的关系——"XX系头条号签约作者"（其中XX为账号名称）

图6-25 头条号"千人万元"计划的参与者应履行的义务和遵守的规范

6.3.2 "礼遇计划"升级：高额奖金在眼前

每月月中，头条号创作者一进入后台主页，就会看到在该页面中间显示了一个类似横幅的消息——"礼遇计划第X期名单揭晓"。头条号后台主页的"活动"页面专供用户查看"礼遇计划"内容，无论是活动详情还是每期的礼遇计划榜单，都可一目了然，如图6-26所示。

那么，究竟"礼遇计划"指的是什么呢？"礼遇计划"是头条号于2017年8月启动的一项为激励优质内容原创作者而给予一定回报的计划，并在2018年1月完成了这一计划的升级。

（1）活动详情

（2）活动榜单

图6-26 头条号"活动"页面的"礼遇计划"

在这一计划中，升级前和升级后的计划内容是存在差别的，如奖励的账号数量和奖励金额两个方面的变化就很明显，具体如下。

- 从奖励的账号数量来说，升级后扩大为500个账号，相比奖励之前的100个，足足增加了4倍。

- 从奖励金额来说，升级后的计划内容更加灵活——金额为2万元、1万元、0.3万元不等，而改变了升级前固定的一个账号1万元的情况。

同时，升级后的计划内容在入围礼遇计划的条件方面也做出了调整，除了原有的保留条件，还增加了新的条件。图6-27所示为礼遇计划升级后的入围条件。

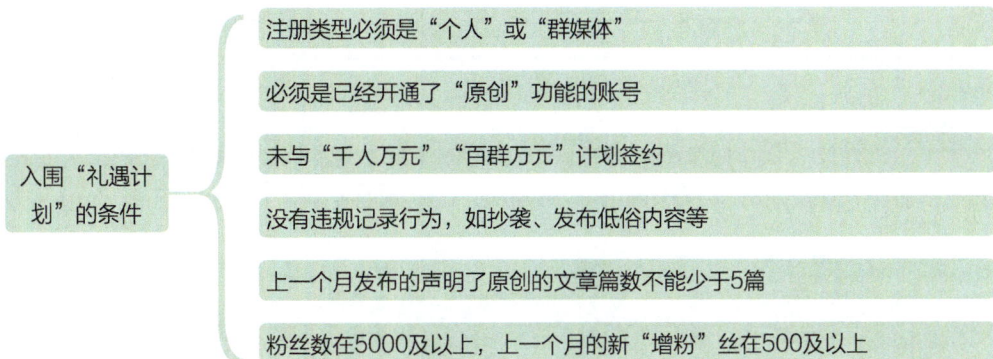

图6-27 升级后的入围"礼遇计划"的条件

专家提醒

"礼遇计划"和"千人万元"计划都是头条号推出的鼓励优质内容创作者而推出的计划,但是两者还是有着很大区别的,主要表现在两个方面。

从计划的获利者来说,"礼遇计划"的获利者是不定的,是根据一定的标准在全平台选取的;而"千人万元"计划的获利者是固定的,就是那些参与签约该计划的创作者。

从计划的获利金额来说,"礼遇计划"的获奖金额有2万元、1万元和0.3万元这3个不同的等级;而"千人万元"的获利金额是每个月月有保障的。

当然,其他的如在参与条件、是否承担责任和义务等方面也是不同的,在此就不再一一介绍,读者可进入平台自行查看或根据上述内容自行比较。

6.3.3　"高佣扶持"计划：可插入淘宝商品

除了前面提及的"千人万元"计划和"礼遇计划"外，今日头条平台还推出了"高佣扶持"计划，如果说前两者纯粹是针对优质内容的原创者的话，那么与淘宝、天猫相关的"高佣扶持"计划则是建立在优质内容基础上的推广获利形式。

所谓"高佣扶持"计划，即在头条号"商品"功能推出的基础上，创作者可在图文内容中插入商品（记住：必须是与内容相关的商品），当买家与卖家之间成交，并确认是通过头条号链接来完成的，那么头条号创作者将获取高比例的佣金。在"高佣扶持"计划中，这个比例可高达63%~80%，是名副其实的"高佣"。

而没有参与"高佣扶持"计划的创作者，成交后所能获得的佣金仅为45%，相比参与者而言，其中的差距确实很大。

大家一定记得，前面提及了淘宝客获利形式，其实，创作者通过"高佣扶持"计划获利也是淘宝客获利的一部分。

另外，要注意的是，内测期的"高佣扶持"计划在有些方面是有一定限制条件的，具体表现在两个方面，即头条号参与方式和内容形式，具体如下。

从头条号参与方式来说，内测期间只能通过平台主动邀请的方式参与，没有报名参与的入口。

从内容形式方面来说，"高佣扶持"计划并不是对被邀请的账号的所有内容有效的，而是仅限于参与"高佣扶持"计划后发布的图文、图集内容。图6-28所示为不在"高佣扶持"计划范围内的内容。

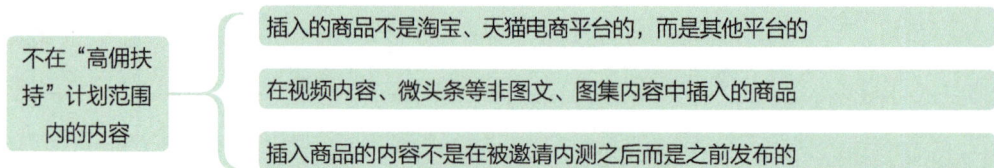

不在"高佣扶持"计划范围内的内容	插入的商品不是淘宝、天猫电商平台的，而是其他平台的
	在视频内容、微头条等非图文、图集内容中插入的商品
	插入商品的内容不是在被邀请内测之后而是之前发布的

图6-28 不在"高佣扶持"计划范围内的内容

图6-29 在"账号权限"页面查看佣金分成比例

6.3.4 "创业孵化"支持：有望成为成功的公司

对大多数人来说，从开始创作到实现创业，其中的过程并不简单，甚至很艰难。然而对于那些进驻今日头条平台的创作者而言，有了今日头条创作空间的"创业孵化"的支持和指导，就等于走上了创业成功的捷径，这就为快速变现提供了条件。

一个很明显的证明是，基于今日头条创作空间的"创业孵化"的加速服务，已经有一些成功的项目进入了大家的视野，并实现了产业价值的快速提升。图6-30所示为今日头条创作空间"创业孵化"的第一期项目展示。

图6-30 今日头条创作空间"创业孵化"的第一期项目展示

那么，今日头条创作空间具体是怎样进行创业孵化的呢？具体说来，主要包括以下两个方面的内容。

1. 提供多方面的孵化服务

今日头条创作空间为了更好地指导头条号优质内容创作者成功创业，从4个方面着手提供细致的孵化服务，具体如图6-31所示。

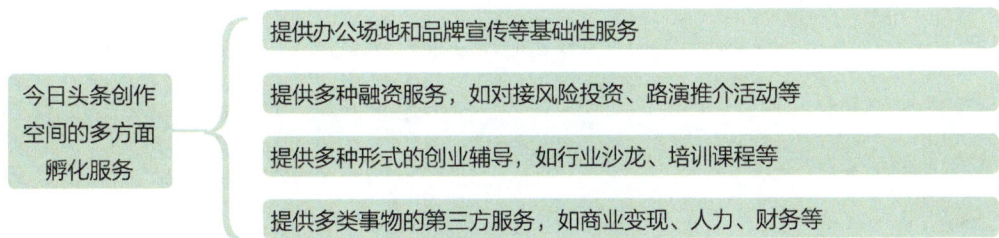

图6-31 今日头条创作空间的多方面孵化服务

2. 提供强有力的扶持计划

今日头条创作空间的创业孵化，并不只是说说而已，而是有着强有力的扶持作后盾的。从这一角度来看，它依托今日头条平台，在投资基金和流量扶持方面为头条号创作者提供能够更快取得成功的创业计划，当然，它也是有一定创业扶持选择的，具体如图6-32所示。

投资基金	⇒	主要投资那些优秀的内容创业团队和处于内容产业链上下游的初始公司，且更倾向于投资短视频项目
流量扶持	⇒	为准备创业的头条号提供运营指导，并在初始期给予团队一定的流量倾斜，如优选进入"千人万元"计划就是其中一项

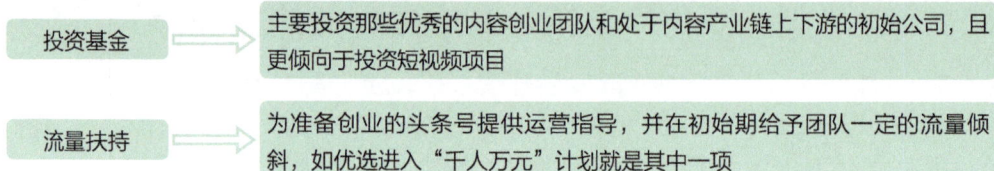

图6-32 "创业孵化"的扶持计划的具体内容

可能有些创作者受到"创业孵化"的吸引，准备着手采用这一形式实现强有力的变现。那么，它具体有着怎样的入驻条件和申请流程呢？

相较于前面介绍的几项计划而言，"创业孵化"在入驻条件要求方面有了本质的提升，具体包括5个方面，如图6-33所示。

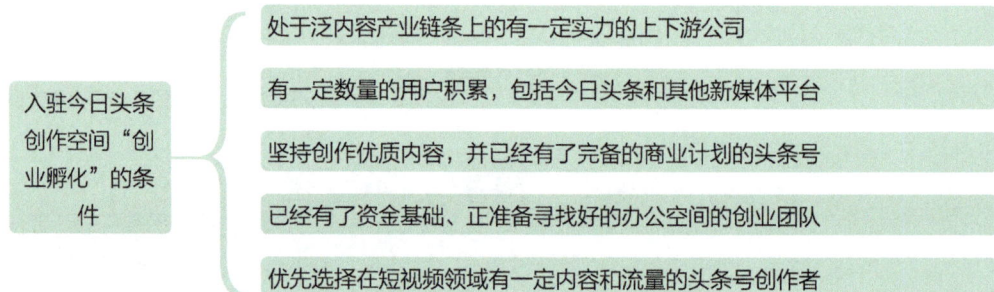

	处于泛内容产业链条上的有一定实力的上下游公司
入驻今日头条创作空间"创业孵化"的条件	有一定数量的用户积累，包括今日头条和其他新媒体平台
	坚持创作优质内容，并已经有了完备的商业计划的头条号
	已经有了资金基础、正准备寻找好的办公空间的创业团队
	优先选择在短视频领域有一定内容和流量的头条号创作者

图6-33 入驻今日头条创作空间"创业孵化"的条件

头条号创作者结合上面的入驻条件进行衡量之后，如果符合，就可以进行申请了。当然，从申请到审核完成是需要一定的时间和流程的，一般来说，可在30个工作日内完成。图6-34所示为头条号创作者入驻"创业孵化"的流程。

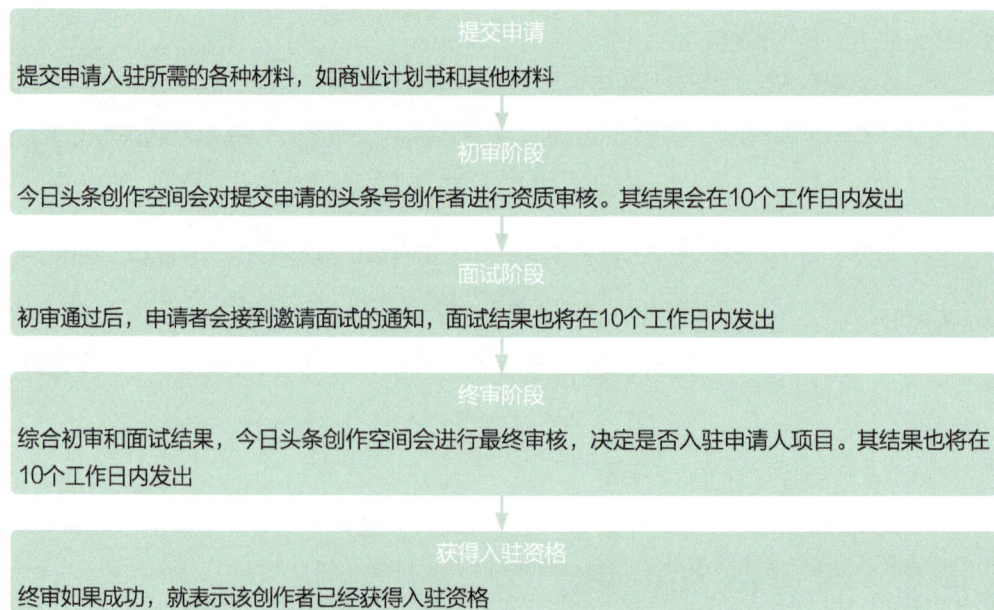

提交申请
提交申请入驻所需的各种材料，如商业计划书和其他材料

初审阶段
今日头条创作空间会对提交申请的头条号创作者进行资质审核。其结果会在10个工作日内发出

面试阶段
初审通过后，申请者会接到邀请面试的通知，面试结果也将在10个工作日内发出

终审阶段
综合初审和面试结果，今日头条创作空间会进行最终审核，决定是否入驻申请人项目。其结果也将在10个工作日内发出

获得入驻资格
终审如果成功，就表示该创作者已经获得入驻资格

图6-34 头条号创作者入驻"创业孵化"的流程

6.4　其他变现：更多方式巧获利

在今日头条平台上，创作者除了可以利用前面介绍的方法获利外，还有其他方法实现盈利，下面笔者选择比较适用的两种进行介绍。

6.4.1　版权方式获利

在今日头条平台上，短视频作为其中的一个重要产品，只要加以巧妙运用，还是比较容易获利的，如可以从版权角度去获利。

大家在浏览各大平台的短视频内容时会发现，有些还残留着水印的非原创视频被上传到众多平台作为宣传推广的工具，这时，运营者就成为了短视频搬运工。图6-35所示为被搬运到微博平台上的有着多重水印的短视频内容。

图6-35　搬运的短视频

从这一点就不难看出，这些运营者对短视频内容是有需要的，但他们可能因为某种原因无法完成短视频内容的制作或制作得不满意。这一情况值得短视频创作者注意，可从这一角度出发，组建一个专业的短视频创建团队，致力于帮助短视频搬运工妥善解决内容问题，进而获得收益。

在这一过程中，短视频的版权归属要明确。如果版权归属创作方，那么运营者购买短视频后其所能获得的利润会比较低；如果版权归属购买方，则能获得的利润会比较高。只是在前一种情况下，短视频创作者还可以将这些内容用于出版来获利，这也是通过版权获利的一部分。

专家提醒

此外，短视频还可以孵化出火热IP，比如很多网红通过短视频获得知名度，之后再出书或参加商演等，进而实现变现。这可以算得上是短视频变现的衍生模式，同时也借助了IP的人气和力量。

6.4.2　企业融资获利

各种新媒体和自媒体的火热发展引起了不少投资者的注意，相信不少人都知道"papi酱"，她拥有多重身份，其微博粉丝数量已经突破2600万，可见人气之高，影响力自然也不在话下。

融资便借由papi酱这一热点走进了广大网友的视野，作为自媒体的一员，"罗辑思维"也为papi酱投了一笔资金，联合徐小平（天使投资人）共同投资1200万元。papi酱奇迹般地转变为身价上亿的短视频创作者，而这一切，仅仅用了不到半年的时间。

融资的变现模式对创作者的要求很高，因此可以适用的对象也比较少，而且papi酱也是目前新媒体领域短视频行业的个例。但无论如何，融资可以称得上是一种收益大、速度快的变现方式，只是发生的概率较小。

而在今日头条平台上，是有着众多的优质内容创作者的，因此，通过企业融资获利是比较快而且效益可观的获利方式。如头条号"硅谷密探"就是一个非常成功的案例。它在头条号上获得上千万阅读量的情况下，轻松获得了多轮资本投资，其投资方有中科创星、集结号、黑洞资本和云起资本等。图6-36所示为"硅谷密探"头条号主页。

图6-36 "硅谷密探"头条号主页

其实，运营好头条号，创作优质原创内容，迅速吸引大量粉丝关注，在这样的情况下，获得企业融资并不是一件天方夜谭的事，只是通过这种途径变现，还是需要强大的创作实力和魅力作为支撑的。

第 7 章

内容推广：了解今日头条的内容规则

学习提示

无论什么样的平台，内容都是其进行宣传推广的关键。那么，今日头条平台是如何帮助用户实现内容推广的呢？具体来说，它自有一套独特的推荐机制，本章就从这一机制的消重、审核和推荐出发，来为大家深入地讲述头条号的内容推广规则。

本章重点导航

- 消重机制：知晓内容没有推荐量的原因
- 文章审核：3大方面，确保内容能有效传达
- 推荐系统：精准投送用户想看到的内容

7.1 消重机制：知晓内容没有推荐量的原因

在今日头条平台上，一般来说，每个头条号都是独立存在的，相互之间一般是没有多少关联的，在这样的情况下，内容难免在某些方面有些相似。而一般的读者是不会喜欢在同一页面或平台上看到那些相似的内容的。

因此，为了提升用户的阅读体验，今日头条在头条号的内容推广方面，从一开始就利用推荐机制让这种情况变得可控。而今日头条的推荐机制中包含多个方面的内容，如"消重""审核""特征识别""推荐"和"人工干预"等。

本节就从推荐机制最初的处理过程——"消重"出发来进行介绍，从而让用户进一步知晓自身推送内容没有推荐量的原因。

7.1.1 优势：避免重复推荐内容

在"消重"这一概念范畴中，"重"指的就是重复、相似，当然，这里的重复、相似可以从两个方面来理解，具体如下。

● 文章内容方面：指的是文章在文字、图片和视频等方面存在相同或高度相似的地方，特别是一些有关概念、基础理论知识和地方特色等的文章内容，是极有可能存在相似之处的。

● 文章主题方面：指的是文章的中心思想存在相同或高度相似的地方，如两个专注摄影领域的头条号，如果其内容是关于同一类事物的摄影构图技巧，那么就表示其存在主题上的相似之处。

而头条号的推荐机制中的消重，就是针对这两个方面相似的文章，进行分类和对比之后再考虑是否推荐给用户和推荐给哪些用户。也就是说，在消重这一阶段，系统会从两个角度来对内容进行判断，如图7-1所示。

消重阶段的文章推荐判断依据	首先，今日头条平台是否存在内容方面的相同或高度相似
	其次，该头条号发布的这篇文章是否是原创的，是否有权威的和有价值的

图7-1 消重阶段的文章推荐判断依据介绍

在这样的消重机制下，无论是文章的内容相似还是文章的主题相同，对于用户来说，他能看到的依旧是原创的、具有价值的内容，而不是重复推荐的内容，这对于用户和头条号创作者来说，都是极为有益的，具体表现在4个方面，如图7-2所示。

推荐机制下的消重处理的4大作用	对用户来说，相似的、重复的内容最多只能看到平台推荐的一篇，有利于提升用户体验，而且对于他们来说，同样或同类的内容，一篇也就够了
	对于头条号创作者来说，在比较合理的推荐机制下，自身的权益有了保障，不用担心版权问题，这对新媒体形式的内容传播来说是一大进步
	在推荐机制的消重作用下，有确定兴趣的用户，刷新所看到的不再是系统根据平时偏好而推荐的类似的内容，这就给了更多内容曝光的机会
	对于平台来说，今日头条一直是鼓励原创的，而消重的处理机制给了原创作者更多的机会，从而更好地弘扬和推广了其运营理念和标准

图7-2 推荐机制下的消重处理的4大作用介绍

7.1.2　操作过程：通过算法来消重

从前文可以看出，今日头条平台在推送内容时，首先就要通过消重机制的检验，然后才能决定是否将内容推荐给更多的用户。而头条号创作者和运营者要做的就是让自身在消重机制下不会泯然其中。其实，有因才有果，要想不被消重，就只有深入了解和掌握消重机制中的算法。

机器消重，首先要进行的处理就是把文章中的文字、图片、标题等用一串串的数字代码代替，然后将这些数字代码进行对比，以此建立起消重处理的基础。

通俗来说，这些数字代码所组成的信息就有如人们的身份证，它是计算机应用领域里常用来判断信息重复性的方法。而在计算机系统中，每一篇文章都有它特有的"身份证"，如果内容不相似或不相同，那么，"身份证"也就会不同。就这样，机器系统通过判断头条号文章的"身份证"是否相同或相似，就可以得出内容消重的结果。

那么，机器系统主要根据哪些方面来实现消重呢？具体来说，主要表现在3个方面，如图7-3所示。

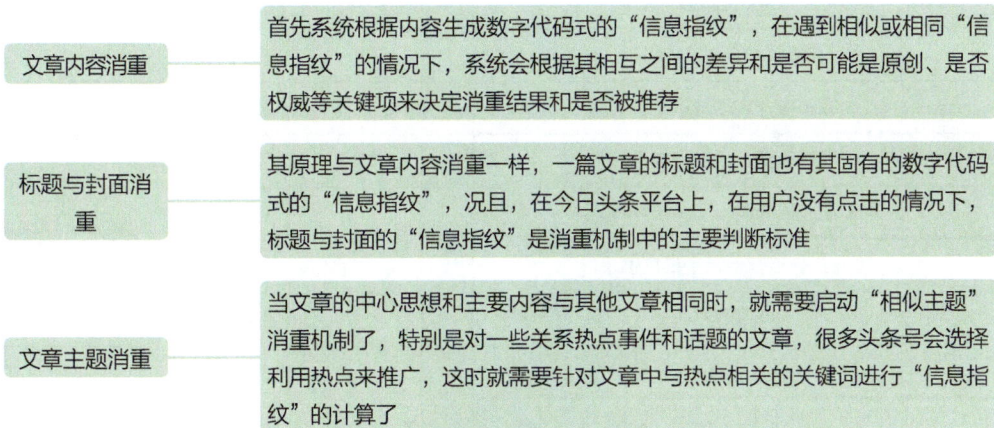

文章内容消重	首先系统根据内容生成数字代码式的"信息指纹"，在遇到相似或相同"信息指纹"的情况下，系统会根据其相互之间的差异和是否可能是原创、是否权威等关键项来决定消重结果和是否被推荐
标题与封面消重	其原理与文章内容消重一样，一篇文章的标题和封面也有其固有的数字代码式的"信息指纹"，况且，在今日头条平台上，在用户没有点击的情况下，标题与封面的"信息指纹"是消重机制中的主要判断标准
文章主题消重	当文章的中心思想和主要内容与其他文章相同时，就需要启动"相似主题"消重机制了，特别是对一些关系热点事件和话题的文章，很多头条号会选择利用热点来推广，这时就需要针对文章中与热点相关的关键词进行"信息指纹"的计算了

图7-3　机器系统消重的算法和类别介绍

针对以上机器消重算法，运营者要做的是采用相应的方法尽量避免被消重，具体方案如下。

- 针对文章内容消重：头条号应该尽量展开优质内容的原创工作；
- 针对标题与封面消重：头条号最好避开标题"模板"，写出有创意的标题；
- 针对文章主题消重，头条号不应一味追逐热点事件和话题，而应谨慎操作。

专家提醒

无论是内容还是标题、封面，抑或是主题，其消重的计算标准都是差不多的，是通过相互之间的关键性差异来判断的，其中，最重要的3个要点如下。
- 文章的发布方是否已经开通了原创声明。
- 文章的发布时间是否在前，是否具有优势。
- 文章是否具有原创性、权威性和转载性。

7.2　**文章审核：3大方面，确保内容能有效传达**

在今日头条平台上，头条号发布的文章只有经过审核才能被推荐给用户，且审核的时间有长有短——一般为3~5分钟，最长不会超过24小时。而今日头条平台就是利用其比较完善的审核机制，来保证文章内容的合法合规性的。当然，只有审核顺利过关的文章，才能确保其传达的有效性。

7.2.1 文章的审核规范及细则

文章顺利通过审核是实现推荐的前提，而没有通过审核的文章，在修改并达到标之前是不予推荐的。当然，对某些违规比较严重的内容，甚至连返回修改的机会都不会有，平台将直接关闭该篇文章的推荐功能。

在第3章中笔者已经介绍了头条号发文的格式和内容方面的多项规范，其实，这些规范也是文章审核的规范，这里就不再赘述。下面将重点介绍审核过程中出现的违规内容及相应的扣分惩罚标准，如表7-1所示。

表7-1 头条号文章审核中发现的违规行为、账号扣除分值和惩罚的关系

违规行为	惩罚
发布反动等违法内容	扣50分
经举报，文章确认抄袭	扣40分
发布色情、低俗等内容	扣20分
非规范稿源发布泛时政内容	扣20分
发布广告或其他营销推广信息	扣10分
标题党	扣10分
发布与事实不符的各类信息	扣10分
扣除分值	惩罚
每扣10分	禁发文/禁微信和 RSS 接入1天
被扣50分	关闭头条广告和自营广告权限
被扣100分	封禁账号，且不可回复

除了上述惩罚以外，其相关违规行为还有一些与之对应的惩罚，举例如下。

（1）被判定有抄袭行为时，头条号的原创标签和赞赏功能将会被收回，且以后将不会再申请和开通。

（2）当账号被处以连续禁言3天及3天以上的惩罚时，该头条号的文章推荐量也会受到较大影响。

（3）因为抄袭或发布色情、反动内容受到惩罚的头条号，将永久与原创标签及千人万元计划无缘。

7.2.2 切忌反复修改推送文章

在新媒体阵营中，大多数平台是不支持对发布后的文章进行内容修改的，而今日头条是其中

的特例——在发布后的14天内，允许头条号创作者和运营者进行修改。图7-4所示为头条号后台的可修改和不可修改的按钮效果显示。

熟悉头条号运营的用户都知道，头条号文章发布的审核过程是需要一段时间的，因此，运营者修改推送文章也存在两种不同的情况，即审核通过前修改和审核通过后修改，具体内容如表7-2所示。

图7-4　头条号后台的可修改和不可修改的按钮效果显示

表7-2　运营者修改推送文章的两种不同情况

修改情况	内容
审核通过前修改	今日头条平台系统审核的不再是修改前的版本，直接以修改后的版本作为审核的文章内容
审核通过后修改	今日头条平台系统将重新对文章进行审核，显示的也将是修改后的版本。当然，修改的内容没有通过审核，则将继续显示修改前的版本

同时，对运营者来说，系统是不鼓励反复修改推送文章的，且那些修改了3次及3次以上的文章，还有可能不会获得系统的推荐。其原因就在于反复修改存在两个方面的弊端，具体如下。

● 除了标题外，其他内容的小修小补是不会对文章的推荐量产生大的积极作用的，反而会影响文章的发布时效和推荐量。

● 有些人会认为，文章审核通过后再去修改，系统就不会察觉出其中的不符合规范的内容。其实这是大错特错的，因为系统不但会对文章重新进行审核，假如被判定为恶意修改，还会受到平台的严厉惩罚。

7.2.3　注意规范，才能快速过审

在前面已经介绍了文章的审核规范，这些都是通过审核必须要遵守的。另外，在文章审核的过程中，尽管其时间的长短是不影响推荐量的，但是快速通过审核，是更好地把握发布时间的条件，因此，运营者要做的是思考如何快速通过审核，针对这一点，头条号后台专门准备了比较完备的"文章过审指南"来指导文章的发布（大家可自行搜索"头条号进阶手册——文章审核"来了解相关内容），做法列举如表7-3所示。

表7-3　头条号推送文章快速过审的做法列举

过审方面		内容
规范标题	避免格式上的错误	（1）除网络用语或一语双关外，不能出现错别字； （2）要保证表意完整、通顺，不能影响读者阅读； （3）要正确使用标点符号，且不要插入特殊符号； （4）标题中所有汉字都需要使用规范的简体中文

过审方面		内容
规范标题	注意标题内容质量	（1）不要包含一些系统不允许的特殊敏感词语； （2）要避免恶俗化，且避免使用色情、粗俗词语
原创内容	格式方面要规范	（1）正文中汉字必须使用简体中文； （2）正文中不要出现乱码； （3）正文在段落、标点方面要合理、清晰
	内容方面要优质	（1）发布的文字和图片要具有完整性，以免给读者带来阅读困扰； （2）文章内容要具有时效性； （3）正文不要发布低俗内容； （4）正文内容要避开敏感信息
推广信息	推广类信息不发布	含有二维码、电话号码、广告图片、广告链接等推广元素的文章不能发布
	恶意推广信息不发布	收藏、健康、手表和其他一些类别的推广类信息不能发布

7.3 推荐系统：精准投送用户想看到的内容

在今日头条平台上，除了用户主动搜索以外，用户所看到的内容都是通过系统的推荐呈现出来的。从此可知，推荐量是影响阅读量的主要因素之一。本节就来帮助读者了解推荐系统的奥秘。

7.3.1 认识机器对文章的理解

所谓推荐系统，其实质就是机器对文章的阅读，当然，这种阅读与日常生活中的阅读不同，它具有高速、针对性特征识别等特点。所谓高速，就是对今日头条平台的5亿用户信息流，机器推荐系统都能较好地完成阅读任务。

而针对性特征识别是机器了解文章内容的方法和途径。针对性特征识别是可以通过很多维度来实现的，其中比较重要的就是"关键词"这一维度。

从关键词这一维度来说，机器推荐系统会根据两大原则从众多的内容中抓取一些词语作为关键词，具体如图7-5所示。

高频词 —— 高频词是从文章中出现频率比较高的词中选取的，如一篇关于新媒体运营的文章，其高频词就有可能是平台名称、运营术语或技巧等，如"今日头条""吸粉""数据分析"等

次数少 —— 这里的"次数少"不像"高频词"一样，是针对一篇文章本身来说，而是针对一类文章来说的。之所以要求出现次数少，是因为它代表的是系统对该篇文章的识别标识，当出现次数少时，文章更容易被系统识别。但是要特别注意的是，那些非常规词语尽量不要使用，它们一般会增加文章的理解障碍，且并不在关键词的提取范围内

图7-5 机器推荐系统的两大关键词判定原则

系统完成了关键词的判定后，就会将这些关键词与文章分类模型进行比对，从而得出这些关键词与哪一类关键词库中的关键词符合度高，那么该篇文章就会贴上相应类别的标签并进行推荐。

7.3.2 清楚文章推荐的目标用户

机器推荐系统是一个实现文章与用户匹配的推荐系统，前面已经介绍了其对文章的理解，下面将介绍其对用户的理解。

今日头条的机器推荐系统实现的是个性化推荐，它会给每一位用户推荐其可能感兴趣或与其兴趣相符的内容。那么，它是怎样解读文章的匹配用户的呢？

关于机器推荐，笔者在此举一个简单的例子，大家就很好理解了，就如一篇关于新媒体运营的优质文章，它的阅读量很高，已经突破了100万，这篇文章放在微信公众平台上足可称得上是一篇"爆款"文章了，但是在今日头条平台上，即使它的阅读量再高，在用户没有关注的情况下，仍然是看不到这篇文章的。

可见，今日头条实行的是精准的个性化推荐，它对用户的认知是非常充分的，是建立在对大量数据进行分析而得出的用户结果的基础上的。具体说来，主要包括3个方面的数据，如图7-6所示。

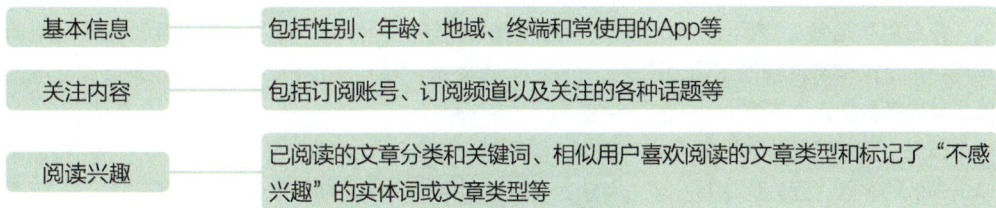

基本信息	包括性别、年龄、地域、终端和常使用的App等
关注内容	包括订阅账号、订阅频道以及关注的各种话题等
阅读兴趣	已阅读的文章分类和关键词、相似用户喜欢阅读的文章类型和标记了"不感兴趣"的实体词或文章类型等

图7-6 机器系统对用户识别的3项数据分析

通过上图所示的3项数据，系统对用户的阅读兴趣有了一个大体的把握。当然，这些用户数据的判断，是建立在有着较大信息流的基础之上的。这里的较大信息流主要包括两个方面，具体如下。

一是从时间角度来说，用户使用头条号的时间越长，系统所获得的用户数据信息也就越多。

二是从用户数量角度来说，使用头条号的用户越多，那么系统所获得的数据信息也就越多。

随着对时间和用户数量的数据信息积累越来越多，今日头条平台的机器系统对用户的兴趣判断也就会越精准，从而能够得出更加清晰的用户画像，最终寻找到某一篇或某一类文章的目标用户并进行内容的推荐。

7.3.3 了解文章推荐是如何实现的

今日头条的文章推荐并不是一蹴而就的，而是分批次推荐的，这样就更利于引导推荐和减少不受欢迎内容的推荐资源占用。那么，什么是分批次推荐呢？它可从6个方面来进行理解，具体如下。

- 分批次推荐包括两个层次：一是某一时效期内的多次推荐；二是不同时效期（24小时、72小时和1周）的推荐。
- 首次推荐的用户，是那些用户阅读标签与文章标签匹配度最高的用户，他们被认为是最有可能对该篇文章感兴趣的用户。

● 首次推荐的用户阅读数据（特别是点击率）决定着第一次的推荐量，即首次点击率高，表示这篇文章是适合这些用户的，系统就会增加第二次的推荐量；首次点击率低，表示这篇文章并不太适合这些用户，系统就会减少第二次的推荐量。

● 推荐系统中判断推荐量的阅读数据包括多种，主要是点击率、收藏数、评论数、转发数、读完率和页面停留时间等。

● 在一个时效期内，文章上一次的推荐量决定着其下一次的推荐量。

● 在3个不同的时效期内，其推荐量是不断减少的，直至停止推荐。

专家提醒

今日头条的分批次推荐，其实质是一种扩大机制的推荐，因此，头条号运营者如果想要获得更多的阅读量，就应该让各项阅读数据都保持在高位水平上，这也就要求所推送的文章是优质的。

在机器推荐机制中，影响推荐量的除了各项阅读数据外，还有一些也需要注意，如用户举报密集、负面评论过多、无效异常点击等，这些也是使得推荐量降低的原因。

7.3.4 懂得推荐效果不好的原因

在头条号运营的过程中，总会遇到文章推荐效果不好的情况，这是为什么呢？前面已经清楚地介绍了影响推荐量的主要因素是上一次的点击率——如果点击率低，推荐量也就会相应地变低，其推荐效果自然不好。

因此，要想了解推荐效果不好的原因，就需要运营者懂得文章点击率低的原因，特别是首次点击率低的原因，因为假如首次点击率低，那么后期将再难有高的点击率和推荐量。

一般说来，影响点击率的原因主要有两个，具体内容如图7-7所示。

垂直领域方面	账号发布的内容如果不属于垂直的擅长领域，那么系统需要重新识别之后再推荐，这样就会使得文章不能及时推荐给相应的用户
文章内容方面	文章内容的某个元素存在问题，也是影响点击率的主要原因，特别是标题和图片没有吸引力、图片与内容没有太大关联、内容质量差而引起用户反感等

图7-7 影响文章点击率的原因

当然，影响推荐量的除了点击率外，还包括其他多个方面的原因，具体如图7-8所示。

影响推荐量的5大原因	推送内容潜在用户群过小，难以挖掘
	同一领域相似内容太多，供过于求
	非原创或头条首发内容可能被消重
	文章内容时效短，使得推荐时间短
	文章没有通过审核，从而无法推荐

图7-8 影响推荐量的5大原因介绍

第 8 章

运营"涨粉"技巧：低成本，亲测有效

学习提示

一般来说，在新媒体平台上，所有的运营工作基本上都是围绕着粉丝和内容来进行的，而内容在一定程度上又是为了"涨粉"而准备的，可见运营"涨粉"工作的重要性。本章从一些低成本的"涨粉"技巧出发，帮助头条号运营者快速找到合适、有效的"涨粉"方法。

本章重点导航

- 用户定位：两大方面，把握"涨粉"的核心
- 利用内容：6大类型，快速引导流量
- 利用平台功能：两大途径，不要忽视
- 其他方式：借助外力

手机摄影构图大全
抖音号：gtj157075539

诗词天地

8.1 用户定位：两大方面，把握"涨粉"的核心

在今日头条平台上，粉丝一直是一个很重要的话题，许多功能和权限的开通都是需要一定的粉丝基础的，图8-1所示为头条号开通某些账号功能或权限需要的粉丝数举例。

头条号开通某些账号权限的粉丝数
- 头条认证：粉丝数≥30
- 自营广告：粉丝数≥2000
- 原创标签：粉丝数≥5000
- 双标题：粉丝数≥5000
- 评论保护：粉丝数≥10000
- 扩展链接：粉丝数≥20000

图8-1 头条号开通某些账号功能或权限需要的粉丝数举例

而想要让头条号的阅读量、评论量等更高，一般来说，是需要有足够数量的粉丝作为支撑的。况且，随着头条号指数的下线，其运营评判也开始围绕粉丝来进行，可见，获取更多的粉丝已经是头条号运营的关键性目标。

粉丝运营主要包括两个方面的工作：一是"涨粉"之前的准备工作，也就是要有一个精确的用户定位；二是要凭借一些优质的内容和途径去真正实现"涨粉"。在此，笔者从粉丝运营的准备工作——用户定位出发来进行介绍，帮助读者了解在"涨粉"工作开始之前你需要做什么，进而实现更有效的粉丝运营。

8.1.1 粉丝画像，了解用户特点

在粉丝经济时代，用户画像在任何领域中都能够起到非常重要的作用。运营者可以通过用户调研、数据分析、问卷访谈等方式，将用户的一些基本信息和行为属性综合起来，然后得出用户的精准画像，进而将用户这个角色更加立体化、个性化、形象化，最后，针对用户的属性特点，找出最好的运营方式。

那么，什么是粉丝画像呢？粉丝画像又叫用户画像、用户角色，是团队用来分析用户行为、动机、个人喜好的一种工具，粉丝画像能够让团队更好地聚焦用户群体，对目标用户群体能够有一个更为精准的了解和分析。

粉丝画像除了要包括常见的要素（如性别、年龄和地域等）之外，其实还有更多细化的内容，如职业、生活环境、购买力、颜色偏好、社交类型、婚姻状况、心理健康程度等。

对于头条号运营者来说，无论是从外在环境还是从内在要求而言，粉丝画像都是有必要的，具体如下。

- 从外在环境来说，如果没有一个精准的期望目标，会使粉丝画像模糊，比如既囊括了男人女人、老人小孩，又囊括了文艺青年、热衷八卦的青年等，这样的产品终究会走向消亡。

- 从内在要求来说，每一个平台都是为特定的用户提供服务而存在的，不存在适合每一个人

的平台。而作为一种虚拟形象存在的粉丝画像，它并不是运营者脱离实际虚构出来的，二维码是由一群有代表性的用户群体和目标受众的各类数据总结而来的。

在构建粉丝画像的过程中，除了可以利用粉丝画像数据做最简单的数据分类统计之外，还可以进行关联数据计算和聚类数据分析等，例如，在北京地区的女性用户占多少比例，在北京地区的用户年龄分布情况等。

粉丝画像通过大数据处理方式，为运营者带来了更为便利、更为精准化的数据结果，让运营者在投放广告、投放平台内容的时候，能够准确地抓住用户的心理，将他们想要的信息投放出去，实现他们的需求。

说了这么多，下面还是回到更为实用的粉丝画像要求和技巧上来，以便帮助读者如何去把粉丝画像这一运营要素准备好。

一个优秀的、令人信服的粉丝画像是需要满足一些基本条件的，如图8-2所示。

Primary research（基本性）	粉丝画像应基于对真实用户的情景访谈
Realistic（真实性）	数据要真实，要使其像真实的人物一样呈现出来
Applicable（应用性）	确保团队能用粉丝画像进行相关的产品设计决策
Objectives（目标性）	粉丝画像应包含与产品相关的高层次目标，应包含关键词来描述该目标
Number（数量）	粉丝画像的数量最好不超过3个，以便设计团队能记住每个粉丝画像的特点

图8-2 粉丝画像需要满足的条件

在了解了粉丝画像需满足的条件的情况下，接下来就要思考如何创建粉丝画像。一般来说，主要有图8-3所示的5大步骤。

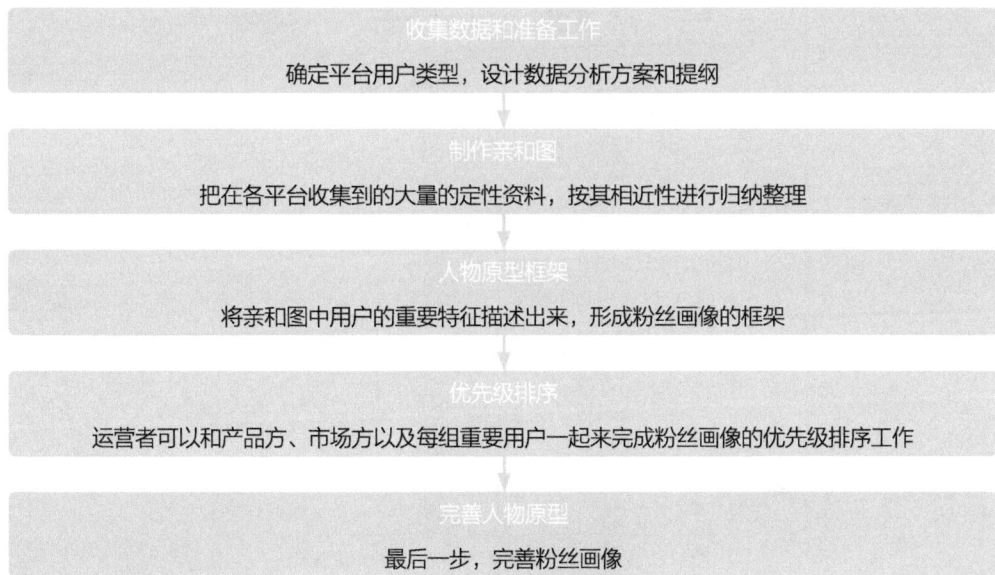

收集数据和准备工作
确定平台用户类型，设计数据分析方案和提纲

制作亲和图
把在各平台收集到的大量的定性资料，按其相近性进行归纳整理

人物原型框架
将亲和图中用户的重要特征描述出来，形成粉丝画像的框架

优先级排序
运营者可以和产品方、市场方以及每组重要用户一起来完成粉丝画像的优先级排序工作

完善人物原型
最后一步，完善粉丝画像

图8-3 创建粉丝画像的步骤

8.1.2 抓住用户痛点，才是关键

完成粉丝画像的构建之后，接下来就要去了解用户需求和抓住用户痛点。这些目标可以通过多种方式来完成，一方面，可以充分利用头条号平台本身来操作，如查看用户留言和评论、引导粉丝互动等；另一方面，可以在线下和线上进行问卷调查来更直观地了解用户需求，提取他们的痛点，找到用户关心的问题。

图8-4所示为用户对头条号"手机摄影构图大全"已推送内容的几条评论。

从图中可知，无论是阅读微头条还是阅读图文内容的用户，都对怎样用手机拍摄出背景虚化的图片感兴趣，基于此，头条号创作者和运营者可以针对如何拍摄虚化背景的微距图片推出一篇文章进行详细讲解，这样的文章一般会获得大量用户关注，并能轻松赢得用户的好感。

图8-4 头条号"手机摄影构图大全"的用户评论

图8-5所示为头条号"菜鸟理财"的某篇图文内容的部分评论展示。

图8-5 头条号"菜鸟理财"的部分用户评论展示

从图中可以看出，用户对该内容还是比较赞赏的，基本上给了好评，同时也说明用户对这类内容非常感兴趣，因此，该头条号运营者可以继续推送类似的图文内容，相信均能收获较高的阅读量。

同时，也要注意到，其中一个用户提到，"但还是没有提出最好的解决方案，只是提出了问题由来"，可见，有些用户认为文章中还有待改善的地方，基于此，头条号创作者和运营者在能力许可的情况下，可以针对这方面进行加强和完善，提高内容的质量，探讨更深入的领域，这样就能在获得大量用户关注的同时，解决用户迫切需要解决的痛点问题，能让用户充分感受到内容的价值所在，这样，头条号"涨粉"也就不是一件难事了。

抓住用户痛点，还可以通过更多地与用户主动联系来实现，并通过沟通过程中对用户信息的总结，寻找他们的需求共同点，这样不仅有助于推送内容的选择，还有助于从大局出发把握内容的整体调性，吸引更多的同类粉丝关注。

8.2　利用内容：6大类型，快速引导流量

在今日头条平台上，运营者可以利用的内容形式是多样化的，而这些形式多样的内容是实现为头条号引导流量的有力武器，本节就从6大内容类型出发，来介绍如何利用内容"涨粉"。

8.2.1　利用"爆款""软文"内容"涨粉"

今日头条平台有一个与微信公众号平台完全不同的地方，那就是微信公众号推送的"软文"内容的第一次传播只面向公众号的用户，而头条号推送的"软文"内容的第一次传播是由推荐量决定的，如果推荐足够多，在粉丝少的运营阶段，也是可以瞬间打造"爆款"，引导大量用户阅读和关注的。

因此，只要头条号内容有足够的吸引力和足够的价值，快速引导流量也就不再是一句空话了。

首先，从吸引力方面来说，一般需要头条号图文内容具备3个条件，即在标题、封面和关键词方面有"吸睛"点，其中，关键词可以通过加入标题或显示在封面图片中来实现引流的目的。

1. 标题

一般来说，"软文"内容吸引用户注意的第一因素就是标题，这也是用户在浏览网页时第一眼会注意到的，它决定了"软文"的阅读量和打开率。例如标题通过悬念或疑问等手法引起了用户的好奇心，或是用数字呈现出了"软文"内容的要点，或是在标题中加上了击中用户痛点的关键词，等等，这些都是拟定一个好的"软文"标题的方法。

图8-6所示为在标题中利用悬念和疑问手法来引起用户好奇心的"软文"案例。

图中的两篇"软文"的标题，前者是通过"这样"一词来巧妙地制造了一个悬念，且这个悬念的制造是有一个很吸引人的背景的，如"妙招""大V的爆文"，这就为悬念的设置进行了强化，体现了悬念背后内容的价值所在；后者是通过疑问句式来吸引用户的，且文章标题提出的问题与人们的生活息息相关，所有对现有工作不满意的人、关心子女的父母长辈等，都有可能成为该篇"软文"的读者。

图8-6 利用悬念和疑问手法引起用户好奇心的"软文"标题

2. 封面

"软文"的封面同样是内容推荐时显示的醒目要素。对"软文"封面来说，其吸引力主要由两方面决定，具体如下。

当封面图片只有图而无文字时，美观、简洁就是对其的首要要求，特别是关于对图片有高要求的摄影、旅游等领域的"软文"，如图8-7所示。

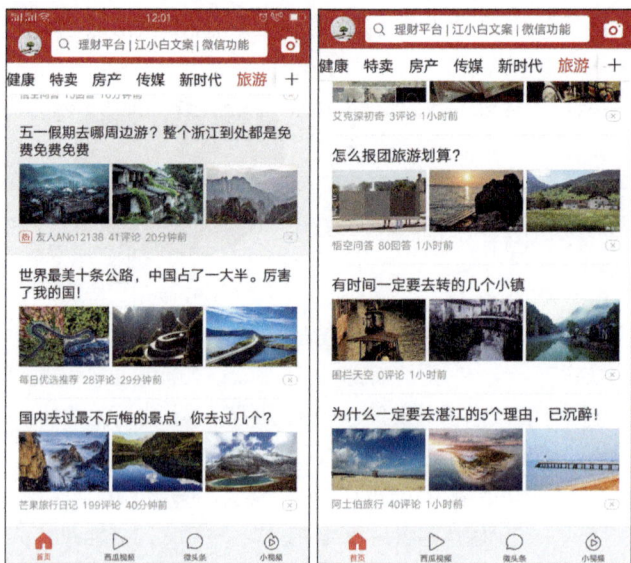

图8-7 图片中无文字的"软文"封面

当封面图片中有文字时，应注意文字的关键性和"吸睛"力度，它能很好地提升读者对内容的想象力和好奇心，如图8-8所示。

图8-8　图片中有文字的"软文"封面

图8-8中的"软文"，利用封面图片展示了几则经典的江小白文案，如"最想说的话在眼睛里，草稿箱里，梦里和酒里。"这些文案能让读者充分感受到江小白品牌的魅力，进而吸引用户点击阅读。

其次，从价值方面来说，要成功实现引流，"软文"需要把握好内容的大方向，也就是说，"爆款""软文"应该具备3个特点，具体如下。

1. 内容要有特色

运营者要把握好以下两个要点，才能打造好内容特色。

● 个性化内容：个性化的内容不仅可以增强用户的黏性，使之持久关注，还能让自身公众号脱颖而出。

● 价值型内容：运营者一定要注意内容的价值性和实用性，这里的实用是指符合用户需求，对用户有利、有用、有价值的内容。

专家提醒

不论是哪方面的内容，只要能够帮助用户解决困难，就是好的内容，而且，只有有价值和实用的内容，才能留住用户。

---

2. 增强内容的互动性

通过今日头条平台，运营者可以多推送一些能调动用户参与积极性的内容，将互动的信息与内容结合起来进行推广，单纯的互动信息推送没有那么多的趣味性，如果和内容相结合，就能够吸引更多的人参与其中。

3. 激发好奇心的内容

运营者想要让目标用户群体关注头条号，那么从激发他们的好奇心出发，如设置悬念、提出疑问等，往往会有事半功倍的效果，远比其他策略要好得多。

8.2.2　借助短视频内容"涨粉"

与"软文"一样，短视频内容作为今日头条平台上的一种重要的内容形式，也是能够实现快速引流的。且相较于"软文"内容而言，短视频带给人们的视觉冲击将更大。当然，对短视频内容而言，其标题与封面在引流方面的重要性不言而喻，其实，除了它们之外，想要培养更多忠诚的用户，视频内容的优质与否明显更重要。

打个比方，如果运营者推送的是一个现场表演书法的视频，如图8-9所示。相对于图文内容来说，它比文字的阐述明显更直观，比图片更具真实性，因此，只要视频所展现的书法确实好，那么是很容易让用户心动，进而去关注的。

图8-9 书法作品视频展示

当然，只要视频中的内容有价值，或是有趣，或是有用，都有可能吸引用户关注。图8-10所示为"叛叛神技能"头条号推送的视频内容举例，该头条号介绍的是一些与日常生活相关的内容，具有实用价值。

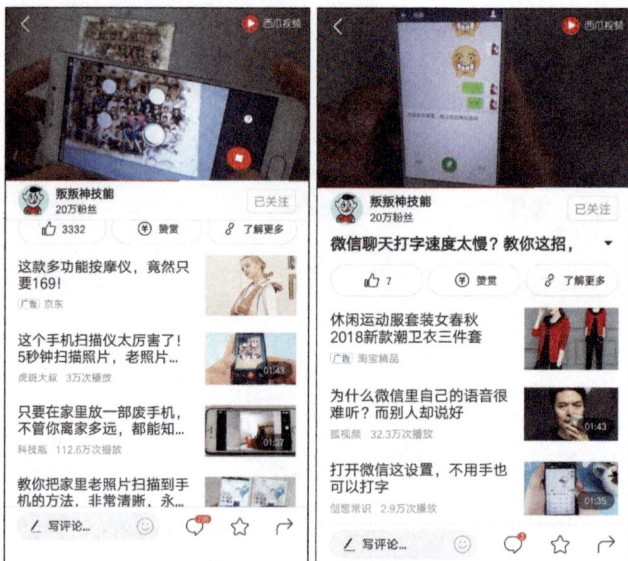

图8-10 有实用价值的视频展示

另外，在视频内容中存在正义点或"槽点"时，用户是乐于与头条号互动的，或者是在推送视频时在评论区中加入评论引导，如"大家有什么关于XX方面的问题或观点，可以联系XX一起交流"，这些都是吸引用户关注的有效方法。

8.2.3　利用微头条内容"涨粉"

　　在今日头条平台上，通过PC端进入一个头条号主页，会发现该页面的账号下方显示了3类内容，即文章、视频和微头条，如图8-11所示。头条号发布的微头条内容会根据用户偏好推送到其打开的头条平台首页，如果用户对微头条内容感兴趣的话，是会去单击右上角的"+关注"按钮，成为头条号的用户的。

图8-11　通过微头条内容实现用户关注

　　对微头条内容来说，其篇幅是简短的，因此，运营者要尽量做到几句话或几张图片就吸引读者的注意力和好奇心，或者获取读者的认同。图8-12所示为一篇微头条内容，该篇微头条就以简单的"认识吗？"这一疑问句和4张图片，吸引了50多万，名读者点击阅读，可谓目标清晰，言简意赅，引流效果也很明显。

图8-12　简短的微头条内容

　　在引流方面，微头条除了利用优质的短内容来实现引流目标外，更重要的是，对一些新创建的头条号而言，由于还处于体验期，其所推送的图文内容并不能被推荐给关注用户以外的读者。因此，要想引流，除了主动邀请之外，通过微头条来引流是最佳、最有效的方式，这主要表现在以下3个方面。

　　（1）微头条内容简短，编辑起来自然也很简单。因此，在微头条内容中分享一些精辟的、干货式的知识点，很容易提升头条号的粉丝量。

　　（2）微头条发布程序简单，无须经过审核，因而在其中加入一些引导关注头条号的话语是不影响推荐的，在这样的情形下，实现引流也就更加直白和轻松了。

　　当然，这种引导语可以用多种形式发布，如可以凭借优质的内容来直接引导，也可以通过内容预告来引导关注，在笔者看来，这些都是切实可行的引流方法。

　　（3）微头条的内容除了可以通过"微头条"按钮来编辑和发布外，对于一些图文内容或视频内容，还可以转发到微头条。在"内容管理"页面的已发布的图文内容或视频内容区域，将鼠标移至"转发"按钮上方，会出现一个"分享到微头条"按钮 ⬚，单击该按钮，如图8-13所示；弹出相应对话框，在编辑区中输入相关信息，单击"分享"按钮，即可把该篇图文内容分享到微头条版块中，如图8-14所示。

图8-13 单击"分享到微头条"按钮

图8-14 "分享到微头条"页面

这样，通过分享到微头条的方式发布内容，也是可以吸引到一定粉丝的。

8.2.4 巧用悟空问答内容"涨粉"

相对于其他内容来说，悟空问答是一个有着共同内容需求和爱好的头条号创作者和粉丝集聚的平台。在该平台上，众多参与者积极互动，分享自己的经验和见解，因此，这是一个可以实现精准引流的内容平台。

对头条号来说，利用悟空问答内容引流是通过3大途径来实现的，具体内容介绍如下。

1. 优质内容的"首页"推荐

头条号用户可能已经发现，在菜单内容中显示了一些标注有"悟空问答"的内容，如图8-15所示。

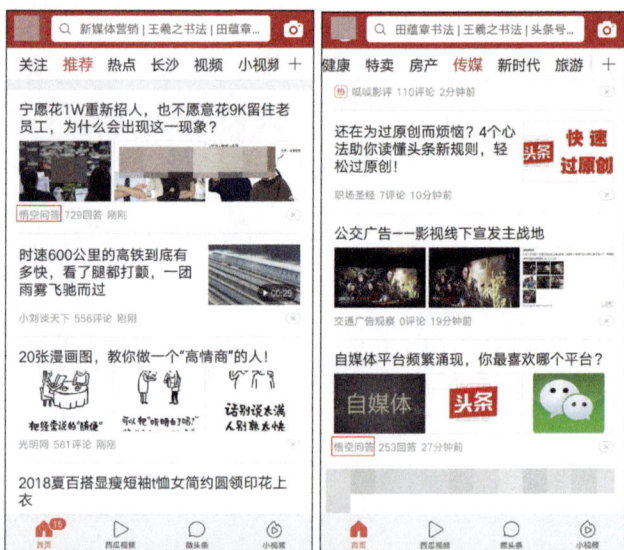

图8-15 "今日头条"App的首页上的"悟空问答"内容展示

一般来说，当头条号创作者和运营者在悟空问答内容中提供了优质内容和有价值的回答，就会被更多的人关注，这是有助于吸引粉丝的。

2. 增加引导和关注途径

在今日头条平台上，当用户进入"悟空问答"页面，单击相应问题进入具体的问题问答页面会发现，每一条回答都会显示回答的头条号的账号，并在账号右侧显示一个"+关注"按钮，如图8-16所示。这样的设置，不仅增加了头条号的曝光度，同时，当用户觉得哪一条回答有着独特见解、有着干货内容时，自然而然就想去关注他。

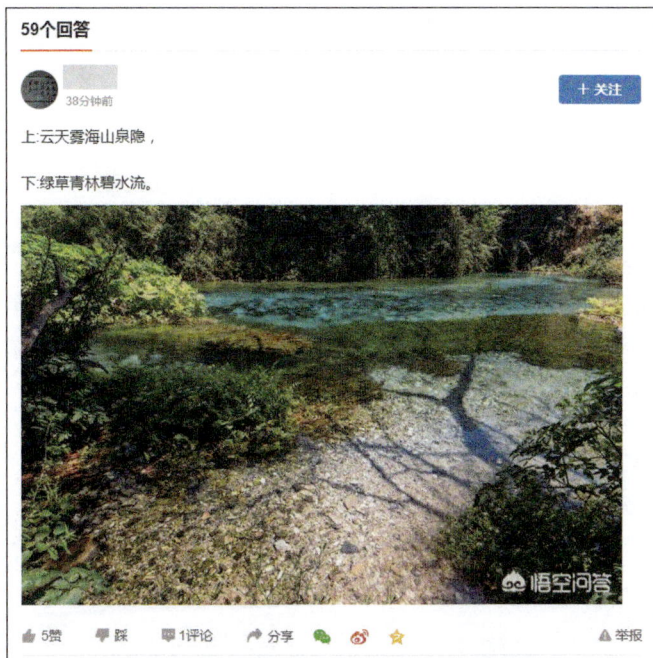

图8-16 悟空问答内容增加曝光度和关注途径

3. 利用热点增加曝光度

蹭热点是运营过程中经常会用到的方法，其实，在利用悟空问答引流的方法中，笔者认为这一经典方式也是适用的，特别是在今日头条平台专门设置了一个"热点"菜单的情况下，更是希望运营者把这一方法应用到具体的运营工作中。

图8-17所示为"今日头条"App首页的"热点"页面，用户可以在该页面上查看时事热点内容。

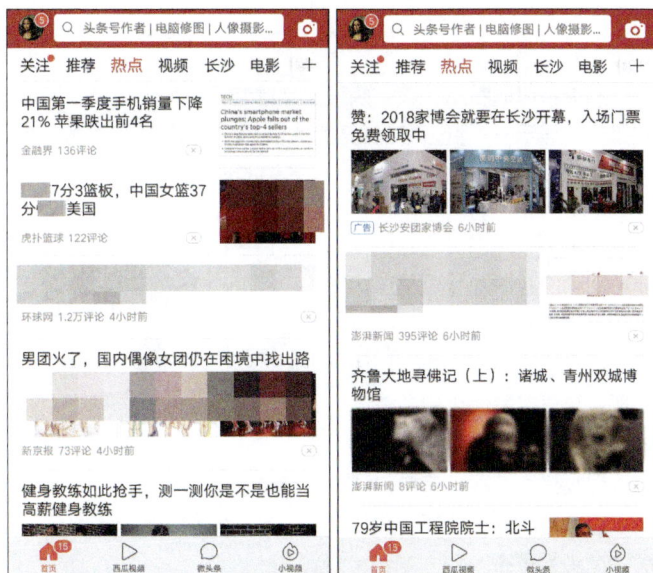

图8-17 查看热点内容

171

头条号创作者和运营者则可以通过查看功能找到与自身内容领域相关的热点，并在悟空问答页面选择合适的问题进行回答，这同样是蹭热点的表现，同时也能实现增加头条号的曝光度和为平台"增粉"的目的。

8.2.5　在内容中引导用户关注

前面已经陆续介绍了在内容中引导用户关注来"吸粉"的方法。下面，笔者将系统地介绍如何更好地设置引导用户关注的话语。

1. 图文内容中引导关注

与微信公众号一样，在今日头条平台上不添加关注也是可以查看账号发布的内容的，运营者要做的就是在用户阅读时或阅读完后引导用户关注。图8-18所示为头条号"霸王课"设置的在图文内容中引导关注的话语。

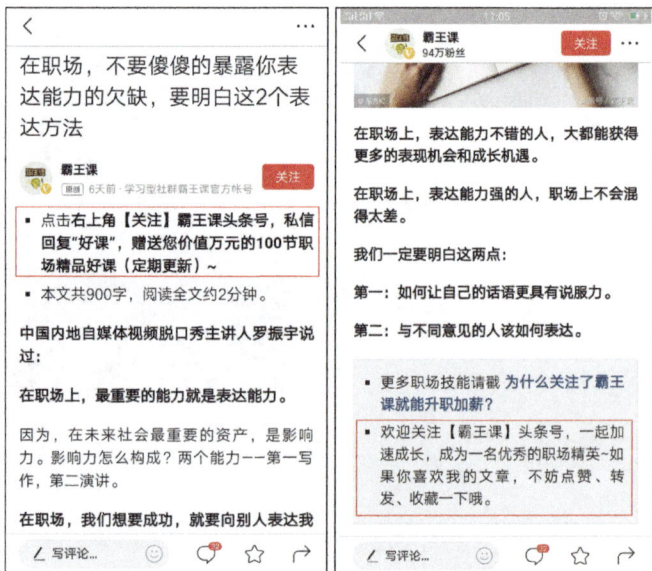

图8-18　"霸王课"头条号的图文内容引导关注

从图中可以看出，该头条号在文章的开头和结尾处都设置了引导关注的内容，并以特殊的格式来突出显示——引语格式+无序列表+字体加粗。大多数头条号的引导关注设置一般位于文章结尾，且一般会以与正文格式相同的简短的话语来表示。

2. 视频内容中引导关注

视频内容中的引导关注，可能是在视频某一处显示头条号，或是视频中的人物以说话的形式来直接邀请用户关注，如图8-19所示。一般来说，只要视频确实有趣、有料，观看了视频的用户一般都会选择关注其头条号的。

图8-19　"子睿自媒体"头条号的视频内容引导关注

3. 微头条内容中引导关注

微头条内容本身就比较简短，因此，在其中添加引导语来吸引用户关注的比较少，更多的还是利用"@XX"的形式来让用户关注自己的账号，特别是以图文为主的内容更是如此。不过也不尽然，如图8-20所示，不仅引导用户注意头条号，更重要的是，它还引导用户关注相关的节目，从而让节目成功收获更多的粉丝。

4. 问答内容中引导关注

在悟空问答内容中，一般都会首先介绍自己，最后再加入引导语，这在第4章已经进行了介绍，这里就不再赘述。

图8-20 "生机无限节目号"头条号的微头条内容引导关注

8.2.6 利用互动话题内容"涨粉"

利用互动话题内容来"涨粉"，归根结底还是得益于内容的策划和头条号的运营，也就是说，头条号打造一个互动话题之后，可以在提升粉丝黏性的基础上吸引更多有意愿参与话题的粉丝关注。那么，这些话题一般是什么样的呢？它们又是如何引导关注的呢？下面笔者将进行具体介绍。

用头条号打造互动话题，一般有两个方面的要求。一是要有足够吸引用户参与的动力，如提供某方面的福利或利用话题引导用户发表看法等，如图8-21所示。

图8-21 打造吸引用户参与的话题

图8-21中的两个案例，一个利用"求下联"这一活动来引导用户参与，另一个则用机器人写书法来引导用户留言和关注，这些都是比较吸引人的话题，因而引起了众多人留言，如图8-22所示，自然在吸引粉丝方面效果也不会太差。

图8-22 具有吸引力的话题打造后的留言展示

打造具有吸引力的话题，还有另一个要求，那就是在时间和具体事务上的安排，一般来说，话题打造是可以通过提前给出信息来吸引更多粉丝的，且在用户参与的过程中和话题结束后的安排上要妥当，即运营者要充分注意引导用户，提升用户体验，并及时就用户的观点给出自己的态度。

8.3 利用平台功能：两大途径，不要忽视

在今日头条平台上，除了内容外，其本身的一些功能如果运用得好，也是可以快速"吸粉"的，如私信功能和自定义菜单等。本节就针对这两大功能进行介绍。

8.3.1 私信功能：利用免费优质资源

微博、微信公众号平台都有私信功能，今日头条平台则专门设置了"私信"菜单，如图8-23所示。这一菜单的设置，从两个方面为"吸粉"引流提供了便利，具体如下。

图8-23 头条号"私信"功能

一是那些因为某一原因想要发私信的用户，在发送之前是必须关注头条号的，这样才能在手机客户端通过"发私信"按钮发送私信，如图8-24所示。

图8-24 "发私信"操作

就这样，每一个发私信的人都会成为你的用户，当然，这还只是它的第一个引流的便利之处所在。有些用户通过发私信获得了所需要的东西之后，有取消关注的可能，此时运营者可以通过"私信"菜单中的回复功能来介绍自己的头条号，从而提升用户黏性，这是第二个便利。

在这样的两重便利之下，用户很可能成为头条号的粉丝甚至忠实粉丝，其"吸粉"引流的过程是容易操作的，而其结果也是可以预期的。因此，在头条号运营的过程中，可积极通过这一菜单来"涨粉"。

但是，在"吸粉"的过程中还有一个关键点，那就是头条号凭借什么让用户发送私信。一般来说，能让用户发私信的原因，无非就是该头条号有其所需要的优质资源或独家文章，用户能通过发私信的方式获取，因此才推动了这一关注头条号行为的发生。

在"私信"页面，除了可以查看接收到的私信外，还能选择"关键字自动回复"选项，设置相应的回复规则，如图8-25所示。

设置了关键字自动回复规则的头条号，当其收到的私信中含有前面已经设置的关键字内容时，无须运营者手动操作，系统将自动进行回复。

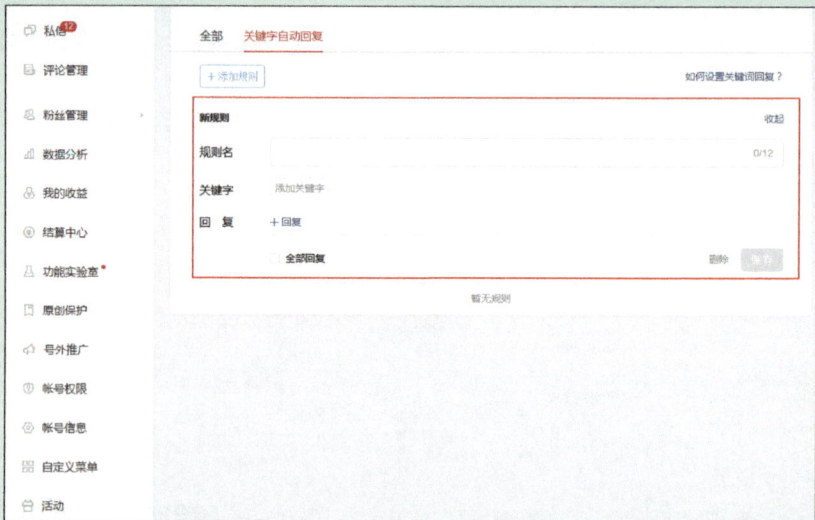

图8-25 "关键字自动回复"的规则设置页面

8.3.2 自定义菜单：利用"精选内容"

一个头条号，运营时间长了，发布的内容自然就多了，用户此时想要查找某一内容的话可能会比较麻烦，对此，今日头条平台提供了一个"自定义菜单"功能，帮助用户查找内容，同时也有利于运营者对优质的"精选内容"进行归类，以便吸引粉丝和增加用户黏性。

在"自定义菜单"页面，可以设置的一级菜单，最多可有3个，当然，运营者可根据自身内容来安排。图8-26所示分别为"二更""有书快看"和"诗词天地"头条号的自定义菜单显示。

图8-26 "二更""有书快看"和"诗词天地"头条号的自定义菜单显示

从图8-26可以看出，这3个头条号的一级菜单的数量是不一样的，且在菜单内容的设置上也各有侧重，如"二更"头条号的"城市系列"就是"精选内容"的典型代表，它在众多的跳转网页中选择了5个典型城市作为这一级菜单的子菜单。另外，很多一级菜单承担着头条号的转化功能，图8-26中的"签到有礼"就是通过头条号来实现粉丝转化的。

除此之外，菜单可能还承担着"互动功能"，也就是说，运营者设置的菜单主要是用来与用户互动的。

无论是"精选内容"，还是"转化功能"，抑或是"互动功能"，都与粉丝运营息息相关。可见，头条号创作者和运营者设置自定义菜单的目的，除了更好地规划内容和提升用户体验这两个可见的目的外，其最终目的还是在于"吸粉"引流。

8.4　其他方式：借助外力

头条号要想快速获得更多用户关注，除了自身的努力外，还能寻求外力来达成这一目标，如在其他的新媒体平台上创建账号来"吸粉"，或者是与其他账号合作"吸粉"。这些都是头条号可以选择的用户发展方式。

8.4.1　利用其他平台：多种方式"吸粉"

随着传统互联网和移动互联网的发展，越来越多的新媒体平台开始出现，所涉及范围之广、内容类型之多，实在是让人目不暇接。而作为在今日头条平台发展的自媒体人，又将有哪些机会可以为自身头条号吸引更多粉丝和引导关注呢？本小节就从社交、资讯和视频等类型的平台出发，来介绍头条号是如何利用其他平台"吸粉"引流的。

1. 社交媒体平台

微信是如今运用范围极广、发展极快的社交媒体平台，与之相关的微信公众平台更是成为众多自媒体发展的摇篮。因此，一些以今日头条为主战场的头条号开始考虑从微信公众平台引流。如微信公众号"头条易"就是一个专门介绍头条号投放传播的平台，用户在阅读其推送的内容时，是极有可能受到其关于头条号介绍的吸引而关注头条号的，如图8-27所示。

图8-27　"头条易"微信公众号内容中的用户引流

2. 资讯平台

如今，提供社会资讯的平台越来越多，如一点号、搜狐号和腾讯内容开放平台等，都是受广大用户喜欢的资讯平台。在此，笔者以一点号为例来介绍引流方法。

一点号是由一点网聚科技有限公司推出的一款为兴趣而生、有机融合搜索和个性化推荐技术的兴趣引擎软件。它本身有着庞大的用户量，这为成功引流到头条号打下了坚实的用户基础。此外，一点号平台的3大特色也将为引流提供助力，如图8-28所示。

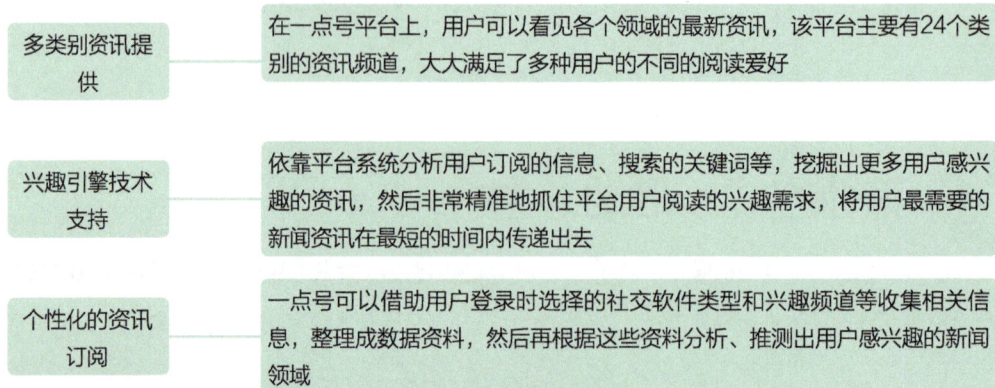

多类别资讯提供	在一点号平台上，用户可以看见各个领域的最新资讯，该平台主要有24个类别的资讯频道，大大满足了多种用户的不同的阅读爱好
兴趣引擎技术支持	依靠平台系统分析用户订阅的信息、搜索的关键词等，挖掘出更多用户感兴趣的资讯，然后非常精准地抓住平台用户阅读的兴趣需求，将用户最需要的新闻资讯在最短的时间内传递出去
个性化的资讯订阅	一点号可以借助用户登录时选择的社交软件类型和兴趣频道等收集相关信息，整理成数据资料，然后再根据这些资料分析、推测出用户感兴趣的新闻领域

图8-28 一点号平台的特色

就这样，在上图所述的平台特色支撑下，头条号运营者可以在与自身账号相关的领域发布他们需要的内容，而一点号能让内容被那些又需好求的读者关注到，而这些读者又恰好是头条号的目标用户群体，他们可能会为了了解运营主体的更多内容而去关注头条号，因此，实现引流也就轻而易举了。

图8-29所示为"老胡写实"头条号在一点号平台上发布的引流内容。

图8-29 "老胡写实"头条号在一点号平台上发布的引流内容

3. 视频平台

在今日头条平台上，经常可以看到右上角有水印为"西瓜视频""抖音"字样的视频内容。由此可知，这些视频平台与头条号之间的引流操作还是可行的。下面以"抖音短视频"为例来介绍其具体的引流方法。

进入"抖音段视频"App的抖音号主页，在账号右侧显示了今日头条图标和"头条主页"字样，点击这里就可以直接跳转至头条号主页了，如图8-30所示。

因此，只要与头条号相关联的抖音号发布内容，用户如果觉得你的视频内容有价值，而其又想了解更多的相关内容，那么，用户是极有可能通过"抖音短视频"平台来关注头条号，从而实现跨平台的头条号引流目标。

图8-30 "抖音短视频"平台的头条号引流

8.4.2 互粉和互推：合作共赢

所谓"互粉"，就是账号双方互相成为对方的粉丝。一般来说，互粉操作可以轻松实现，当运营者进入头条号的主页时，点击"消息管理"按钮，进入"消息"页面，该页面展示了关注了你的用户，如图8-31所示。此时，你只要点击用户右侧的"关注"按钮即可关注对方。

当然，也有你关注了别的头条号但对方却没有关注你的情况出现，此时，用户为了保证互粉的实现，可以在对方推送的内容中留言，提出希望互粉的目的，如"诚信互粉""粉必回"等，这样能在很大程度上提升互粉的成功率。

图8-31 头条号的互粉操作

互推与互粉不同，它还需要借助一定的内容来实现。头条号的互推"增粉"一般包括两种情况，具体如图8-32所示。

头条号调性相似	运营者可以经过思考和衡量，选择一些调性相似的头条号进行"软文"、视频等内容的互推，在这一过程中，互推的理由非常重要，直接影响互推结果
头条号大号带小号	有些头条号并不是单一存在的，而是矩阵形式的，此时就可以采用大号带小号的办法推动矩阵号的粉丝发展

图8-32 头条号的互推方式

第 **9** 章

留存和促活：激励你
的用户持续关注

学习提示

随着头条号群体不断发展，用户可以选择的范围也就越来越
大，因此，对头条号个体而言，如何获得并留住大量粉丝，
让他们持续关注头条号是运营工作的重中之重。本章将介绍
对用户进行留存和促活的各种技巧，希望对广大运营者有所
帮助。

本章重点导航

- 7大技巧，把用户留住
- 6大方式，让用户活跃起来

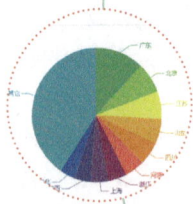

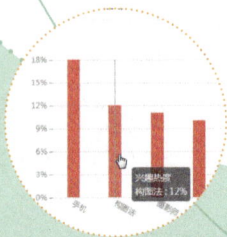

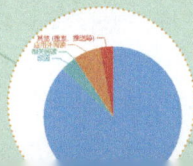

9.1　7大技巧，把用户留住

对运营者来说，仅仅把用户成功引流到平台上是不够的，应进一步把这些引流来的用户留在平台上，让他们为平台的发展提供助力。本节就围绕这一问题，对多种相关技巧进行讲解。

9.1.1　优化产品：着力产品，不断提升品质

关于用户留存技巧，说一千，道一万，归结为一点，还是应该从平台产品上下功夫。

而质量是产品价值的重要体现，每个用户都希望自己关注的产品的质量是过关的，而且用户会结合实际和预期对产品做出评价。所以说，产品的质量在一定程度上直接决定了用户的购物体验。

因此，运营者应该认识到，如果你的产品主体是技巧性、专业性的文章内容，那就应该提供有独到的观点和见解的优质内容，并根据需要不断进行优化。如果你的产品主体是商品，就应该保证产品质优价廉，让用户购买了之后能满意。

相信大家在查看用户留言或评论时经常会发现这种情况，一篇文章出现好评时一般会接连都是好评，并且会通过不同的方式来表达。图9-1所示为头条号"手机摄影构图大全"的一篇文章的部分评价展示。

图9-1　头条号"手机摄影构图大全"的一篇文章部分评价展示

从上图不难看出，用户纷纷对文章表达了赞美和认同，或是对摄影图片本身，或是通过实际行为（如转发、点赞等）。如果仔细看的话，还会发现，用户给好评是因为"美""漂亮""专业"。

而这些词又正好是用户对文章这一产品的质量的形容。换句话来说，用户体验是基于产品质量的。其实，即便是在其他外在条件都挑不出毛病的情况下，只要产品的质量出了问题，都不可能给用户留下好的体验。因此，在头条号运营的过程中，运营者一定要把好质量关。

在这一方面，各大电商平台就做得很好。在如今电商平台如雨后春笋不断出现的环境下，它们的营销策略更是层出不穷。在优化产品方面，不论是从商品自身，还从宣传内容上，都有较大的突破。它们不仅通过各种方式对商品质量做出承诺，还搭配了不同的展现方式。这些都是值得在今日头条平台进行营销活动的管理者和运营者借鉴的，且已有很多企业、商家在推广过程中借用今日头条平台这一渠道，辅以各种技巧和方式，取得了不错的效果。

不论是推送内容的优化，还是商品的优化，归根结底还是平台产品的优化。而对于用户来

说，假如推出的经常是相同的或是"换汤不换药"的内容，抑或是经营的商品在品类、品牌、款式上没有任何更新，那么，用户是不愿意关注的，这样的平台产品注定是留不住用户的。只有不断优化、不断推陈出新，才能留住用户。

9.1.2 击中痛点：打造一个不忍舍弃的理由

古语有云："兵不在多而在精。"其实，不仅在军事领域如此，这一道理同样适用于互联网时代的头条号的运营工作。

任何平台的运营者，假如你追求的是全面，虽然可以吸引很多用户，但是这需要耗费巨大的人力、财力，且在追求全面的过程中，难免出现专业知识方面的错误，会让用户产生不信任感，往往得不偿失。

因此，对于一般的运营者来说，不要贪大求全，而是应专攻一点，尽力在某一点上做到极致，针对特定用户解决他们的痛点需求，那么，这些有着明确指向的用户，将会成为你的平台的忠实粉丝，这是不用怀疑的。

基于此，运营者要想更有效地将更多用户留在平台上，就需要在平台功能或内容的专业性这一角度上下功夫。

就如构图君推出的"手机摄影构图大全"是专攻"摄影构图"的，为那些不知、不精于摄影图片布局的爱好摄影的人士解决摄影痛点问题，最终打造出了一个让用户不忍舍弃的平台。

9.1.3 解决问题：要及时，要有针对性

在已经收集和整理了用户的反馈和体验的情况下，运营者就能明确运营的问题所在，也能更好地了解用户的需求，在此基础上，有针对性地解决用户提出的关于平台的问题，对于留住用户，减少用户的流失率有很大作用，如图9-2所示。

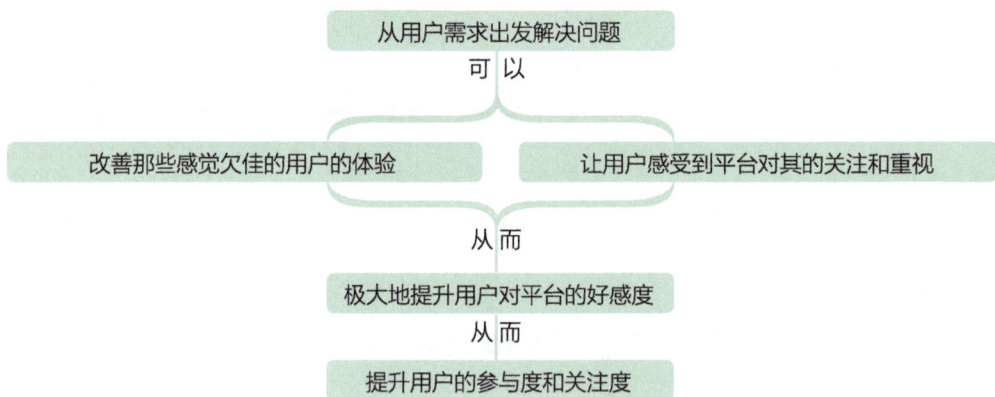

从用户需求出发解决问题

可 以

改善那些感觉欠佳的用户的体验　　让用户感受到平台对其的关注和重视

从 而

极大地提升用户对平台的好感度

从 而

提升用户的参与度和关注度

图9-2 针对性解决用户问题分析

9.1.4 消除抱怨：掌握技巧，提升满意度

许多事情的解决都是有技巧的，如果掌握了技巧，不但能提高办事的效率，更能取得相对较

好的效果。消除用户的抱怨也是如此，只要运营者掌握了社交技巧，从合适的角度进行沟通，不但可以平息用户的怨气，还能让用户对运营者产生好感。

1. 展示不足：大胆承认，勇于不断前进

在运营过程中，难免会出现一些错误或疏漏之处，对这些问题，我们要勇敢地承认，而不能避而不谈。

你承认了，就代表你已经认识到了自己的不足，这本身就是一种巨大的进步。

然后，在未来的运营工作中时刻加以注意，避免出现同样的问题。如此，用户既看到了你对待错误的态度，也看到了你的进步，可以很清楚地了解到头条号的成长，这样就能在很大程度上提升用户的好感度和黏性，有利于留住用户。

2. 用户角度：更好理解，让感情共鸣

所谓众口难调，头条号的各项运营毕竟不能满足所有用户的需求，此时，面对用户的评论和质疑，甚至恶言相向时，运营者应理解，并避免以不好的态度去回应。

面对这种情况，运营者一方面可以有理有据地从侧面委婉地回答；另一方面可以引导用户关注平台的后期表现，以期让用户参与运营，这样在给予用户充分尊重的情况下，提升了用户的关注度，成功地为平台留住了用户。

另外，对于用户提出的合理要求，应尽量满足；如果不能做到，首先要对用户的要求给予理解和肯定，然后再说明做不到的理由。

运营者做到了这些，相信用户对平台的好感度会倍增，继续留在平台的可能性还是很大的。

专家提醒

当然，运营者如果仅仅是口头表示理解，可能用户并不会买账。对此，在表达时应该运用一定的社交表达技巧，让用户认为你确实是理解他的行为的。这样一来，运营者与用户的心理距离就自然而然地拉近了，而沟通也就更容易顺利地进行下去了。

9.1.5　征求意见：多方参与，提升黏性

学会倾听，是良好沟通的前提，对运营者来说更是如此。当然，这里的学会倾听，不仅表现在被动的倾听上，还表现在主动要求的倾听上，也就是说，运营者要有向用户征求意见的想法，从用户出发，为用户而运营，最终实现为用户服务的目标。

有什么没有想到的，可以向用户征求意见，以期让平台运营更优化，将平台建设得更好。有什么做得不好的，也可以向用户征求意见，以便在后来的工作中找到更好的解决办法来提升平台。

学会倾听，向用户征求意见的过程，就是一个不断改进、不断完善的过程，当用户的众多意见和建议在平台的运营中得到了落实，不仅对平台自身有着巨大的意义，也容易让用户产生一种"我与平台同在"的归属感。这样的用户，足可称得上是"铁杆粉丝"了。

9.1.6　做好保证：言必信，行必果

在互联网时代，企业和运营者与用户之间通常不是面对面进行互动的，难免出现信任问题。那么，运营者应该如何降低这一问题的影响呢？

在笔者看来，说到做到才是建立信任的基础，也是让用户对平台产生好感的重要条件。

特别是对在平台上经营电商业务的企业和商家而言，对于用户一般都会担心的质量问题或实物与宣传的吻合度问题，企业和商家唯一能做到的就是做好保证，给用户一个承诺，让用户打消顾虑。在这个前提下，向用户提供优质的产品，换来的将是销售量的提升，以及一个具有购买力的忠实用户。

而对于一般的内容平台而言，运营者应对一些容易产生信任问题的环节做出保证。就拿平台举办的某一项活动而言，对用户做出的承诺是"留言送书"，那么，在承诺的条件范围内，运营者需要做出保证，并让用户看到做出保证后的行动结果——在后续的平台推送信息中，把活动的结果展示给用户，并提醒用户注意查收。

这样，从做出保证，到让用户亲眼看到结果，无疑可以证明活动的真实性，提升用户对平台的好感度，用户也就有了更多留在平台上的理由。

9.1.7　给出奖励：利用利益，关联用户

"财帛动人心"，利益分配无疑是吸引用户和提升用户黏性的有效方法之一。前面提到的"留言送书"活动就包含了奖励的技巧在内。

其实，这样的活动对于企业和运营者而言乃是家常便饭——各种各样的送福利和赠品的活动在时刻进行着，让用户乐于参与，也乐于持续关注平台，可见，通过这一方式来留住用户还是可取的。

当然，给出奖励的活动在运营设置时也不能随意进行，而是要考虑平台的可行性，要量力而行，既能提供更多的动力让用户关注平台，又能保证不食言。

因此，运营者在策划活动和给出奖励时，要考虑自身的能力范围，并保证奖励能准确到达用户手中。

9.2　6大方式，让用户活跃起来

相信运营者在运营过程中已经注意到了，通常每次推送的图文信息的阅读量最多只是用户数的百分之十几，那些没有阅读内容的用户，有些是对此信息不感兴趣，更多的还是用户没有持续地关注，对于这些用户，运营者应该怎么做呢？本节笔者就从6个方面来具体介绍怎样让用户活跃起来。

9.2.1　活动——让用户积极参与

要想让用户活跃起来，利用活动是一种比较有效的方式。只要是活动，就会在促进用户活跃上有一定的影响，只是这种影响有大有小。运营者通常会选择那些能极大地活跃用户的活动，下

面简单介绍常见的促活用户的活动，如图9-3所示。

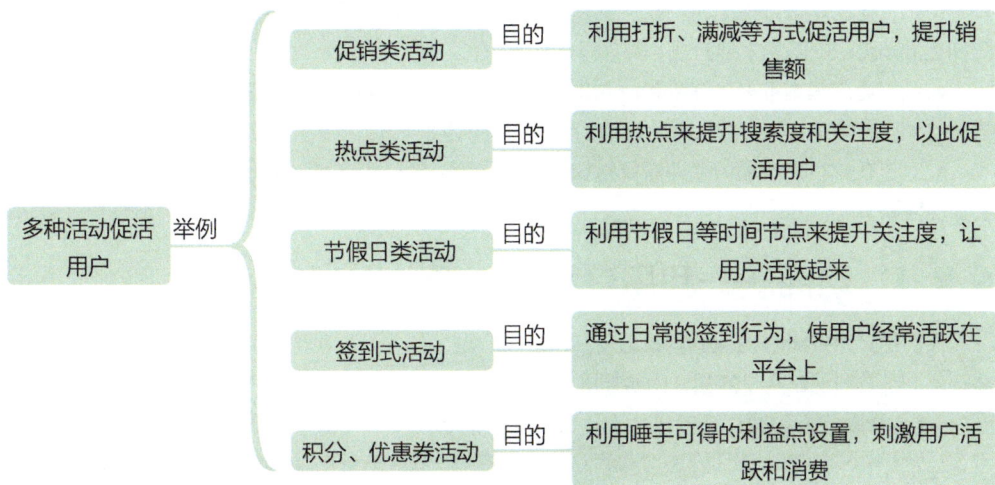

图9-3 多种活动促活用户介绍

	促销类活动	目的	利用打折、满减等方式促活用户，提升销售额
	热点类活动	目的	利用热点来提升搜索度和关注度，以此促活用户
多种活动促活用户　举例	节假日类活动	目的	利用节假日等时间节点来提升关注度，让用户活跃起来
	签到式活动	目的	通过日常的签到行为，使用户经常活跃在平台上
	积分、优惠券活动	目的	利用唾手可得的利益点设置，刺激用户活跃和消费

图9-3 多种活动促活用户介绍

9.2.2　物质——激励用户，行动起来

除活动外，企业和商家制定用户激励机制也是一种必要的促进用户活跃的技巧，一般包括物质、精神等激励，下面介绍通过物质激励机制促进用户活跃的方法。

这里的"物质"既可以是实体物质，也可以是虚拟物质，企业和商家可以根据实际情况来选择，具体分析如图9-4所示。

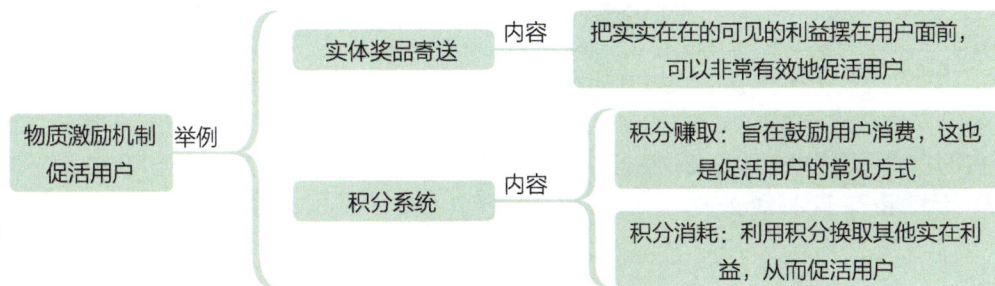

	实体奖品寄送	内容	把实实在在的可见的利益摆在用户面前，可以非常有效地促活用户
物质激励机制促活用户　举例	积分系统	内容	积分赚取：旨在鼓励用户消费，这也是促活用户的常见方式
			积分消耗：利用积分换取其他实在利益，从而促活用户

图9-4 物质激励机制促活用户分析

9.2.3　精神——从心开始，无形触动

相较于物质激励机制促活用户而言，精神激励机制所耗费的成本明显更少，它更多的是从满足用户的心理需求出发，用能给人带来自豪感和荣誉感的方式来激励用户和促活用户。相较于物质激励来说，其影响明显更持久。

就如人们常说的勋章，在现实生活中，只有做出巨大贡献和成就的人才能获得，其所代表的是荣誉和地位，而在现实生活中又是不能人人都获得勋章的。基于这一点，一些平台以颁发虚拟的勋章来激励用户关注，并让其积极活跃在平台上。

又如，无论是排行榜还是特权，都是给予活跃用户或持续有着某种活跃行为的用户的，是从精神上激励用户的两种主要方式，具体分析如下。

- 假如用户根本不去关注平台，对平台建设没有任何助力，那么其在排行榜上的位置必然是靠后的，自然也丧失了特权，因此，他们若想改善现状，必定会经常关注平台和参与平台活动。

- 对于在排行榜上靠前和拥有了特权的用户而言，他们有一种"秀出于林"的优越感，自然会更加活跃。

9.2.4 功能——利用好奇心，牵动用户

人都是具有好奇心的，运营者可以利用这一心理，通过开发新功能和升级旧功能来提升用户活跃度。主要表现在两个方面，内容如下。

（1）**升级的新功能**：在今日头条平台上，一些功能是有等级区别的，如头条认证。一般来说，运营初期的头条号只能进行实名认证，而在有"加V认证"功能的对比下，大家一般会认为："加V的头条号的内容会更优质"。那么，通过"加V认证"实现功能升级，可以让平台内容的品质瞬间提升一个台阶，创新用户的看法，让用户更有意愿去关注平台。

（2）**开发的新功能**：新功能的推出无疑是平台发展过程中的一大进步，笔者相信，更多的用户是愿意去尝试新功能的，这无疑也是促活用户的有效方式。

9.2.5 信息——及时通知，提醒关注

运营者和平台每天推送信息，用户每天接收信息，看起来平台与用户之间很活跃。其实不然，若通过这种信息的推送和接收来考查活跃度是没有任何依据的，因为平台与用户个体之间是没有一对一的直接接触的，长此以往，必然使得用户与平台之间关系漠然。

而要改变这种状态，可以采用更直接的信息通知的方式来活跃用户与平台之间的关系。具体来说，利用信息通知的方式促活用户主要有3种方式，即短信、电子邮件（EDM）和服务信息（PUSH）。这些方式都能更加醒目、直接地传达信息的要求，从而可以增加与用户之间的联系，活跃用户，具体分析如下。

1. 用短信、PUSH（服务信息）促活

无论是短信还是PUSH，都是信息，因而在实现用户召回上有着共同点。首先，它们都有着比较高的送达率和打开率，这一点对促活召回非常重要，也是运营者选择这一渠道促活用户的主要原因所在。

但是要注意的是，在考虑其优点的同时也不要忘了其缺点的存在。这一类用户促活方式，一方面，它内容比较单一，大多是以文字为主的文案形式，有时包含链接，在内容的新颖和吸引力方面明显有所不及；另一方面，这种促活方式用得多了，容易让用户从心底产生反感，一不小心就有可能被拉黑或屏蔽。

可见，用短信、PUSH促活用户，有如一把双刃剑，只有把握好一个度，才能对促活用户有效；否则，将会适得其反，让用户讨厌的同时也破坏了前期已有的运营成果。那么，怎样才能让这把双刃剑向好的一面发展呢？一般来说，应该从以下几个方面着手，如图9-5所示。

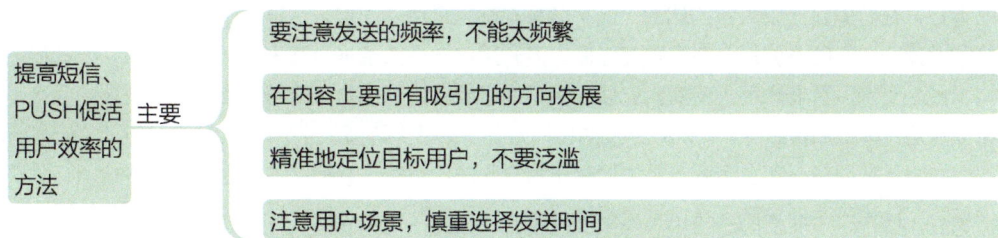

提高短信、PUSH促活用户效率的方法　主要

- 要注意发送的频率，不能太频繁
- 在内容上要向有吸引力的方向发展
- 精准地定位目标用户，不要泛滥
- 注意用户场景，慎重选择发送时间

图9-5 提高短信、PUSH促活用户效率的方法

2. 用电子邮件信息（EDM）促活

与短信、PUSH促活用户相比，发送电子邮件来促活用户的优势主要表现在其内容类型的多样性上，除了短信、PUSH方式常见的文字和链接外，还可以包含图片、视频等内容。当然，任何事物都有两面性，用电子邮件促活用户也是如此，它的劣势主要表现在电子邮箱的使用率较低和容易被屏蔽两个方面。

运营者如果想要利用电子邮件更好地完成用户促活的任务，那么就需要在两个方面加以努力，具体内容如下。

- 标题方面：需要撰写一个非常"吸睛"的标题，这样用户才会愿意打开，才有促活的可能。
- 规范方面：应该确立一定的规范，从而让其符合反垃圾邮件联盟的规范，这样才能不被屏蔽。

9.2.6　互动——多沟通，多服务

人与人之间的关系就是要经常联系沟通才能长久保持，而头条号的运营也是如此，在平台上与用户多沟通，多为用户服务，是一种促活用户的好策略。

1. 多沟通

要想运营好头条号，让用户经常活跃在平台上，从沟通方面来看，可在两个层面加以发展，具体内容如下。

（1）把忠诚用户变为你的好友。一个头条号，总是会有一些喜欢它的用户存在的，对这些用户，首先应该通过用户留言和留言回复与之熟悉起来，并在用户心中建立起一个逐渐清晰的形象，让用户了解你、认识你、认可你，并在这一过程中，让双方的联系更紧密，如可以创建一个有关头条号的微信群、QQ群等，专门用来与用户沟通，针对其中一些用户，可以考虑让他们成为你的好友，这样才能构建起长久的联系。

（2）要时刻关注用户。有些运营者在后台回复评论时，可能纯粹是为了完成工作任务而进

行的，其实，要想让用户更加活跃，运营者应该把用户放在心里，让用户感受到你真诚的态度。比较明智的做法就是对待新老用户要分别采用合适的态度。

如果是老用户，他们已经关注头条号很久了，经常在阅读了文章之后留言，对这些用户，运营者应该在心里有一个大致的认识，而不能每次都用套话去回复，这样会让用户对头条号产生不好的印象。正确的态度是：在开始的时候多鼓励用户关注头条号，在进展一段时间后，要让用户清晰地感受到运营者态度上的变化，让他知道你已经认识到他对头条号的支持了。发展到后来，可以采用一种更加亲切的、仿佛老朋友对话的方式在平台上沟通。

如果是新用户，那么运营者首先要感谢对方关注头条号，并把关注之后能获得的价值和收获说清楚，让用户明白关注该头条号还是值得的。然后再循序渐进地引导用户关注你、了解你。在这样的情况下，那些对头条号感兴趣的新用户就有可能一直活跃在平台上，持续关注头条号。

2. 多服务

多为用户服务，也是让用户活跃在平台上的典型策略。这也可从两个方面进行，具体内容如下。

（1）有需求，及时在回复中解决。用户一般会在留言和评论中提出需求，对这些需求，能解决的应及时解决，不能解决的也可以指导用户有哪些途径可以帮助解决，或是明确表示抱歉，无法为对方解决问题。这些都是赢得用户好感，便用户愿意持续关注的重要原因之一。

（2）针对需求，推出有价值的内容。这也是为用户服务的策略之一。例如，春天来了，万物复苏，各种类型的花次第开放，在这个时候，通过关于摄影技巧的头条号，把拍摄花的技巧告诉用户，做到提前为用户提供服务内容。这样，自然而然便会达到提升用户黏性、让用户活跃在平台上的目标了。

访问来源
应用外阅读：1093 (6.25%)

推荐　粉丝　相关阅读　应用
搜索、推送等）

第 10 章

数据分析：觉得难学？
几招就够了

排序
通过对数据进行排序来
快速查找值。

学习提示

要想为头条号的运营找到一个正确的方向，那么数据是必不可少的。运营者不仅要学会如何在后台查看各项数据，还要学会如何进行数据分析，以及怎样用图表来更直观地表现和比较数据。对于这些问题，笔者将在本章中为大家——进行解答。

本章重点导航

- 用户数据：了解你的关注者
- 内容数据：掌握你的推送情况
- 用户兴趣热度分析：得出最高占比
- 通过相同的关注者：寻找合作平台

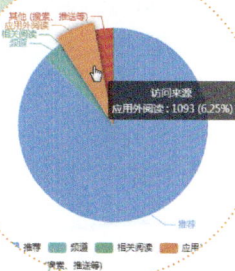

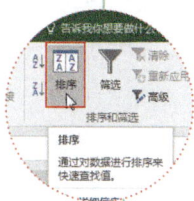

有相同受众的平台数据统计表

粉丝人数	最新文章阅读数	评
158万	710000	
31万	83000	
76万	1682	
14万	124	
4万	20	

手机摄影入门：小型
4.1万阅读 · 40评论 · 2018-04-1

摄影入门到精通：从这10个
2.2万阅读 · 46评论 · 2018-04-17 12:48

摄影高手才会的大招！

10.1 用户数据：了解你的关注者

随着今日头条平台的头条指数的下线，各种功能的开通更多的还是要通过粉丝数来判断，因此运营者有必要更清楚地了解自身头条号的粉丝情况，从而为吸引更多粉丝做准备。

本节将从数据角度出发，为运营者实现快速引流提供更便捷的、有明确方向的策略指导。

10.1.1 查看新"增粉"丝数据

关于用户数据，运营者首先要了解的就是每天有多少新"增粉"丝关注了你，又有多少粉丝取消了关注，以及平台一共积累了多少粉丝等，这些都是要掌握的关于用户数量的最基本的情况。本小节笔者主要介绍查看平台新"增粉"丝数据的具体方法。

运营者要查看新"增粉"丝数据，需要单击"粉丝管理"按钮并在弹出的下拉列表框中选择"粉丝概况"选项才能查看，如图10-1所示。

图10-1 查看新"增粉"丝数据的操作

> **专家提醒**
>
> 由上图可知,在"粉丝概况"页面,最上方显示了"粉丝数""粉丝累计阅读量"和"粉丝收益"3个数据;接着才是"头条粉丝"数据情况。

在"头条粉丝"区域，可以查看"7天""14天"和"30天"的新"增粉"丝数。图10-2所示为头条号"手机摄影构图大全"后台显示的以30天为一个时间段的新"增粉"丝趋势情况的折线图。在该趋势图上，将鼠标指向不同的节点（日期点），还能够看到该日期下的详细的新增人数数据，如图10-3所示。

图10-2 头条号新"增粉"丝数据趋势折线图

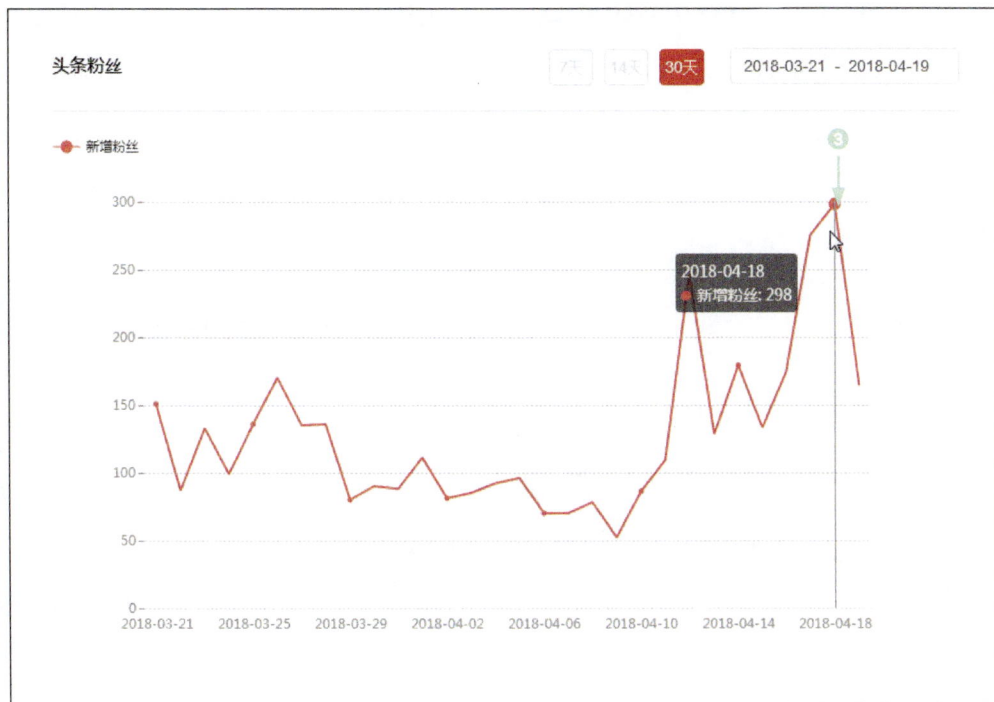

图10-3 显示具体日期的新"增粉"丝数据趋势折线图

分析上面两幅新"增粉"丝数据的趋势图有两方面的意义。

（1）观察新"增粉"丝的趋势，可以以此来判断不同时间段的宣传效果。

整体趋势：从图上可以看出，❶该头条号这30天内的前期和中期趋势较平缓，折线图起伏不大，且在中期新"增粉"丝数有所回落，❷当运营到后期时，数据迅速攀升。但是无论是哪一个时间段，在这30天内，每天都有50人以上关注了该头条号，可见在宣传推广上还是不曾懈怠的，时常有吸引用户的原创内容推出，从而取得了不错的宣传效果。

（2）观察趋势图的"峰点"和"谷点"，可分析出不同寻常效果出现的原因。

峰点：表示的是趋势图上处于高处的一个节点在此节点之前，数据上升，在它之后数据则下降。它与"谷点"相对，都是趋势图中的特殊点，意味着头条号的内容推送可能产生了不同寻常的效果。

图中❸处，是2018年4月18日的新"增粉"丝数据，数值为298人。那么，为什么这一天的新"增粉"丝人数呈现"峰点"的趋势呢？此时就需要找出原因，是因为平台内容吸引人、关键词布局得合理、文章标题有吸引力，还是其他的原因，等查明原因后，运营者就相当于积累了一次经验，以后可以把这种经验复制下去，从而不断地获得更好的效果。

10.1.2 查看取消关注数据

通过"取消关注"的数据就能了解每天有多少粉丝取消了关注，一旦发现取消关注的趋势图呈现增长态势，那么运营者就要格外注意了，要努力找出问题所在，然后尽可能避免这种趋势继续增长。

在头条号后台的"头条粉丝"区域，是没有取消关注趋势图的，要想查看具体的取消关注人数，可在"头条粉丝"区域选中时间区间的情况下，向下滑动鼠标，在页面下方的"数据列表"区域显示了"取消关注"数据。

图10-5所示为与图10-2对应的数据列表，它是分3页显示的，这里只截取了其中的一页。

图10-5 "数据列表"区域

图上清楚地显示了该段时间每天取消关注的人数。如果用户想要更直观地了解粉丝取消关注的趋势变化，可以单击该区域右上角的"导出Excel"按钮下载数据，然后绘制成折线图来查看趋势效果。图10-6所示为笔者根据上图区间中的数据绘制成的表示趋势的折线图。

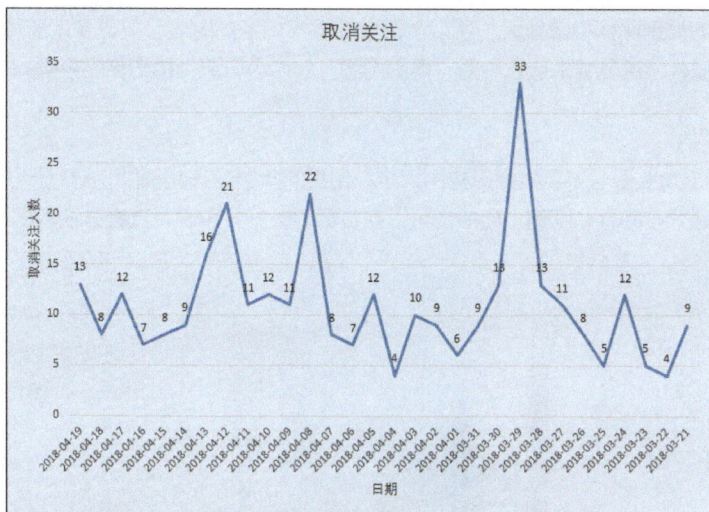

图10-6 根据所选时间区间的数据绘制成的表示趋势的折线图

从上图中可清楚地查看30天内每天的取消关注人数和取消关注的趋势情况，运营者应该根据所绘制的折线图去分析取消关注人数较多的那些时间的头条号内容以及相关运营情况，以便找到用户取消关注的主要原因，然后才好对症下药进行改正，以便在后期运营中获得佳绩。

10.1.3 查看用户属性数据

进行关于用户属性的分析也是头条号用户数据运营的重要内容。在头条号后台，"用户画像"页面从性别、年龄、地域、终端、内容分类、更受关注的关键词和与其他平台的共同用户等方面，为运营者构建了一幅较完整的用户画像。通过这些用户属性信息，运营者可以从用户角度更好地安排内容。

本节将从性别、年龄、地域和终端4个方面来进行介绍，更进一步感受用户属性数据带给我们的内容运营上的启发。

1. 用户性别数据

图10-7所示为头条号"手机摄影构图大全"用户的性别比例图。这一项数据没有具体粉丝数的呈现，它只显示了男、女用户比例，运营者可以直观地了解男女比例和双方占比情况。

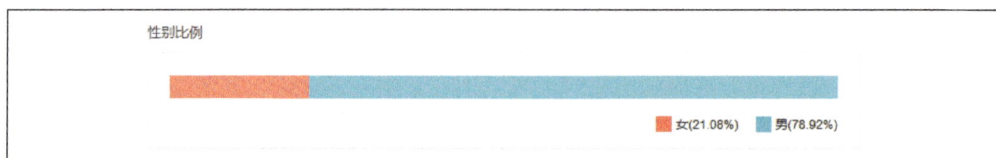

图10-7 "手机摄影构图大全"头条号的用户性别比例图

查看了用户性别比例后，从图10-7中运营者可以得出以下结论。

该头条号男性用户比例和女性用户比例相差很大，其中男性用户约为女性用户的4倍，运营者要根据头条号的定位来判断这样的比例是否与其目标用户群体相匹配。

因为用户的性别比例相差很大，所以运营者在发布内容的时候，要更多地兼顾男性用户的喜好习惯和行为模式，这就要求运营者对"摄影构图"的内容有更为精细化的分类。

2. 用户年龄数据

图10-8所示为头条号"手机摄影构图大全"用户的年龄分布比例图，把鼠标放在图上，可以看到各年龄区间分布的具体比例。用户也可以在右侧的数据分布表中查看详细数据。

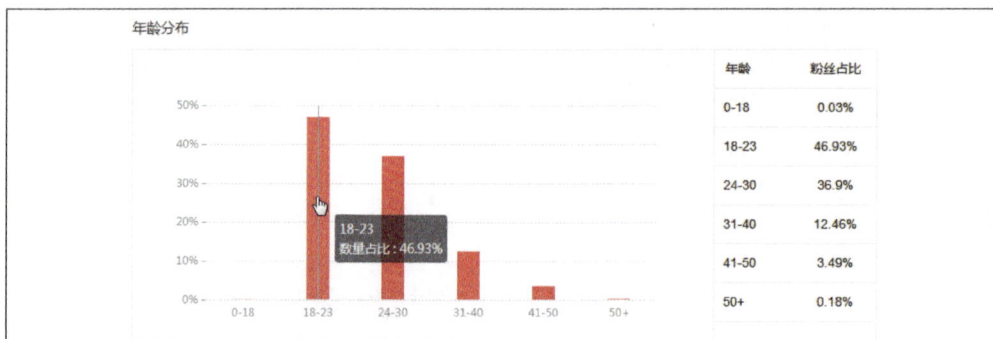

图10-8 "手机摄影构图大全"头条号的用户年龄分布比例图

查看了用户年龄分布比例后，从图10-8中运营者可以得出以下结论。

该头条号用户的年龄主要集中在18~23岁与24~30岁两个区间，且这两个区间用户所占的比例都在35%以上，远比其他年龄阶段的用户要多得多，总和更是高达83.83%。

因为这些用户都属于青年群体范畴，是比较年轻的一代，有他们特有的喜好、习惯等，因此，运营者在发布内容的时候，可结合他们喜欢的领域来撰写摄影构图文章，如影视娱乐、游戏、网络等，相信这样能实现更好的运营效果。

3. 用户地域数据

图10-9所示为头条号"手机摄影构图大全"用户的地域分布图。

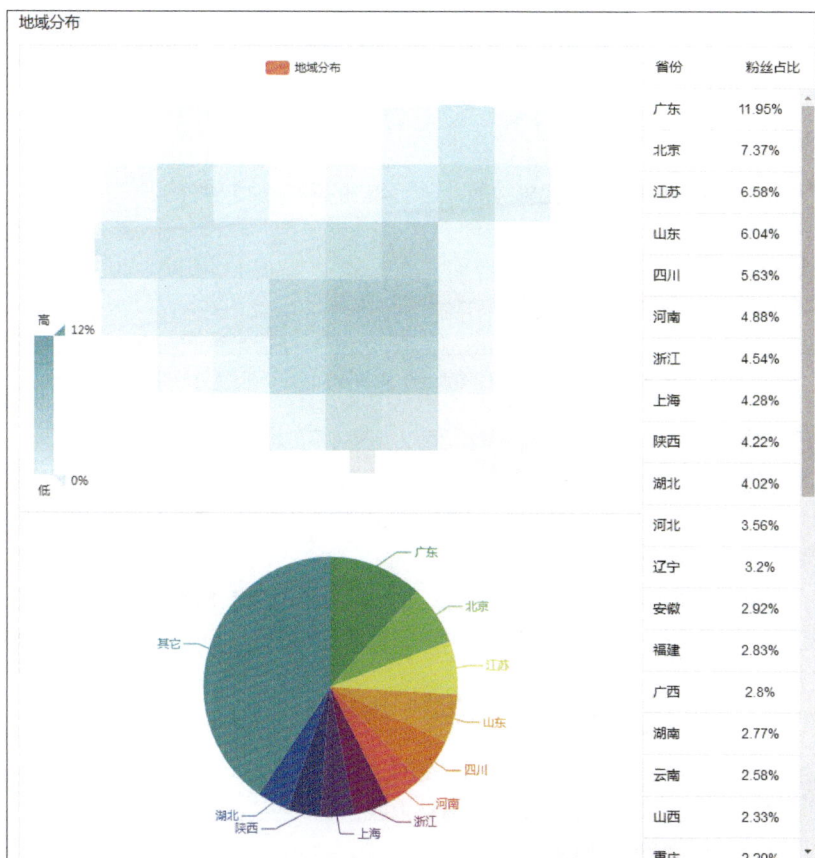

图10-9　"手机摄影构图大全"头条号的用户地域分布百分比饼图

在该图上，除了一个利用颜色深浅表示用户分布的全国地图外（已隐去），另外还有一个表示用户分布百分比的饼图和详细的数据分布表。原本饼图上是没有显示具体的百分比的，此时用户可以对照其右侧的数据分布表查看，也可以把鼠标放在其中某个色块上，该色块就会突出显示并出现相应的百分比数据，如图10-10所示。

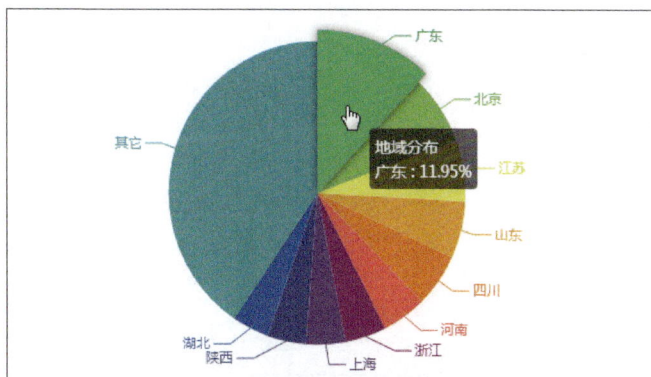

图10-10　用户地域分布百分比饼图的数据突出显示效果

用户地域分布情况也是运营者必须要了解的用户属性要素，一般来说，可从图10-11所示的几个方面着手。

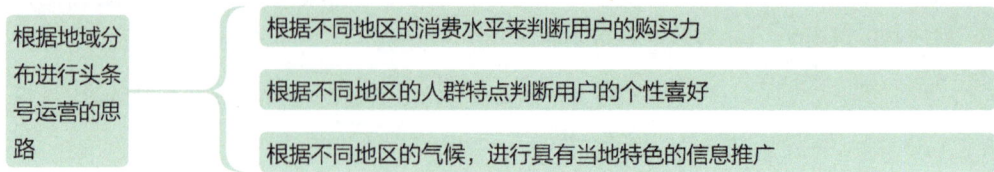

根据地域分布进行头条号运营的思路

根据不同地区的消费水平来判断用户的购买力

根据不同地区的人群特点判断用户的个性喜好

根据不同地区的气候，进行具有当地特色的信息推广

图10-11 根据地域分布进行头条号运营的思路

4. 用户终端数据

图10-12所示为头条号"手机摄影构图大全"用户的手机终端分布图。

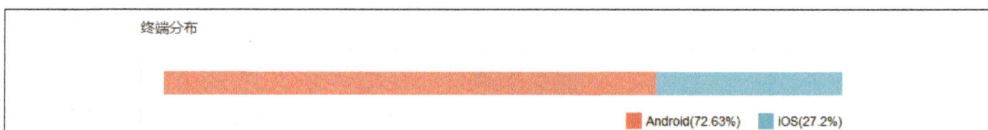

终端分布

Android(72.63%)　IOS(27.2%)

图10-12 "手机摄影构图大全"头条号的用户手机终端分布图

查看了上图所示的用户终端使用分布比例后，运营者可以得出以下结论。

该头条号使用Android系统终端的用户几乎占了用户总数的3/4，远多于使用iOS系统终端的用户。因此，运营者可以从这一点出发，在推送的内容中多介绍一些Android系统手机的摄影技巧，以赢得多数用户点击和认可。

当然，运营者如果有志于在更大范围内发展，也可适当增加针对iOS系统终端的摄影知识，一方面可以提升内容的专业性，另一方面也兼顾了有着一定数量的iOS系统终端用户群体。

10.1.4 偏好哪些分类内容

头条号用户对内容的偏好也是用户属性的组成之一，只是与上一小节介绍的纯粹从用户自身体现出来4个客观方面不同，用户偏好哪些分类内容，更多的是建立在主观上的数据情况，为运营者提供了明确的内容运营方向的。

图10-13所示为头条号"手机摄影构图大全"用户的偏好分类内容分布图，将鼠标放在图上，可以看到该柱状图所代表的分类内容的具体比例。

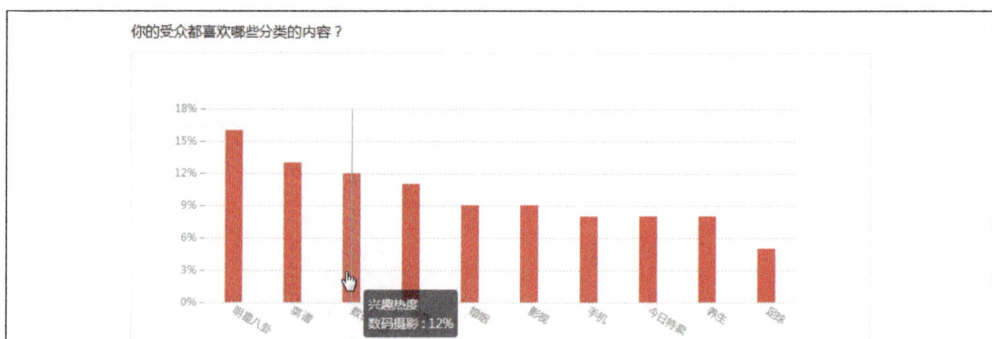

你的受众都喜欢哪些分类的内容？

18%
15%
12%
9%
6%
3%
0%
明星八卦　美食　数码　搞笑　影视　手机　今日精选　养生　旅游

兴趣热度
数码摄影：12%

图10-13 "手机摄影构图大全"头条号的用户偏好分类内容分布图

从该柱状图中可以很清楚地看到不同偏好的用户的比例差距和具体占比，有了这些数据，运营者便可大致把握内容的拓展方向，接下来的运营工作也就会更加得心应手。

10.1.5　偏好关注哪些关键词

与偏好哪些分类内容相似，了解用户偏好哪些关键词也是可以为具体的运营工作提供直接的指导的。更重要的是，它是针对头条号所推送内容的所属分类而得来的结果，因而可以在内容中更多地合理植入用户偏好的关键词，以便使其内容更多地被用户搜索和喜欢，从而促进头条号的发展和壮大。

图10-14所示为头条号"手机摄影构图大全"用户的偏好关键词分布图，同样，将鼠标放在图上，可以看到该柱状图所代表的关键词的具体比例。

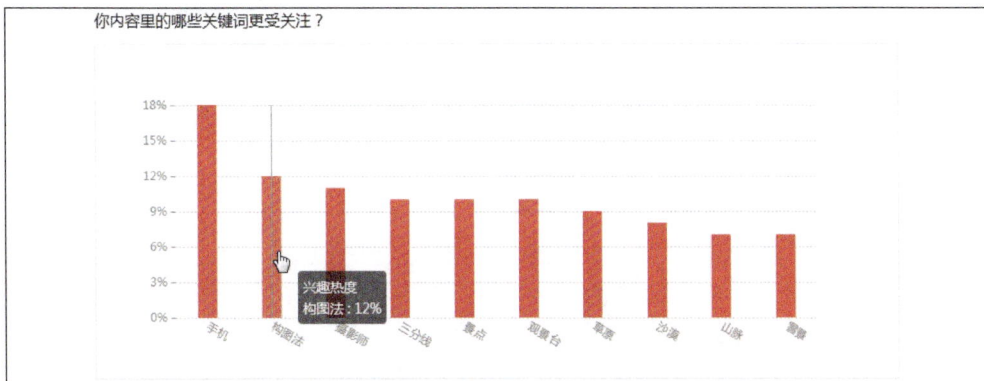

图10-14　头条号"手机摄影构图大全"的用户偏好关键词分布图

10.2　内容数据：掌握你的推送情况

如果说上一节是从用户的角度出发来进行数据分析，在了解了目标群体的情况下来推广运营，那么，下面将从运营者的角度出发来进行数据分析，也就是说，基于头条号所发布的内容的各种数据情况来了解头条号发展现状，分析前段时间内容运营的经验与成果以及总结不足等。

10.2.1　概况数据：掌握头条号状况

运营者只要单击头条号后台主页的"数据分析"按钮，即可进入相应页面查看当天的推送内容数据概况，如图10-15所示。

从图上可以看出，在上方区域，显示了文章量、推荐量、阅读量、粉丝阅读量和评论量5项数据，而在下方的柱状图中则多了转发量和收藏量两项。

同时，运营者如果想了解某一段时间内容的数据概况，可以单击"7天""14天""30天"按钮或在时间区间选择框中选择想要了解的时间区间。图10-16所示为"14天"的内容数据概况图。

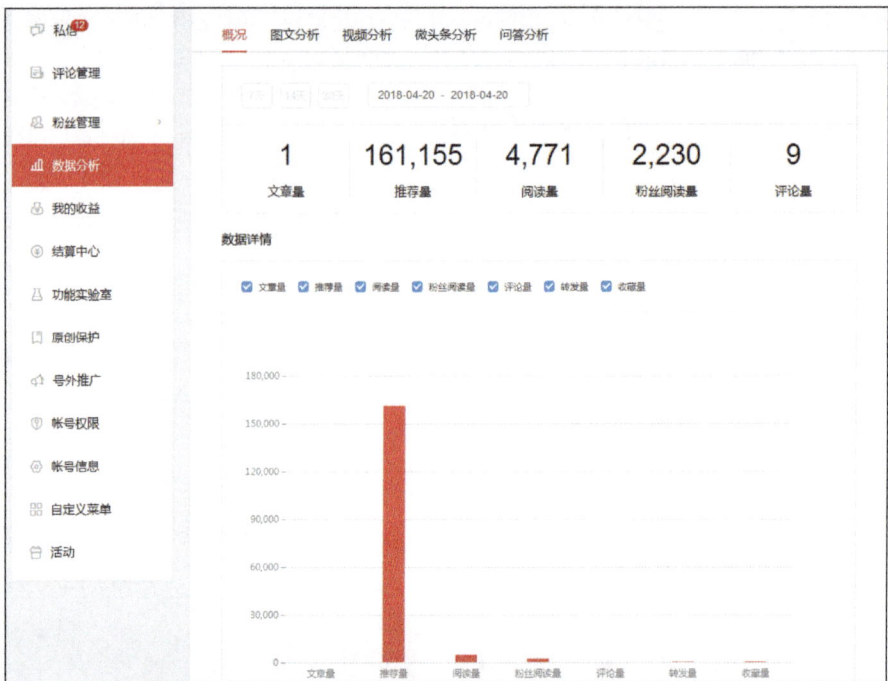

图10-15 关于当天的推送内容的数据分析概况

图10-16 "14天"的内容数据概况图

与当天的内容数据概况图不同，图10-16中是以折线图这种能更好地表达发展趋势的形式来展现数据概况的。细心的读者会发现，在折线图上方的图例中，既有灰度显示的比例，也有亮度显示的比例，运营者可根据需要单击相应的图例，即可让折线图中对应的线条显示或隐藏。

图10-17所示为相对图10-16而言，取消了"文章量"显示，增加了"评论量"显示的数据详情折线图。

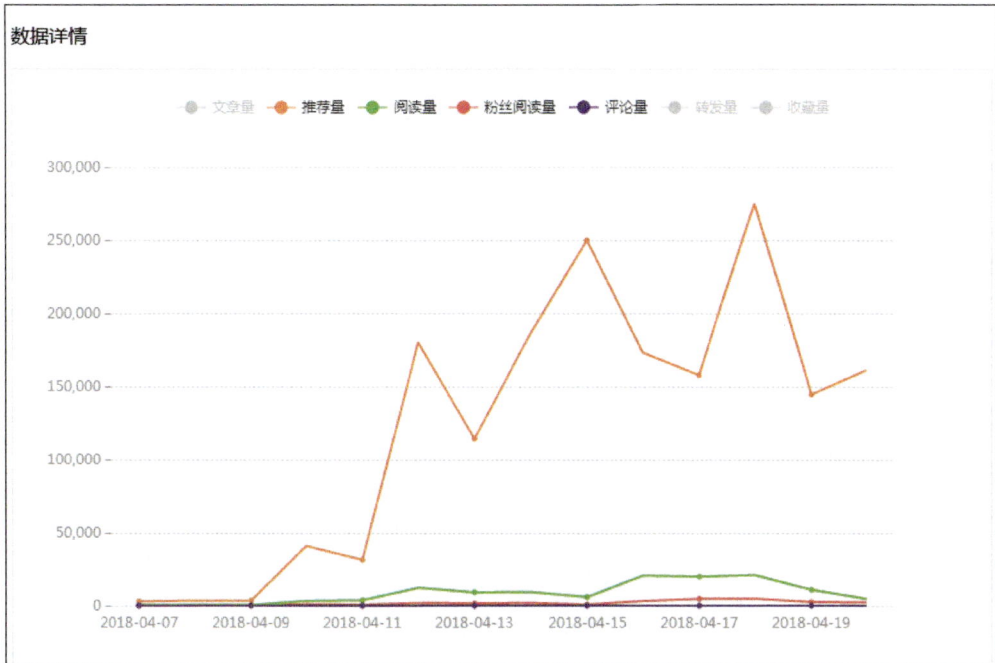

图10-17 选择了不同图例显示的"14天"的内容数据概况图

在此，笔者还要补充一点，那就是在"概况"页面下方，还有一个表现各项数据的数据分布表。在该表中，除了上述数据外，还有表示视频数据概况的"播放量"和"粉丝播放量"两项内容，如图10-18所示。

导出Excel

时间	推荐量	阅读量	粉丝阅读量 ⑦	播放量	粉丝播放量 ⑦	评论量	收藏量	转发量
2018-04-20	161155	4771	2230	0	0	9	483	369
2018-04-19	144461	10953	2565	0	0	18	1086	847
2018-04-18	274995	21074	4852	0	0	35	2244	1529
2018-04-17	157709	19905	4683	0	0	35	2474	1670
2018-04-16	173093	20671	3265	0	0	30	1567	1391
2018-04-15	249980	5981	767	0	0	19	539	362
2018-04-14	185972	9446	1892	0	0	21	756	512
2018-04-13	114270	9174	1587	0	0	10	521	429
2018-04-12	180192	12329	1981	0	0	18	978	793
2018-04-11	31730	3876	797	0	0	6	375	332

图10-18 内容数据"概况"页面的数据详情分布表

10.2.2 图文分析：优化内容，提升阅读量

在“数据分析”页面，运营者单击页面上方的“图文分析”按钮，即可切换到“图文”页面，在该页面的“图文数据”标签下显示了“图文分析”页面的内容，如图10-19所示。

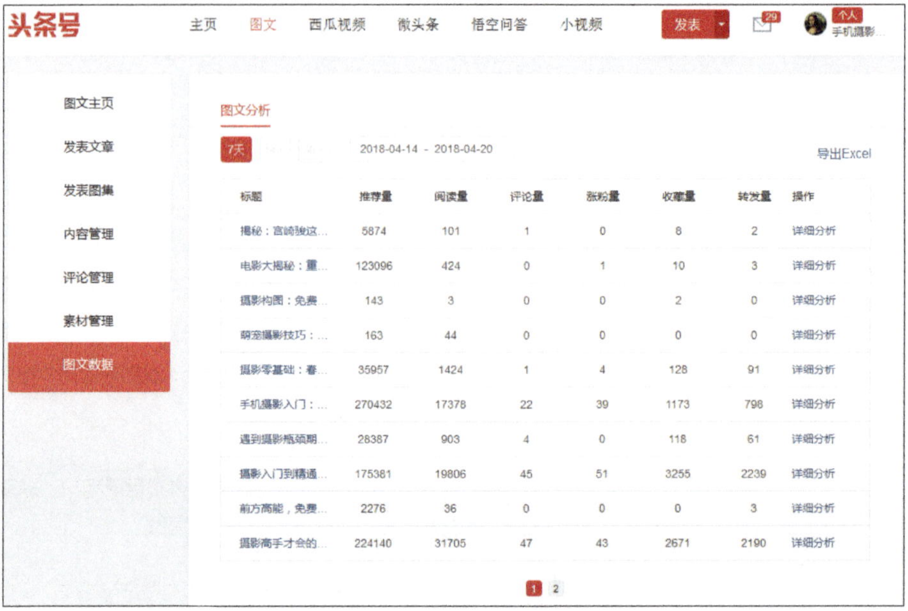

标题	推荐量	阅读量	评论量	涨粉量	收藏量	转发量	操作
揭秘：宫崎骏这...	5874	101	1	0	8	2	详细分析
电影大揭秘：重...	123096	424	0	1	10	3	详细分析
摄影构图：免费...	143	3	0	0	2	0	详细分析
萌宠摄影技巧：...	163	44	0	0	0	0	详细分析
摄影零基础：春...	35957	1424	1	4	128	91	详细分析
手机摄影入门：...	270432	17378	22	39	1173	798	详细分析
遇到摄影瓶颈期...	28387	903	4	0	118	61	详细分析
摄影入门到精通...	175381	19806	45	51	3255	2239	详细分析
前方高能，免费...	2276	36	0	0	0	3	详细分析
摄影高手才会的...	224140	31705	47	43	2671	2190	详细分析

图10-19 “图文分析”页面

从上图中的各个图文数据中，笔者得出了以下运营结论。

（1）高推荐量是基础。图文内容只有具有高推荐量，才能在更广的范围内被受众看到，这样才能提升用户阅读的可能性，相应地，如评论量、“涨粉”量、收藏量和转发量也才能更高。

否则，在推荐量很少的情况下，即使文章质量再好、阅读率再高（阅读率=阅读量÷推荐量），那么其阅读量还是有限的，后面的几项数据自然也就会很少或几乎没有。因此，通过多方面努力提升推荐量是运营的基础。

（2）价值展示很重要。在有了高推荐量的基础上，标题中的价值展示很重要。由图可知，在阅读量、评论量、“涨粉”量、收藏量和转发量方面数据较高的前3名，无一不是在标题中明确展示了阅读者所能获得的技能的文章——“手机摄影入门”“手机摄影入门到精通”和“摄影高手”。

在此以《电影大揭秘：重温〈千与千寻〉，宫崎骏的构图竟如此简单》和《摄影入门到精通：从这10个层面突破摄影瓶颈期（有深度）》为例来进行分析。下面把这两篇文章的各项数据单独拿出来做成一个表格，如表10-1所示，以便进行对比。

表10-1 头条号两篇文章的数据对比

文章名称	推荐量	阅读量	评论量	“涨粉”量	收藏量	转发量
《电影大揭秘：重温〈千与千寻〉，宫崎骏的构图竟如此简单》	124241	433	0	1	10	3

文章名称	推荐量	阅读量	评论量	"涨粉"量	收藏量	转发量
《摄影入门到精通：从这10个层面突破摄影瓶颈期（有深度）》	175536	19819	45	51	3257	2242
（文章2－文章1）/文章2	29.2%	97.8%	100%	98.0%	99.7%	99.9%

　　这两篇文章的推荐量都在10万以上、20万以下，相差不是太悬殊，然而在这样的推荐量下，两者的阅读量相差就比较大了。更让人吃惊的是，两者的评论量相差的比值达100%，撇开这一倾向于互动度的数据项不谈，再来看后面的""涨粉"量""收藏量"和"转发量"这些表示读者所获取的文章信息价值的数据，其比值都达到了98%及以上，可见，在标题上充分地展示价值还是很重要的，特别是给人一种你看了就能成长或有所突破的标题。当然，这些都是建立在优质原创内容基础上的，否则再好的标题也是白搭。

　　再接着前面的"图文分析"页面来进行介绍。在图10-19中可以看到，在每篇文章的"操作"栏下方有一个"详细分析"按钮，单击该按钮即可进入文章内容数据"详细分析"页面。该页面包括了3个区域的内容，如图10-20、图10-21和图10-22所示。

图10-20 文章阅读数据概况区域

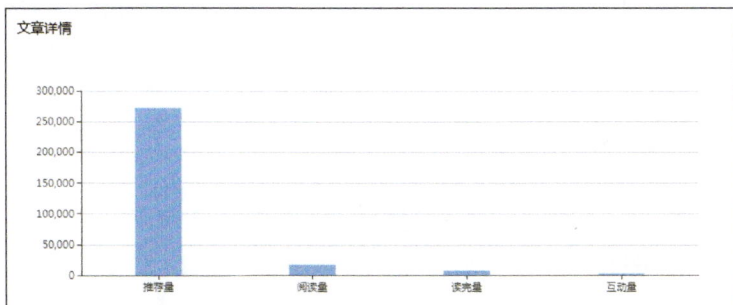

图10-21 "文章详情"区域

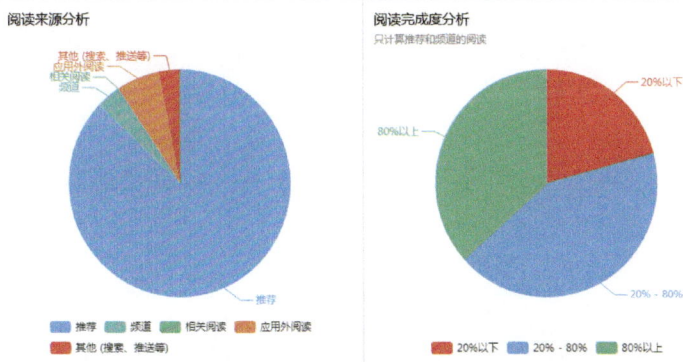

图10-22 "阅读来源分析"区域

其中，图10-20所示的区域包括3个方面的数据，具体如下。

● 平均阅读进度：对于所有点击阅读的用户，他们阅读该篇文章的平均完成度的百分比。这是判断一篇文章是否有价值和值得阅读的重要指标，往往该项百分比越高，该篇文章的阅读价值也就越大。

● 跳出率：即在所有点击阅读的用户中，有多少人是在还没有读完20%的内容时就放弃了阅读的。这个数据的含义恰好与平均阅读进度相反，往往百分比越高，说明该篇文章阅读价值可能就越小。

● 平均阅读速度：对于所有点击阅读的用户，他们阅读该篇文章的平均速度的百分比。这一数值以"字/秒"为单位，表示用户平均一秒钟阅读了多少字。这一数值是由多个方面决定的，一般而言，内容越容易让人理解，其平均阅读速度就越快。

关于"文章详情"中的"推荐量""阅读量""读完量"和"互动量"很好理解，这里就不再进行讲述。而在"阅读来源分析"和"阅读完成度分析"区域，运营者移动鼠标至图上某一色块中，就会显示该色块的含义、详细用户数据及其比例。在此以阅读来源分析中的"应用外阅读"为例来进行介绍，如图10-23所示。

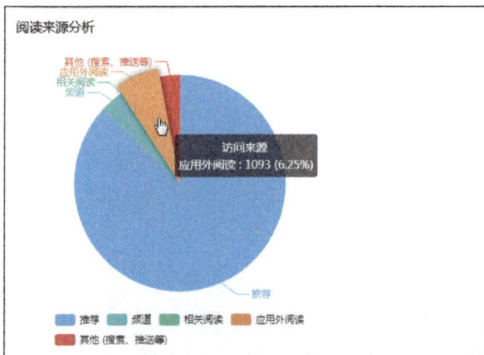

图10-23 阅读来源分析的"应用外阅读"数据

所谓"应用外阅读"，即被分享到其他平台（如新浪微博、QQ空间等）或转发到其他应用里的头条号文章阅读量，这里的"应用外"是相对于今日头条客户端来说的。

从图上可以看出，突出显示的色块所代表的是阅读来源的"应用外阅读"，其具体的用户数据为1093人，占用户阅读总数的6.25%。

10.2.3 视频分析：精细化数据促进运营

运营者如果想要分析视频内容，则可以单击"西瓜视频"按钮，进入"西瓜视频"页面，然后在"内容分析"页面中查看。图10-24所示为某一天的视频内容"数据分析"页面。

图10-24 某一天的头条号视频内容"数据分析"页面

西瓜视频产品的"内容分析"页面分为两大区域，具体如下。

一是"昨日关键数据"，它包含了"昨日播放量""昨日粉丝播放量""累计播放量"和"累计播放时长（分钟）"4项内容。

二是视频内容数据分布表，显示了一个视频的"推荐量""播放量""评论量""涨粉"量""收藏量""转发量"和"播放时长（分钟）"7项内容，相较于"图文分析"页面而言，多了"播放时长（分钟）"这一项内容，且"阅读量"换成了"播放量"。

如果用户想要查看关于这一视频内容更加具体的数据情况，可以单击"操作"栏下方的"详细分析"按钮，进入"视频分析"页面，如图10-25所示。

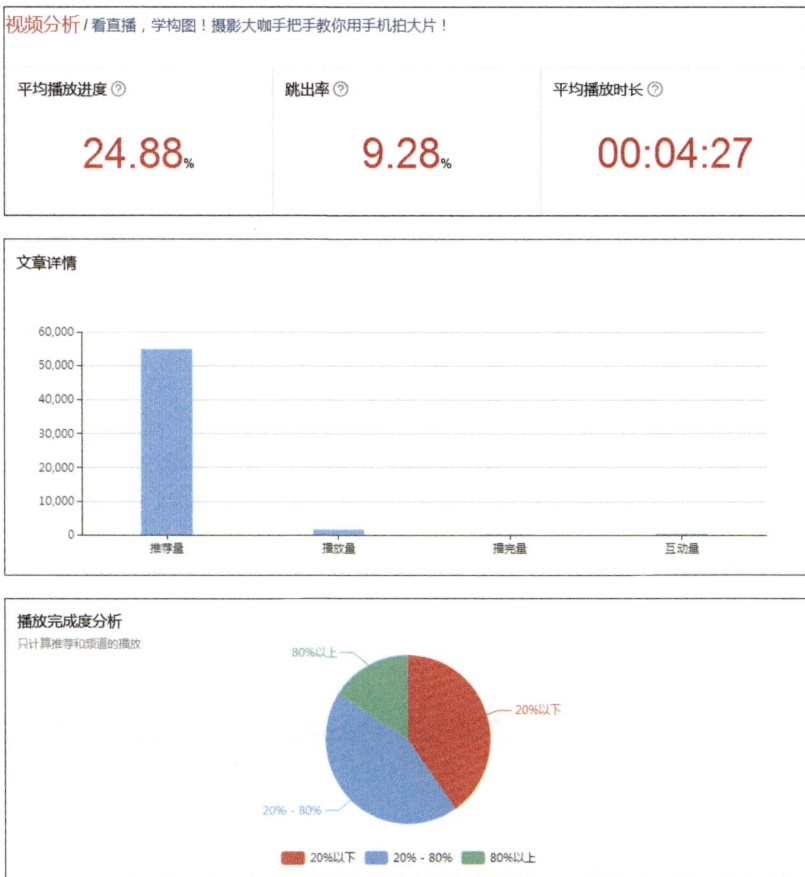

图10-25　"视频分析"页面

"视频分析"页面与上一小节中介绍的"图文分析"页面大体相同，也是由3部分区域组成，最大的不同就在于"视频分析"页面少了与"阅读来源分析"功能近似的一项。

10.2.4　微头条分析：推荐给感兴趣的用户

相对于图文内容和视频内容来说，微头条的发布明显更简单，其内容发布页面如图10-26所示。因此，只要是运营者认为有价值的、能吸引人注意的短小内容都可发布到这里，如一张图片、一句话等。

图10-26 微头条内容发布页面展示

运营者如果想要查看发布的微头条的各项数据，可以单击"内容分析"按钮，进入"微头条分析"页面查看，如图10-27所示。

图10-27 "微头条分析"页面

从图上可以看出，关于微头条的数据包含"阅读量""评论量""点赞量"和"转化量"4项，注意是不包括推荐量在内的。

10.2.5 问答分析：优秀回答，被推荐上头条

"悟空问答"是头条号的一个重要产品，它是有针对性地获得精准目标用户的最佳途径之一，因此，运营者有必要了解问答数据，且应对各个问答的具体数据进行查看并对比，得出结论，这样有利于问答问题的选择和回答内容技巧的运用。在此，笔者将从创作优秀回答内容的角度出发，来介绍头条号后台的数据查看和分析功能。

关于头条号在"悟空问答"这一产品方面的总的内容数据，可在"悟空问答"的"问答数据"页面进行查看，如图10-28所示。

图10-28　"问答数据"页面

其实"问答数据"页面是包括了两部分的，上方是问答的总体数据，下方是7天内的具体的问答数据分布表，如果在最近7天内运营者没有回答问题，那么，下方将不显示。而要想查看更久之前的具体的每个问答数据，可以进入"我的问答"页面，选择"问答"选项进行查看，如图10-29所示。

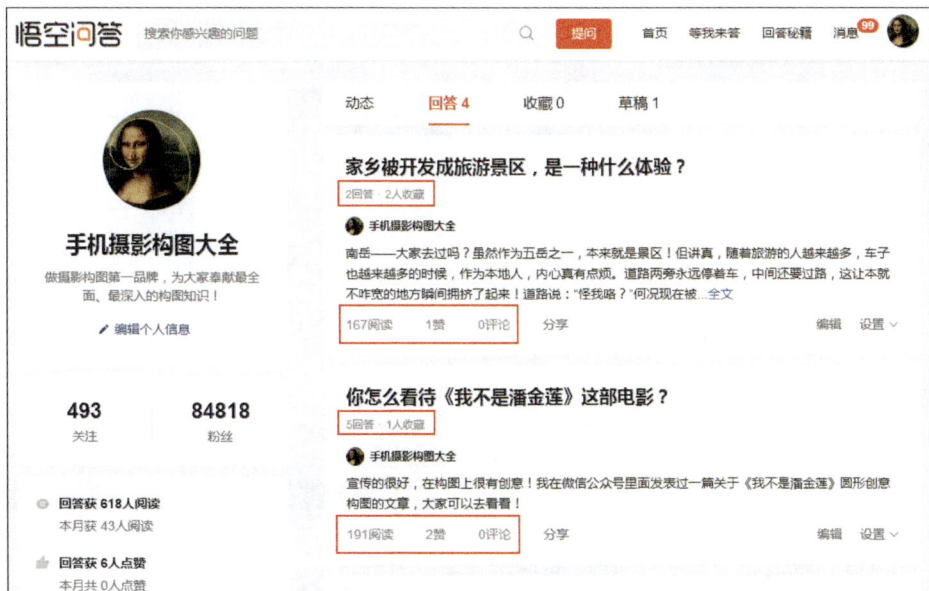

图10-29　查看每个问答的具体数据

从图上可以看出，每个问答下面有两个用于显示数据的区域，一是在"问题"标题下方，它显示的是针对这一问题的数据，也就是说，关于这一问题有多少人回答了，又有多少人收藏了；另一个是在自身头条号问答内容的下方，它显示的是该回答的数据，包括"阅读量""评论量"和"点赞量"这3个一般内容都有的数据。

基于此，运营者不仅可以通过比较"问题"的数据，选择那些回答比较多、关注度比较高的问题，还可以通过比较每条"问答内容"的数据，看看各项数据比较高的问答内容是如何回答的，而各项数据低的问答内容又是如何的，然后取长补短，打造更好的"爆款"问答内容。

205

10.3 用户兴趣热度分析：得出最高占比

用户的兴趣热度包括用户对文章类型的偏好以及用户对文章关键词的偏好，运营人员分析用户兴趣热度，了解用户所关注的点，才能根据分析的结果制定更好的文章推广方案，提升文章阅读量和评论量等，也才能让更多的人了解关系号，成为粉丝。

本节主要介绍“用户兴趣热度分析表”的制作流程和具体方法。

10.3.1 创建偏好文章类型和关键词数据表

偏好文章类型和关键词数据表主要包含了偏好文章类型的用户人数及用户占比、偏好关键词的用户人数及用户占比等数据信息，下面介绍创建偏好文章类型和关键词数据表的操作方法。

步骤 01 新建一个名为“偏好文章类型和关键词数据表”的工作表，在工作表中输入相关的信息内容，并设置工作表的行高与列宽属性，如图10-30所示。

步骤 02 设置工作表的字体格式、对齐方式等属性，并为表格添加所有框线效果，如图10-31所示。

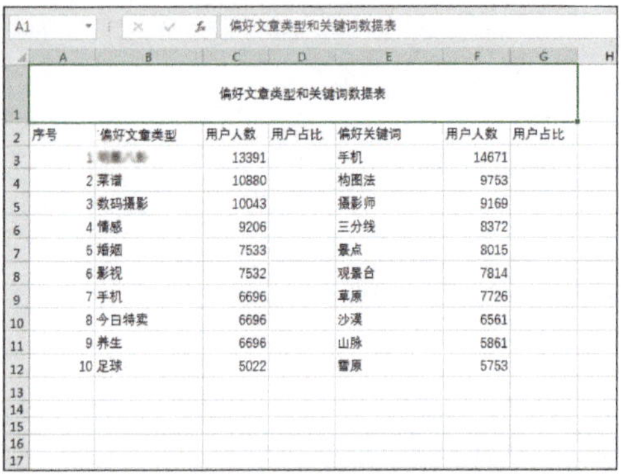

偏好文章类型和关键词数据表

序号	偏好文章类型	用户人数	用户占比	偏好关键词	用户人数	用户占比
1	[illegible]	13391		手机	14671	
2	菜谱	10880		构图法	9753	
3	数码摄影	10043		摄影师	9169	
4	情感	9206		三分线	8372	
5	婚姻	7533		景点	8015	
6	影视	7532		观景台	7814	
7	手机	6696		草原	7726	
8	今日特卖	6696		沙漠	6561	
9	养生	6696		山脉	5861	
10	足球	5022		雪原	5753	

图10-30 输入内容并设置行高列宽

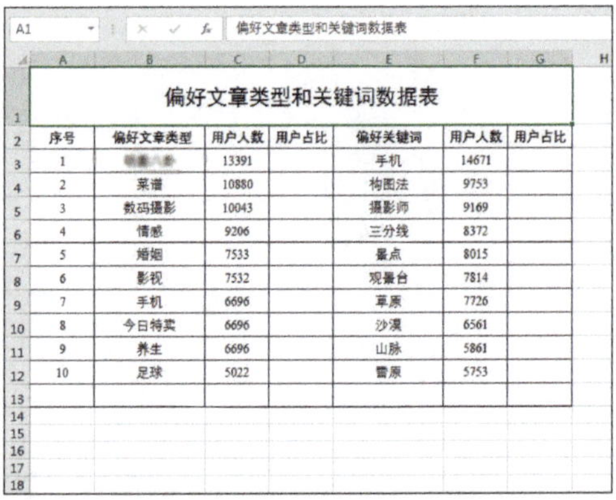

偏好文章类型和关键词数据表

序号	偏好文章类型	用户人数	用户占比	偏好关键词	用户人数	用户占比
1	[illegible]	13391		手机	14671	
2	菜谱	10880		构图法	9753	
3	数码摄影	10043		摄影师	9169	
4	情感	9206		三分线	8372	
5	婚姻	7533		景点	8015	
6	影视	7532		观景台	7814	
7	手机	6696		草原	7726	
8	今日特卖	6696		沙漠	6561	
9	养生	6696		山脉	5861	
10	足球	5022		雪原	5753	

图10-31 设置表格属性并添加框线

步骤 03 在B13和E13中输入“总计”，按住【Ctrl】键的同时，选择C3:C12、F3:F12单元格区域，在“公式”面板的“函数库”选项板中，❶单击“自动求和”按钮Σ；❷在弹出的下拉菜单中选择“求和”选项，如图10-32所示。

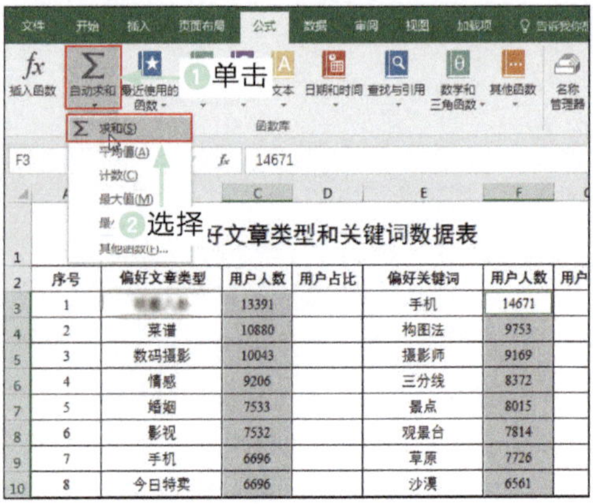

图10-32 单击“自动求和”按钮

步骤04 得到C13与F13单元格的数据结果，统计用户人数，如图10-33所示。

图10-33 统计用户人数

步骤05 选择D3:D12和G3:G12单元格区域，单击鼠标右键，选择"设置单元格格式"选项，弹出"设置单元格格式"对话框；在"数字"面板的"分类"选项区中，❶选择"百分比"选项；❷设置小数位数为0，❸单击"确定"按钮，如图10-34所示。

步骤06 定位到D3单元格中，❶在编辑栏中输入"=C3/C13"，按【Enter】键进行确认；❷即可得出偏好文章类型为"明星八卦"的用户占比，如图10-35所示。

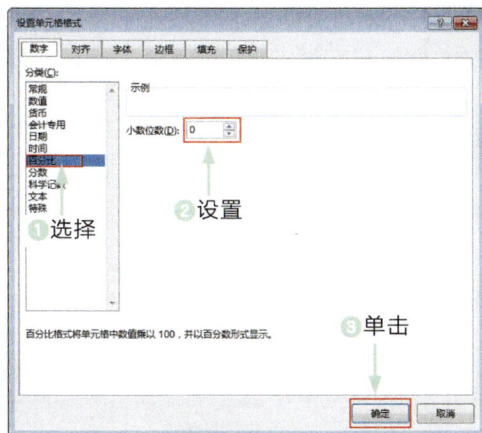

图10-34 设置文本和"数字"类型

图10-35 计算用户占比

步骤07 用以上同样的方法，在工作表中计算出其他文章类型的用户占比，结果如图10-36所示。

图10-36 计算其他偏好文章类型用户占比

步骤 08 定位鼠标到G3单元格中，在编辑栏中输入"=F3/F13"，按【Enter】键进行确认，即可得出偏好关键词为"手机"的用户占比，接着按照同样的方法计算出其他偏好关键词的用户占比，结果如图10-37所示。

图10-37 计算偏好关键词用户占比

步骤 09 选择A1:G13单元格区域，在"开始"面板的"样式"选项板中，❶单击"单元格样式"按钮 ；❷在弹出的下拉列表框中，选择"新建单元格样式"选项，如图10-38所示。

步骤 10 弹出"样式"对话框，在"样式名"文本框的右下角，单击"格式"按钮，如图10-39所示。

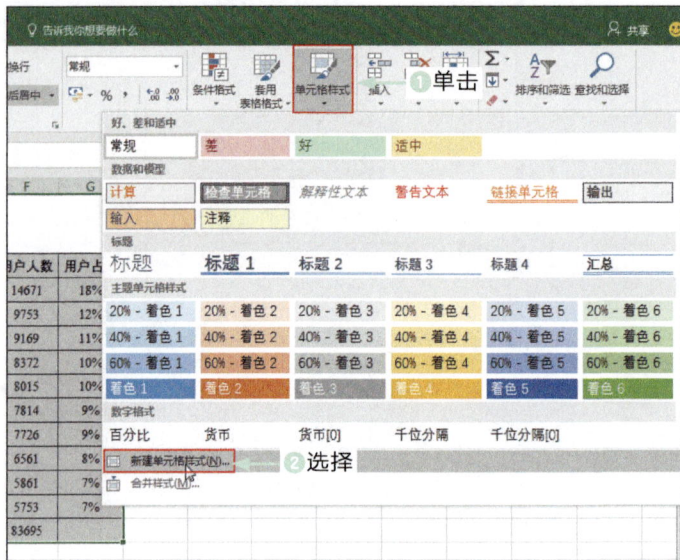

图10-38 选择"新建单元格样式"选项

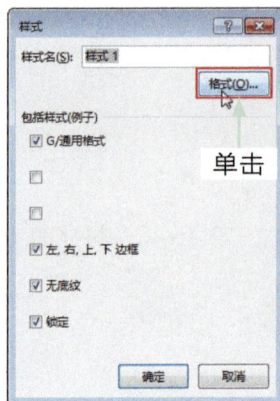

图10-39 单击"格式"按钮

步骤11 弹出"设置单元格格式"对话框，切换至"填充"选项卡，在"背景色"下的颜色面板中，选择第5列第1种颜色，如图10-40所示。

步骤12 单击"确定"按钮，返回"样式"对话框，取消选中"G/通用格式"复选框，单击"确定"按钮，返回工作表界面。此时在"开始"面板的"样式"选项板中，❶单击"单元格样式"按钮；❷在弹出的列表框中，在"自定义"下即新增"样式1"选项，选择"样式1"选项，如图10-41所示。

图10-40 选择第5列第1种颜色

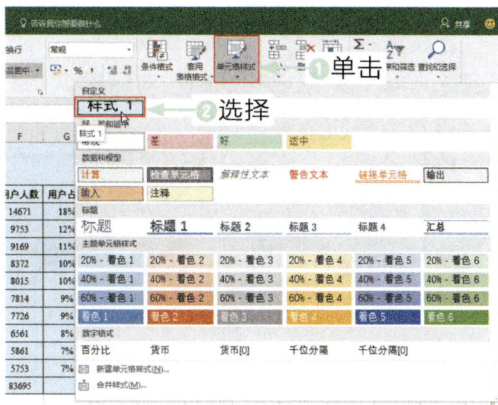

图10-41 选择新增的"样式1"选项

步骤13 设置工作表的样式效果，如图10-42所示。

图10-42 设置单元格样式效果

专家提醒

在选择单元格样式时，可以对单元格样式进行编辑，包括应用、修改、复制、删除及添加到快速访问工具栏等，只需在需要编辑的单元格样式上，单击鼠标右键，在弹出的快捷菜单中选择相应的选项即可。

10.3.2　突出显示占比最高的数据信息

在偏好文章类型和关键词数据表中，一些用户的占比率较高，而另外一些较低。如果要便于运营人员查看数据较高的占比率，可以在工作表中的相应单元格中，设置特殊颜色来突出显示用户数占比较高的数据信息，下面介绍突出显示占比最高的数据信息的操作方法。

步骤 01 按住【Ctrl】键的同时，选择D3:D12、G3:G12单元格区域；在"开始"面板的"样式"选项板中，❶单击"条件格式"按钮；❷在弹出的下拉列表框中，选择"新建规则"选项，如图10-43所示。

步骤 02 弹出"新建格式规则"对话框；❶在"选择规则类型"区域，选择"只为包含以下内容的单元格设置格式"选项；❷单击"单元格值"列表框右侧的下拉按钮，在弹出的列表框中，选择"大于"选项；❸在该列表框右侧的文本框中输入"11%"；❹单击"预览框"最右侧的"格式"按钮，如图10-44所示。

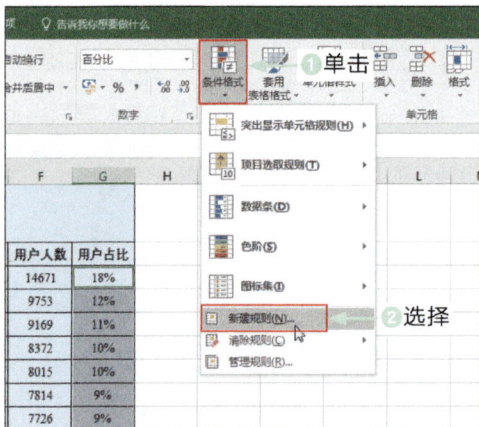

图10-43　选择"新建规则"选项

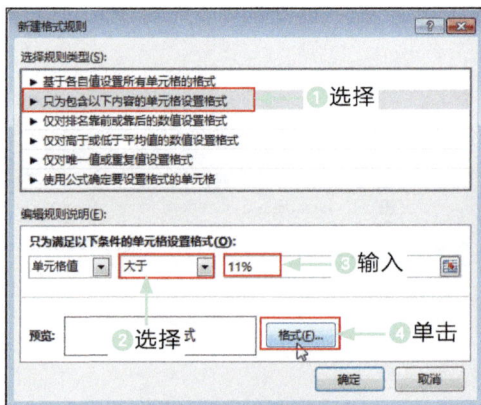

图10-44　设置相应选项

步骤 03 弹出"设置单元格格式"对话框，切换至"填充"选项卡，❶在颜色面板中选择第6列第1种颜色；❷单击"确定"按钮，如图10-45所示。

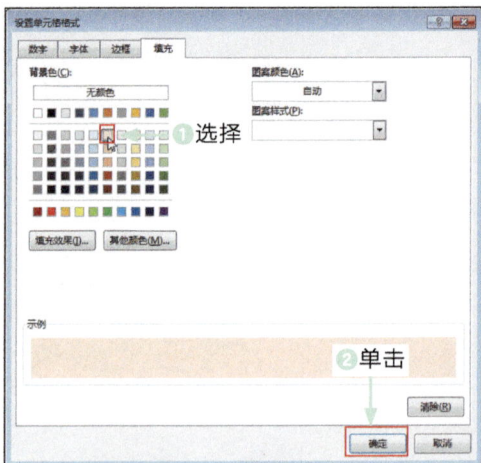

图10-45　设置填充颜色

步骤 04 返回"新建格式规则"对话框，单击"确定"按钮，即可用条件格式突出显示占比大于11%的数据结果，效果如图10-46所示，至此完成用户兴趣热度分析表的制作。

图10-46 突出显示相应的数据结果

图10-46是按照占比高低排序的数据表，其实，这一设置用于在没有排序的数据表中突出显示某一数据信息是非常实用的。

专家提醒

除了上述方法可以用颜色突出显示占比大于11%的数据结果，还可以直接在"开始"面板的"样式"选项板中，①单击"条件格式"按钮；②在弹出的下拉列表框中，选择"突出显示单元格规则"|"大于"选项，如图10-47所示。执行操作后，弹出"大于"对话框，③在文本框中输入"11%"，如图10-48所示，即可使用条件格式突出显示占比大于11%的数据结果。

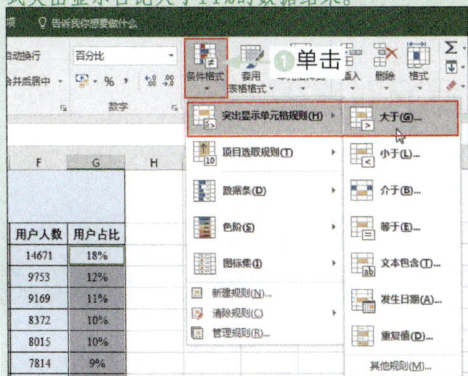

图10-47 选择"突出显示单元格规则"|"大于"选项

图10-48 设置单元格格式

10.4 通过相同的关注者：寻找合作平台

在当今新媒体时代中，大大小小的新媒体平台数不胜数，这里介绍在今日头条平台上分析有相同受众的平台头条号的方法。以头条号"手机摄影构图大全"为例，与"养花大全""中关村在线""走在路上看风景""快科技"这4个平台头条号作对比，分析各平台头条号最新发布的文章阅读量以及评论量的数据信息，根据这几个平台头条号，对比分析数据结果，然后确定哪些平台头条号适合与"手机摄影构图大全"头条号进行合作。

本节主要介绍"有相同受众的平台数据统计表"的制作流程和具体方法。

10.4.1　创建有相同受众的平台数据统计表

有相同受众的平台数据统计表主要包含平台、粉丝人数、最新文章阅读量、评论量等内容，下面介绍创建有相同受众的平台数据统计表的方法。

步骤 01 新建一个名为"有相同受众的平台数据统计表"的工作表，在工作表中输入相关的信息内容，并设置工作表的行高与列宽属性，如图10-49所示。

步骤 02 设置工作表的字体格式、对齐方式等属性，并为表格添加所有框线效果，如图10-50所示。

图10-49 输入相关的信息内容　　　　　图10-50 为表格添加所有框线效果

10.4.2　创建各平台受众活跃情况对比表

每个平台头条号的受众活跃度各不相同，下面介绍创建各平台受众活跃情况对比表的操作方法。

步骤 01 选择A2:D7单元格区域，在"数据"面板的"排序和筛选"选项板中，单击"排序"按钮，如图10-51所示。

图10-51 单击"排序"按钮

步骤02 弹出"排序"对话框，❶单击"列"区域中"主要关键字"文本框右侧的下拉按钮，在弹出的列表框中，选择"最新文章阅读量"选项；❷单击"次序"区域右侧的下拉按钮，在弹出的列表框中，选择"降序"选项；❸单击"确定"按钮，如图10-52所示。

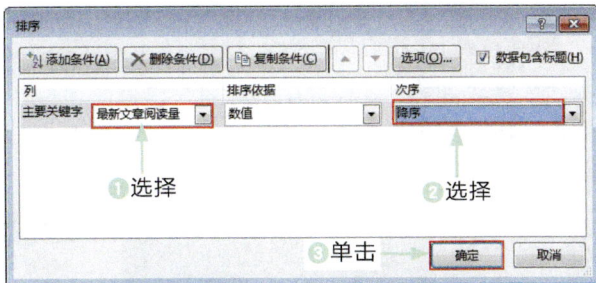

图10-52 "排序"对话框

步骤03 执行操作后，即可对工作表按照"最新文章阅读量"来进行降序排序操作，其结果如图10-53所示。

步骤04 按住【Ctrl】键的同时，选择A2:A7、C2:C7单元格区域；❶在"插入"面板的"图表"选项板中，单击"插入柱形图或条形图"按钮；❷在弹出的列表框中，选择"二维条形图"下的"簇状条形图"选项，如图10-54所示。

图10-53 对工作表进行排序操作

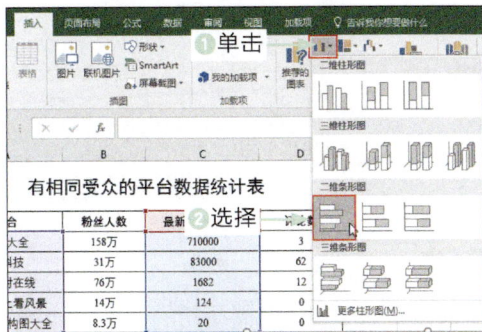

图10-54 选择相应选项

步骤05 执行操作后，即可在工作表中插入图表。在图表中选择"最新文章阅读量"文本框，将"最新文章阅读量"修改为"各平台受众活跃情况对比"，如图10-55所示。

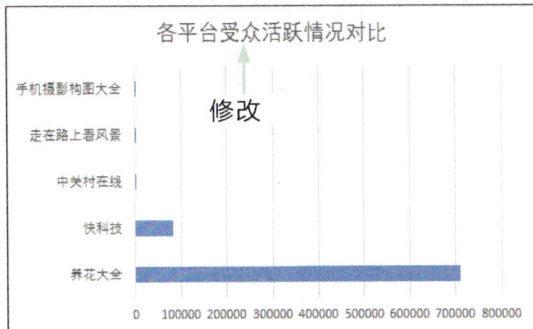

图10-55 修改图表标题

步骤 06 选择图表，在"图表工具"区域的"设计"面板的"图表样式"选项板中，选择"样式11"选项，即可设置图表样式效果，如图10-56所示。

步骤 07 选择图表；❶在"图表工具"区域的"设计"面板的"图表布局"选项板中，单击"快速布局"按钮▦；❷在弹出的列表框中，选择"布局9"选项，如图10-57所示。

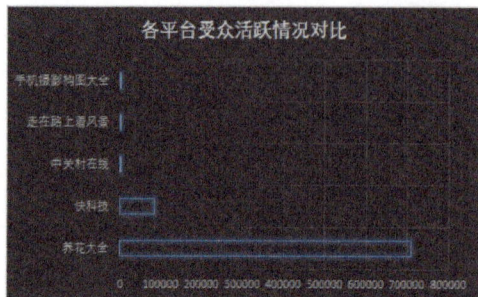

图10-56 设置图表样式效果

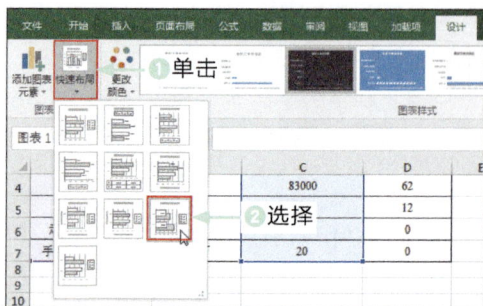

图10-57 选择"布局9"选项

步骤 08 执行操作后，即可对图表进行快速布局操作，如图10-58所示。

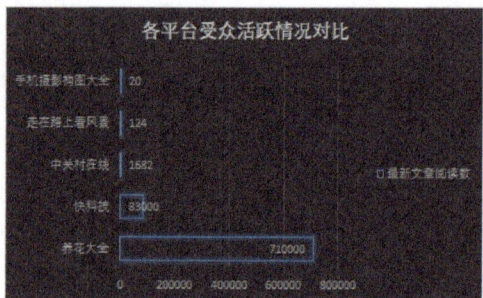

图10-58 对图表进行快速布局操作

步骤 09 选择A2:D2单元格区域，在"数据"面板的"排序和筛选"选项板中，单击"筛选"按钮▼，如图10-59所示。

步骤 10 执行操作后，即可对工作表进行筛选操作。❶单击A2单元格右侧的"筛选"按钮；❷在弹出的列表框中，取消选中"（全选）"复选框，选中"手机摄影构图大全"与"中关村在线"复选框；❸单击"确定"按钮，如图10-60所示。

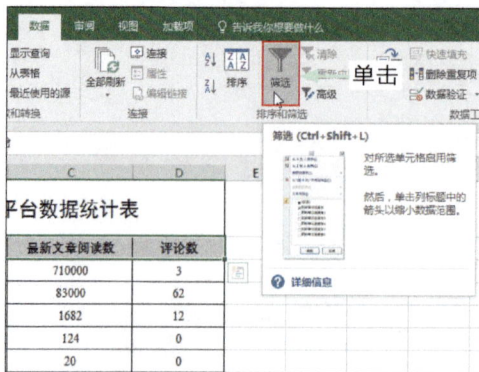

图10-59 单击"筛选"按钮

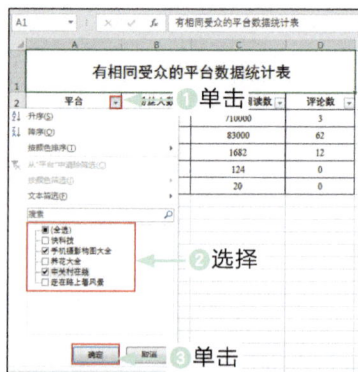

图10-60 选中相应复选框

步骤 11 执行操作后，即可进行筛选操作，如图10-61所示。

步骤 12 用以上同样的方法，筛选"手机摄影构图大全"与"快科技"平台的数据进行对比，效果如图10-62所示，至此完成有相同受众的平台分析表的制作。

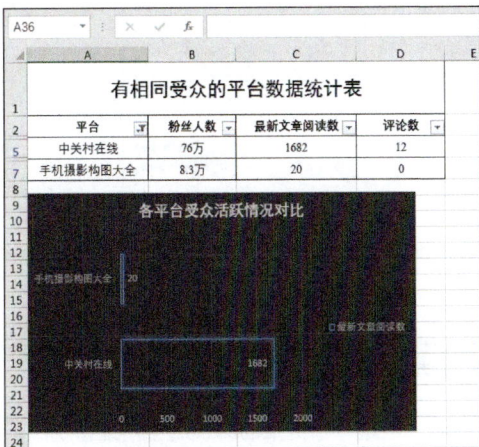
图10-61 进行筛选操作

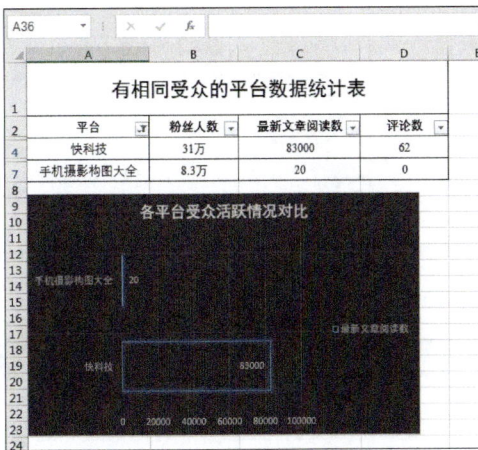
图10-62 筛选相应平台进行数据对比

专家提醒

如果用户需要取消表格中D2单元格的"筛选"功能，可以选择D2单元格，在"数据"面板的"排序和筛选"选项板中，再次单击"筛选"按钮，即可取消单元格中的"筛选"功能。

10.4.3 选择合作和"增粉"的平台

现在网络上可以用来获得流量的平台有很多，各平台的受关注度也会不一样，今日头条最大的特点之一是能够通过基于数据分析的推荐引擎技术，将用户的兴趣、特点、位置等多维度的数据挖掘出来，然后针对这些维度进行多元化的、个性化的内容推荐，推荐的内容多种多样。

各类头条号中，有粉丝很多的，也有粉丝很少的，运营者可以通过最新发布的文章来分析对比自身头条号与其他头条号的数据情况，可以从两点分析，第一是阅读量，阅读量表示平台的活跃情况，例如头条号"中关村在线"的最新文章阅读量如图10-63所示；第二是评论量，评论不仅代表了平台的活跃程度，还可以表现用户对文章的兴趣，正所谓有想法才会评论。有些头条号虽然显示有很多粉丝，发布的文章阅读量却不高，像这一类的头条号中粉丝的活跃度是比较低的。

图10-63 头条号"中关村在线"的最新文章阅读量

从图10-63中可知，头条号"中关村在线"的粉丝比头条号"快科技"的粉丝多了45万，但是最新文章的阅读量却还没有头条号"快科技"高，如图10-64所示。

图10-64 头条号"快科技"的最新文章阅读量

从图10-63也可看出"中关村在线"的粉丝虽然多，但是每篇文章的阅读量也不是特别高。而像"快科技"这样的头条号，虽然粉丝数不是最高的，但是文章阅读量却比其他一些粉丝数高的头条号要高，这一类头条号是比较适合寻求合作的。

而对于另一个头条号"手机摄影构图大全"而言，它虽然粉丝是比较少的，但是从其往期的阅读量来看，还是比较稳定的，如图10-65所示。这说明该头条号的粉丝活跃情况也是比较稳定的，与其合作，在粉丝兴趣相近的情况下，是可以达到快速"增粉"的效果的。

图10-65 头条号"手机摄影构图大全"的最近文章阅读量